Iran

Afghanistan

Pakistan

China

Nepal

Mongolei

Äthiopien

Djibouti

Indonesien

Christoph Zürcher

Wie ich Kannibalen, die Taliban und die stärksten Frauen der Welt überlebte

Die letzten wahren Abenteuer

orell füssli Verlag

Für Maury Kravitz
(1932–2012)

Inhalt

Vorwort

Die Geschichten in diesem Buch handeln von Reisen, die die meisten Leute wohl für ausgesprochen unangenehm, wenn nicht gar für regelrecht gefährlich erachten würden. Die Kannibalen-Safari auf Papua Neuguinea, die Himalaya-Expedition (ohne viel Ahnung von Alpinismus), die Wanderung durch eine der berüchtigtsten Städte der Welt. Oder der Roadtrip durch Afghanistan. Und es dürft sich dem einen oder anderen die Frage aufdrängen, warum jemand so etwas macht. Ich habe dafür auch keine Erklärung, aber eine Vermutung. Sie basiert auf persönlichen Erfahrungen und beginnt damit, dass es wenig gab, was mich für Abenteuerreisen prädestinierte.

Meine erste Abenteuerreise führte in den Wald und endete damit, dass ich heulend nach Hause kam. Ich muss sieben oder acht gewesen sein. Man hatte mich, wohl aus der Überlegung heraus, es brauche ein erzieherisches Gegengewicht für einen Haushalt, der nur aus Frauen bestand, den Pfadfindern ausgeliefert, die mich dann auch prompt mit der erhofften Härte anfassten. Eine Mutprobe der Pfadfinder bestand darin, Entführungen zu simulieren. Doch es zeigte sich schnell, dass mein Nervenkostüm dieser Mutprobe nicht gewachsen war. Das rituelle Angsteinjagen fand ein vorzeitige Ende, nachdem ich, an einen Baum gefesselt, so zu hyperventilieren begann, dass es die maskierten Männer selbst mit der Angst zu tun bekamen und mir meine Freiheit zurückgaben. Die nutzte ich dazu, alles zu unternehmen, nie mehr zu den Pfadfindern zurückkehren zu müssen, und fortan ganz generell eine Skepsis gegenüber Outdoor-Aktivitäten mit ungewissem Ausgang zu kultivieren, was leider immer wieder als pure Feigheit ausgelegt wurde, unter anderem als ich es im Freibad erst nach allen anderen, auch den Mädchen, als ratsam erachtete, den Sprung vom 5-Meter-Turm zu wagen.

Der Hang zum Abenteuer und Drachentöten wurde auch später nicht offensichtlicher. Wenn auf Reisen, dann war es mir im Grunde genommen schon immer lieber, wenn mit nicht zu viel Geschehen zu rechnen war und ich einigermaßen wusste, was kommt, was im Idealfall bedeutete: sonniges Wetter (kein Wind bitte), Ruhe und ein Möbelstück, das ausreichend viel Bequemlichkeit bietet, um darauf zu lesen oder gar nichts zu tun, bis der Zeitpunkt da war, ab dem die lokale Soziokultur das Trinken erlaubt. Kurz: Ich war nie über das Stadium des Touristen hinausgekommen, für den es, im Gegensatz zum Reisenden, durchaus der Absicht entspricht, wenn es an der Reisedestination ungefähr so ist wie zu Hause, nur angenehmer. Und an dieser Grundhaltung hätte sich wohl nicht viel geändert, wenn es mich nicht eines Tages an einen ziemlich düsteren Ort verschlagen hätte, nicht nur geographisch, auch emotional, von dem wieder zu entfliehen mich Unternehmungen anzetteln ließ, an deren Ende ich nicht anders konnte, als einzusehen, dass auch eine unangenehme Reise ihre Vorzüge haben kann. Eine Einsicht, zu der zweifellos beigetragen hat, dass das Ende der Unternehmungen wider Erwarten glücklich ausfiel.

Es muss 2003 gewesen sein. Recherchen für eine Geschichte über einen Mordfall in einem Indianerreservat nötigten mich dazu, eine Woche lang im amerikanischen Westen herumzufahren. Die Recherchen führten nirgendwohin, die entscheidenden Leute waren immer gerade nicht da. Dafür landete ich eines Tages im Death Valley. Die Kulisse passte ideal zu meiner Gemütsverfassung. Das, was sich an meinem Leben als positiv verbuchen ließ, reduzierte sich in diesen Tagen auf einen roten Ford Mustang, den der Autoverleiher mir gegeben hatte, obwohl ich für die niedrigere Kategorie bezahlte. Vor dem Beifahrersitz stapelten sich die Bierdosen und die Verpackungen irgendwelcher Fast-Food-Ketten, und am Abend saß ich im Neonlicht vor billigen Motels herum, schaute abwechslungsweise in mein leeres Notizbuch und in die leere Landschaft und war dankbar für die betäubende Monotonie der Grillen. Eine Frau hatte mein Herz nicht nur gebrochen, sondern mit dem Vorschlaghammer zertrümmert und dann mit einer Planierraupe Staub daraus gemacht. Mein Herz war das Death Valley.

In dieser gehobenen Stimmung fiel mein Blick an einer Tankstelle auf einen Zeitungsstapel. Einmal mehr war auf dem Foto auf der Titelseite Usama bin Laden zu sehen. Und noch bevor der Tank voll war, hatte ich beschlossen, diesen Mann suchen zu gehen. Einladend machte diese Reise vermutlich, dass sie das Lebensmüdeste war, was ich mir zu tun damals vorstellen konnte. Es heißt, alle wahren Reisen seien entweder eine Suche nach der Liebe oder nach dem Tod. Die Liebe konnte mir gestohlen bleiben. Aber den Tod fand ich in Pakistan auch nicht, dafür so etwas wie eine kleine Erkenntnis: Probleme lassen sich zuweilen auch dadurch lösen, dass man sich noch größere Probleme aufhalst, wobei es durchaus hilfreich ist, wenn sie sehr konkrete Form annehmen, wie zum Beispiel ein aufgebrachter Mann, der in einer Sprache redet, von der man kein Wort versteht (was nicht heißt, dass man nicht versteht, dass er dringend eine Auskunft fordert), während er einem die ganze Zeit eine Schusswaffe an die Schläfe hält. Oder anders ausgedrückt: Das Leben mag zuweilen elend sein, aber überleben ist immer super. Das oder zumindest so etwas Ähnliches hat wohl auch Albert Camus gemeint, der sagte: »Aller Wert des Reisens liegt in der Angst.«*

In einer anderen Hinsicht lohnen sich unangenehme Reisen ohne Zweifel auch noch: Unangenehme Reisen ergeben die unterhaltenderen Geschichten, was in der Folge, so ist zumindest zu hoffen, da und dort zum Ausdruck kommt.

Zuoz, November 2012

---

* Inwieweit diese Theorie über die Motivation, sich in sinnlose Abenteuer zu stürzen, Allgemeingültigkeit hat, wäre ein anderes Thema. Vom depressiven Afrikaentdecker Henry Morton Stanley über den suizidalen Wild-West-Pionier Meriwether Lewis bis zu Robert Falcon Scott, der auf seiner Südpolexpedition häufig weinte, scheinen chronische Niedergeschlagenheit und eine Affinität für besonders gefährliche Reisen auffallend häufig Hand in Hand zu gehen.

Angst und Schrecken

Im Dschungel von West-Papua leben Menschen,
die noch nie mit der Außenwelt in Kontakt getreten sind.
Was geschieht in dem Augenblick, in dem sich das ändert?

Ferien bei Kannibalen

Indonesien im Sommer 2005

Auch nüchtern betrachtet präsentiert sich die Situation wie folgt: Während den Rest der zivilisierten Welt vermutlich gerade keine größeren Sorgen plagen, als auf einem Liegestuhl – mit Blick aufs blaue Meer und weiße Jachten – mit ein paar Zeitschriften gegen das Aufkommen der Sommerferien-Langeweile zu kämpfen, sitze ich im Nieselregen im tiefsten Dschungel von West-Papua und mache mich mit dem Gedanken vertraut, in Kürze von einer Horde Kannibalen in Stücke gerissen zu werden.

Für eine optimistische Einschätzung der Lage ist momentan wenig Platz. Neben mir auf dem modrigen Baumstamm sitzt Mike, 56, Arzt aus Naples, Florida, der zwar in der Highschool im Wrestling-Team brillierte, seither aber an keinen Kampfhandlungen mehr teilgenommen hat und der mit dem Regenwald und seinen Bewohnern bisher hauptsächlich in Form einer Geräusche-CD Bekanntschaft machte, die er zu Hause auf dem Sofa zur Entspannung anzuhören pflegt. Mike starrt vor sich auf den Boden, der dunkel und matschig ist wie der Boden eines Grabs. Wahrscheinlich denkt er gerade daran, dass er vielleicht doch lieber die Tauchferien in Belize hätte buchen sollen, die er für diesen Sommer auch in Erwägung zog.

Und dann ist da noch Kelly Woolford, 44, auch Amerikaner, Tennislehrer auf Bali und Chef des Trekking-Unternehmens »Papua Adventures«, der Kerl, der uns in diesen ganzen Schlamassel hineingeritten hat. Kelly war schon dreißigmal in Papua. Er beginnt jeden zweiten Satz mit einem »I tell you man«, worauf dann meistens eine Geschichte folgt, in der sein Leben an einem hauchdünnen Faden hing. Man könnte meinen, dass einen wie ihn nicht mehr viel erschüttert. Doch diese Situation scheint selbst bei Kelly Fluchtinstinkte zu wecken. Er hat seine Schuhe gebunden! Das macht er im Camp sonst nie! Ähnlich ermutigend ist der Umstand, dass von unseren Trägern schon seit längerem nichts mehr zu sehen ist.

15

Es ist schätzungsweise fünf Uhr. Morgengrauen. Wo wir uns genau befinden? Gute Frage. So oder so ist alles, was sich zu diesen Themen sagen lässt, von alarmierender Natur. Wir befinden uns fünf Tagesmärsche vom nächsten Funkgerät und einer Graspiste entfernt. Aber vor allem befinden wir uns an der Grenze des Stammesgebiets der Wairas, die, soweit sich das im Augenblick abschätzen lässt, gar nicht damit einverstanden sind, dass wir uns hier befinden.

Unsere Guides sind überzeugt davon, dass sie jeden Moment in unser Lager stürmen werden. Kelly fühlt sich offenbar verpflichtet, etwas für unsere Moral zu tun. Er zieht so kräftig an seiner Nelkenzigarette, dass man das Knistern des brennenden Tabaks hört. »Meine Theorie ist: Lebendig sind wir für die interessanter als tot.« Mike und ich schweigen so tief, wie es nur geht. »War ja nur eine Theorie«, sagt Kelly.

Geplant war das so nicht wirklich. Ganz ungeplant aber auch wieder nicht. 12 000 Dollar hat Mike »Papua Adventures« dafür bezahlt, Menschen zu sehen, die nicht nur ohne Kontakt zu allem leben, was als Zivilisation bezeichnet werden kann, sondern auch ohne alle Kenntnis davon. Menschen, die noch nie Metall, noch nie Kleider und noch nie weiße Haut gesehen haben. Mike hat vor dreißig Jahren nur unter zwei Bedingungen geheiratet: keine Kinder und die Erlaubnis zu reisen. Seine Frau geht lieber zu Pferderennen. Aber Mike ist, seit er sich erinnern kann, auf der Suche nach der Wildnis. Er war schon überall. Doch wo immer er bisher auch war, die Zivilisation war schon vorher da. Gut möglich, dass Mike jetzt kurz vor dem Ziel seiner Träume steht. Das Dumme ist nur, dass der wilde, unentdeckte Stamm in West-Papua auch das Letzte sein könnte, was Mike in seinem Leben überhaupt zu Gesicht bekommt.

»They may get a little bit angry«, sagte Kelly. Dieser Satz kann mittlerweile getrost als die Untertreibung des Jahres bezeichnet werden. Unsere »First contact«-Expedition ist die dritte ihrer Art. Letztes Jahr war Kelly mit zwei Klienten im Nordwesten Papuas unterwegs. Beschossen wurde er bisher noch immer. Verletzte gab es bisher aber keine – wenn Kunden auf der Flucht vor den Pfeilen kontaktscheuer Wilder auch schon in Flüsse sprangen, die voller Krokodile waren, oder so lange um ihr Leben rannten, dass man sie nachher zwei Tage lang suchen musste. Drei Expeditionen. Das ist als empirische Grundlage etwas dürftig. Aber in Anbetracht der Umstände entschließe ich mich, Kellys Unternehmensbilanz beruhigend zu finden.

Ein Fehler, der mich für ein paar Sekunden leichtfertig sein lässt. Ich weiß in dem Augenblick, in dem ich das Thema angeschnitten habe, dass ich gar nichts Genaueres dazu wissen will. Doch dann ist es schon zu spät. »Wie lange hast du in der Notfallaufnahme gearbeitet?«, frage ich Mike. »Neun Jahre.« – »Auch Schusswunden behandelt?« – »Klar, aber Pfeilwunden wären ein Novum. Aber wenn du meine Meinung hören willst: Wenn dich so ein Pfeil trifft, dann wirst du dir wünschen, lieber gleich tot zu sein.« Diese aufbauenden Informationen im Ohr, sehen wir plötzlich, wie ein Hund durch unser Lager rennt. Ein Hund! Hier!? Außer dem Dorf der Wairas gibt es zwei Tagesmärsche entfernt weit und breit keine Siedlung. William, der einheimische Chefguide, ruft Kelly etwas auf Indonesisch zu. Kelly wirft seine Nelkenzigarette weg und sagt: »Sie sind da.«

West-Papua ist in den letzten Jahren zur Spielwiese zahlungskräftiger Hobbyanthropologen geworden. Papua gilt neben dem Amazonasgebiet als der weißeste Flecken auf dem Globus. Der papuanische Dschungel gilt als der undurchdringlichste der Erde. Bei der Vielzahl an Pflanzen und Tieren wird West-Papua nur vom Amazonasgebiet übertroffen. Und noch nicht domestizierte Menschen sollen hier sogar zahlreicher als irgendwo sonst existieren. Mehr als die Hälfte der weltweit angeblich noch siebzig Stämme ohne jeden Kontakt zur Außenwelt soll nach Einschätzung der Organisation »Survival International« in den Regenwäldern von Papua leben. Die Chance, zum Entdecker zu werden, hat aber ihren Preis. In Papuas Urwäldern wütet nicht nur eine heimtückische Form der Malaria, und das Klima ist das ganze Jahr von sintflutartigen Regenfällen geprägt. Man muss auch damit rechnen, Kannibalen in die Hände zu fallen.

Wissenschaftler haben bei den Eingeborenen Papuas eine BSE-ähnliche Krankheit nachgewiesen, Kuru genannt, die ihren Ursprung im Verzehr menschlichen Hirns hat. Und auch archäologische Funde belegen, dass in Papua nicht nur Schweine und Vögel, sondern gelegentlich auch Menschen auf den Menüplan geraten. Das berühmteste Opfer der

Menschenfresser soll in den sechziger Jahren Michael Rockefeller geworden sein, ein Abkömmling der Rockefeller-Dynastie, dem zu Ehren heute eine Ausstellungshalle im Metropolitan Museum in New York benannt ist.

Doch auch wenn es kaum eine wildere Weltgegend gibt, laufen einem unentdeckte Stämme in Papua nicht einfach so über den Weg. Kelly unterhält ein weites Netz von lokalen Informanten, vor allem im besonders abgelegenen Südosten, dem Stammesgebiet der Kombai und der Korowai. Von den Wairas hatte Kelly erstmals vor zwei Monaten erfahren. Ein Korowai hatte sich auf der Suche nach Edelholz ungewöhnlich weit von seinem Dorf entfernt. Dabei war er einem Krieger des Stammes begegnet, der bei seinen Nachbarn bis dahin mehr eine düstere Ahnung als eine Tatsache gewesen war. Der Waira soll sofort auf den Korowai geschossen haben. Kelly hält Ziel und Route seiner Expeditionen so lange wie möglich geheim. Die Besichtigung der unentdeckten Stämme ist ein Geschäft. Der Koch unserer Expedition wurde im letzten Moment ausgetauscht, weil er bei einem Konkurrenten geplaudert hatte.

Unsere Reise in die Steinzeit begann auf Bali. Das ist unfair für jeden Ort, der danach kommt. Nach Bali muss alles, was danach kommt, zwangsläufig traurig wirken. Jayapura, die Hauptstadt West-Papuas, wäre einem unter anderen Umständen wahrscheinlich wie die Südsee vorgekommen. Doch im Vergleich zu der Anmut und Fröhlichkeit von Bali machte der Ort einen düsteren Eindruck. Der Urwald säumte die Straße vom Flughafen in die Stadt rechts und links wie eine grüne Wand. Er war nebelverhangen. Man kann Tourismus, wie er auf Bali existiert, beklagen. Er hat aber auch etwas Beruhigendes. All die Schilder für teure Restaurants und exklusive Wellnessretreats sind auch Zeichen eines Lebens, das es sich leisten kann, nur dem Genuss und dem Vergnügen gewidmet zu sein. Davon war in Jayapura nichts zu sehen. Wir passierten zwei verbeulte Schilder. Eines machte Werbung für die indonesische Armee, das zweite war eine Warnung vor einer Krankheit, die auch Mike nicht geläufig war, die aber die Haut auf eine Art und Weise in Mitleidenschaft zog, die auf den Fotos gar nicht angenehm aussah.

Autos begegneten uns keine. Das war gut so. Unser Taxifahrer war schon etwas vorgerückten Alters, aber vor allem war er blind. Dass wir die Fahrt trotzdem überlebten, verdankten wir dem Beifahrer, der als akustisches GPS funktionierte. Fuhr der Fahrer geradeaus, sprach der Beifahrer in normaler Lautstärke. Steuerte er den Straßenrand an, was im Minutentakt passierte, wurde der Beifahrer lauter und lauter, worauf der Fahrer zurück auf die Mitte der Straße fand. In Rechtskurven redete er schneller, ging es nach links, wurde er langsamer. Naheliegenderweise wurde der Beifahrer zuweilen auch schneller UND lauter. Im stehenden Zustand sagte er nichts. Das kam auf dem Weg zweimal vor. Das war, als wir an einer Straßensperre standen. Mike, wie jeder gute Amerikaner immer versucht, das moderne Leben noch ein bisschen einfacher und angenehmer zu gestalten, sagte: »So einen Beifahrer möchte ich auch.«

Die Soldaten an der Straßensperre wollten unsere Pässe sehen. West-Papua ist eine Art Jackpot der Natur. Es gibt hier Öl, Tropenholz, Erdgas und Gold in rauen Mengen. Und wie immer, wenn es irgendwo viel zu holen gibt, kommt es unweigerlich zum Streit, in dem Fall zwischen den Ureinwohnern von West-Papua und der Zentralregierung in Jakarta. Das indonesische Militär kümmert sich daher schon des Längeren intensiver um das Gebiet. Und da es gerade keine Ureinwohner zu verscheuchen gab, die den Großkonzernen mit ihrer anachronistischen Naturverbundenheit das Rohstoffgeschäft vermasseln wollten, nahmen sich die Soldaten umso intensiver unserer an.

Zuerst unternahmen zwei Männer den Versuch, unsere Pässe auswendig zu lernen. Dann äugten sie so lange grimmig von allen Seiten in unser Auto hinein, bis es selbst unserem blinden Taxifahrer zu bunt wurde. Wortlos drückte er auf die Hupe. Das hatte zur Folge, dass wir unsere Pässe auf der Stelle zurückbekamen. Warum, ist mir bis heute so rätselhaft wie der Umstand, dass wir blindlings die Stadt erreichten, wo die Staatsmacht, statt uns ungeteilte Aufmerksamkeit zu schenken, dann erst einmal versuchte, uns möglichst lange zu ignorieren.

Der Plan sah vor, von Jayapura nach Wamena ins zentrale Hochland zu fliegen, von wo es dann mit einem gecharterten Kleinflugzeug weitergehen sollte. Hatte uns bis dorthin nicht schon einer der tropischen Stürme aus der Bahn geworfen, die über den Bergen Zentralpapuas besonders furchteinflößende Dynamik zu entwickeln pflegen, landeten wir voraussichtlich in einer der abgelegensten Gegenden dieses Planeten, wo niemand hinwollte, der noch halbwegs bei Trost war. Die Bewilligung, die wir für die Reise einzuholen hatten, war dann wohl auch weniger als Regulierung des Tourismus zu verstehen. Sie war eine durchaus vernünftige Sicherstellung von Bargeld, das, zusammen mit den Besitzern, so oder so bald auf Nimmerwiedersehen in den endlosen Urwäldern Südostpapuas verschwinden würde. Doch das Bewilligungsverfahren war leider nicht nur teuer, sondern auch einigermaßen langwierig.

Das Prozedere auf dem Amt von Jayapura glich einem Orientierungslauf im Meditations-Retreat. Einerseits galt es, in verschiedenen Gebäuden und Stockwerken ein Dutzend Schalter zu finden, wofür es dann jeweils einen Stempel gab. Andererseits galt es, Gelassenheit unter Beweis zu stellen. Gefordert wurde diese, weil die Schalter zwar alle besetzt, die Beamten aber offenbar angewiesen waren, die Kunden vor Entgegennahme ihres Ersuchens so lange wie möglich untätig ausharren zu lassen.

Nach drei Beamten verstanden wir langsam, wie das Spiel funktionierte. Wer zuerst Ungeduld zeigte, der hatte verloren. Wer dagegen die Bereitschaft bewies, dem Tod durch Langeweile gelassen in die Augen zu sehen, der gewann und bekam seinen Stempel. Vielleicht lag es an der Hitze, vielleicht an der Müdigkeit, wir lernten auf jeden Fall schnell. Bei Schalter fünf wirkte die verstaubte Topfpflanze in der Ecke nervöser als wir. Bei Schalter sieben begannen wir mit unserer demonstrativen Geduld der Wandfarbe Konkurrenz zu machen. Und als wir schließlich vor dem letzten Schalter saßen, hätte Buddha persönlich neben uns zappelig ausgesehen. Der dünne, indonesische Beamte sah ein, dass er es, wollte er in den nächsten drei Wochen wieder einmal aus seinem Büro finden, mit diesen Leuten besser nicht auf einen Showdown ankommen ließ, und gab uns den Stempel. Sofort.

Geht es um die Zähmung der Wildnis, ist ja eigentlich nur noch auf zwei Branchen wirklich Verlass: die Rohstoffindustrie und die Kirche. Weil der Ort, wo wir hinwollten, aber selbst auf Minenunternehmen abschreckend wirkte, nahmen wir schließlich, um ans Ziel zu kommen, die Dienste einer Fluggesellschaft in Anspruch, die von amerikanischen Missionaren betrieben wurde. Die Sicherheitskultur der christlichen Fluggesellschaft ließ zwei Möglichkeiten offen: a) Auf der Stelle in Panik verfallen. Oder b) auf der Stelle gläubig werden. Der Pilot, der uns von Wamena in einer Pilatus Porter über die Berge Richtung Süden flog, hieß Jesaias. Der Instrumentencheck schien ihn nicht besonders zu interessieren, noch kümmerte es ihn, ob wir angeschnallt waren. Dafür legte er vor dem Start großen Wert darauf, mit einem Gebet unser Schicksal in Gottes Hände zu legen, und immer wenn es in der Luft ein bisschen holprig wurde, hob er den Blick von den Instrumenten und sagte reflexartig: »Jesus Christus, bitte sei mit uns.« Ich wählte den Weg des Glaubens, zumindest bis zur Landung. Dann wurden wir mit Umständen konfrontiert, die die Allmacht Gottes wieder etwas unglaubwürdiger machten.

Sollte es bei uns noch Zweifel gegeben haben, ob der Kannibalismus in Papua auch heute noch Usus ist, waren diese Zweifel schnell ausgeräumt. Beim Ausladen der Rucksäcke sagte Jesaias: »Wilde Gegend, die ihr euch ausgesucht habt. Wie ich gehört habe, haben sie vor zwei Wochen dort drüben einen Mann aufgefressen.« Er zeigte auf die andere Seite der Graspiste, auf der die Pilatus Porter nach einer Stunde Flug über ein grünes Meer von Bäumen gelandet war.

Die Schneise im Wald und die paar Hütten rundherum hießen Wangemalo. Die Piste hatten holländische Missionare in den neunziger Jahren angelegt. Doch ihr missionarischer Eifer hielt nicht lange an. Er erlahmte abrupt, nachdem ein Eingeborener einem Holländer einen Pfeil ins Auge geschossen hatte. Heute erinnerte nur noch ein Haus mit rostigem Wellblechdach an die kurze christliche Phase. In dem Haus stand ein Klavier, dem die Hälfte aller Tasten fehlten. Und auf dem Boden lagen ein paar zerstreute Notenblätter mit frommen Liedern. Wir quartierten uns in einem der Zimmer ein. Durch die Wand war Wimmern zu hören. Nebenan liege eine Frau im Sterben, hieß es.

Abends erfuhren wir mehr zum Zwischenfall auf der anderen Seite der Piste. Wir saßen mit dem Häuptling des Dorfes auf der zerfallenen Veranda vor dem Haus der Missionare. Der Häuptling trug als Hut die Hälfte eines Fußballs. Die Sache stand im Zusammenhang mit

Hexenglauben, der in Wangemalo nach der gescheiterten Christianisierung offenbar schnell wieder ins Zentrum des spirituellen Lebens gerückt war. Wen das Unglück trifft, von einem Sterbenden für sein Ableben verantwortlich gemacht zu werden, wird zum »swangi« erklärt und muss einen lebenden Frosch und menschliche Exkremente essen. Wer sich daraufhin übergibt, hat Glück gehabt. Er gilt als unschuldig. Der Mann vor zwei Wochen hatte zu seinem Verhängnis einen robusten Magen. Dem Vernehmen nach wurde er, nachdem der Hexentext positiv ausgefallen war, zuerst geviertelt und anschließend gegessen. Auf diese Auskunft sagte von uns dreien erst einmal niemand mehr etwas. Aus dem Innern des Hauses hörte man das Wimmern der Frau. Auf der Veranda hatte sich das halbe Dorf versammelt. Die Frau werde wahrscheinlich die Nacht nicht überleben, sagte man. Die Gesichter der Dorfbewohner waren weniger von Trauer als von Angst gezeichnet. Kein Wunder, dachte ich. War nur zu hoffen, dass die Sterbende in ihren letzten Stunden nicht noch eine Rechnung begleichen wollte.

»Hast du gehört, was die Träger erzählen? Die Wairas werden uns, wenn sie uns erwischen, nicht nur essen, sondern auch zu Dekorationszwecken benutzen«, sagte Mike. Es war nachmittags um vier Uhr, Tag drei unseres zweiwöchigen Aufenthalts im Dschungel. Wir hatten uns sechs Stunden lang durch eine Wand aus Blättern, Wurzeln und Lianen geschlagen und schauten jetzt dabei zu, wie die Träger in null Komma nichts aus ein paar Bäumen und Palmblättern eine Hütte bauten.

Mir war gerade egal, was die Wairas mit uns machen würden, ich hatte akutere Probleme. Auch ohne Wilde ist der Dschungel ziemlich wild. Ich versuchte, einen Blutegel zu entfernen, der sich hinter meinem Ohr festgebissen hatte, und den Umstand nicht zu dramatisieren, dass meine rechte Hand im Minutentakt anschwoll, nachdem eine gelbe Spinne darüber gewandert war. Außerdem hatte ich Durst. Ich schielte eifersüchtig zu Mike hinüber, der an seiner Flasche mit einem eingebauten Dreifach-Reinigungsfilter nuckelte, die er eben an einem schlammigen Wasserloch aufgefüllt hatte. Ich mit meinen Chlor-Tabletten konnte jetzt zwei Stunden warten, bis mein Wasser trinkbar war, und auch dann würde es wie Swimmingpool-Wasser schmecken. Wie lauwarmes Swimmingpool-Wasser.

Überhaupt war mir der leise Spott über Mikes Ausrüstung schnell vergangen. Mike hatte für den Trip nach Papua alles auf den neuesten Stand der Technik gebracht. Und neben der Angewohnheit, bei Pflanzen, die er kannte, zu erwähnen, wie viel die im Gartencenter in Florida kosteten, liebte er es, seinem nagelneuen Equipment Noten zu erteilen. Seine Digitalkamera bekam ein B (»zu viele Knöpfe«). Das Antimoskitomittel, mit dem er alle seine Kleider aus Hightech-Gewebe schon vor der Abreise behandelt hatte, bekam ein B+. Der wasserfeste Überzug für seinen wasserfesten Rucksack: A. Aber ein A+ bekam nur seine Wasserflasche. Meine Ausrüstung wäre auf Mikes Skala im Durchschnitt nicht über ein C hinausgekommen.

Weniger als um seine persönliche Ausrüstung schien sich Mike um die Organisation unserer Expedition im Ganzen zu sorgen. Immerhin stießen wir in einen der wildesten Dschungel der Welt vor, mit der Aussicht, der wildesten Art Menschen zu begegnen, die man auf diesem Planeten noch auftreiben kann. Doch wir hatten weder ein Funkgerät noch ein Satellitentelefon dabei, noch irgendetwas, was einer Notfallapotheke auch nur ähnlich gewesen wäre. Es dauerte ein paar Tage, bis ich begriff, dass das mit Leichtsinn nicht viel zu tun hatte. Es war so geplant. Es machte das ganze Unternehmen noch riskanter, als es ohnehin schon war. Mike hatte nicht nur für einen unentdeckten Stamm bezahlt, sondern auch für ein bisschen Lebensgefahr. Wahre Wildnis eben. »This ist the real thing, man«, fasste Kelly unser Motto jeweils zusammen, wenn einer von uns es wagte, sich nach dem Notfallszenario zu erkundigen. Es gab kein Notfallszenario. Einer von Kellys Lieblingsfilmen ist »Fight Club«. Darin machen sich gelangweilte junge Männer einen Spaß daraus, einander zusammenzuschlagen, bis sie halb tot sind.

Natürlich galt die »No risk, no fun«-Philosophie auch für unsere Bewaffnung. Einige unserer 15 Träger hatten ihre Bogen dabei. Das war aber auch schon alles, was wir zu unserer Sicherheit mit uns führten. Doch es zeigte sich schnell, dass unsere Leute alles andere als Anwärter auf Tapferkeitsmedaillen waren. Unsere Träger schossen zwar auf alles, was sich bewegte. Unser Trekking war für sie wie ein Gang entlang eines endlosen Buffets. Es gab keine Stunde, da nicht ein durchbohrter Vogel vom Himmel fiel (dessen Marktwert in US-Dollar Mike auch meistens beziffern konnte, meistens war er sehr hoch), ein Wildschwein tot ins Laub sank oder ein pelziges Tier aus einem Loch gezerrt wurde, um abends auf dem Grill zu landen. War aber von den Wairas die Rede, verließ unsere Mannschaft auf der Stelle jedes Draufgängertum. Sie strichen sich einen weißen Saft ins Gesicht, der das Böse von ihnen fernhalten sollte, und wurden totenstill. Kelly beschloss, dass wir uns besser noch nach Verstärkung umsehen sollten.

Am vierten Tag trafen wir auf das erste Baumhüttendorf vom Stamm der Kombai. Die Kombais galten im Vergleich zu den Wairas als so etwas wie eine Hochkultur. Das erkannte man etwa daran, dass sie schon Metallwerkzeuge verwendeten. Doch auch das verbleibende Kulturgefälle war noch groß genug, um das Eintreffen im Kombai-Dorf für Mike und mich zum unvergesslichen Erlebnis zu machen. Kelly hatte gesagt, die Kombai hätten schon viele Weiße gesehen. Mag sein, aber dann müssen die Weißen keinen allzu vorteilhaften Eindruck hinterlassen haben. In dem Augenblick, in dem wir an der Grenze der Lichtung erschienen, auf der die Baumhütten standen, ging ein vielstimmiges Geschrei los, das sich zumindest für das ungeschulte Ohr nicht nach Freudengeschrei anhörte. Ein Eindruck, der von den drei Männern, die im nächsten Moment mit aufgezogenen Bogen auf uns zurannten und sich zehn Meter vor uns aufpflanzten wie ein urzeitliches Erschießungskommando, nicht unbedingt entkräftet wurde.

Die drei Kombais waren, abgesehen von einem Blatt um ihren Penis, nackt. Einer hatte eine Kauri-Muschel auf der Nase. Ein anderer trug eine Kette aus Hundezähnen. Doch Kelly ließ sich nicht aus der Ruhe bringen. »Kein Problem, das machen die immer. Reine Show. Gehört zum Begrüßungsritual«, sagte er, während er einen Beutel Tabak aus seinem Rucksack nahm. »Das wird sie beruhigen«, sagte er. »Wer will es ihnen bringen?« Mike und ich waren eigenartigerweise gerade von einer rätselhaften Taubheit befallen, und so ging Kelly selbst Schritt für Schritt auf die drei Kombai-Krieger zu, denen das nicht unbedingt zu gefallen schien. Doch als er nahe genug stand, stocherte einer der Kombai mit seinem aufgezogenen Pfeil im dargebotenen Tabak herum und seine Miene begann sich aufzuhellen.

Kelly beschloss, dass wir im Kombai-Dorf übernachten würden, um ein paar Männer für den Besuch bei den Wairas zu engagieren, deren Gastfreundschaft einzufordern allenfalls noch ein paar andere Argumente als nur Tabak nötig machte. Außerdem würde das Mike und mir Gelegenheit bieten, einen Einblick in das Alltagsleben der Kombai zu gewinnen. Doch dafür brauchte es, wie es schien, zuerst noch zusätzliche vertrauensbildende Maßnahmen. Denn auch wenn der Tabak einiges zur Völkerverständigung beigetragen hatte, das Verhältnis zu den Kombai blieb vorerst angespannt. Besonders großen Argwohn schienen unsere Kleider zu wecken. Männer mit Nasenringen und Tierknochen in den Haaren, die mit ihrem bloßen Auftauchen jede mitteleuropäische Straße in 30 Sekunden leerfegen würden, getrauten sich kaum, unsere T-Shirts zu berühren. Alle gaben uns zu verstehen, es wäre ihnen lieber, wenn wir keine Kleider trügen. Es schien ihnen wirklich wichtig zu sein.

Schließlich taten Mike und ich ihnen den Gefallen. Warum auch nicht. Nackt war das Casual chic des Urwalds! Außerdem war es warm und feucht wie in einem Dampfbad. Doch das hätten wir besser nicht getan. Verbreiteten unsere angezogenen Körper gerade noch Angst und Schrecken, waren sie nackt Gegenstand von freudiger Ausgelassenheit. Das ganze Dorf rannte zusammen, um sich die bleichen Arme und Beine von ganz nahe anzusehen, auch die Kinder und die Frauen. Und alle riefen: »Ringi bungkus, ringi bungkus!« Mike und ich strahlten die ganze Würde von anthropologischen Exponaten aus, die von einem Entdeckungsreisenden vom anderen Ende der Welt angeschleppt worden waren. Im Vergleich zu den sehnigen Körpern der Kombai sahen wir aus wie Marshmallows. Da kam Kelly. »Was soll denn dieses Ringi bungkus?«, fragte ich ihn. »Was das soll? Die wollen euren Penis mit einem Blatt einwickeln«, lachte Kelly. Mike und ich versuchten möglichst unauffällig unsere Hosen wieder anzuziehen.

Die Stimmung blieb auch im weiteren Verlauf unseres Aufenthaltes bei den Kombai ausgelassen. Zuerst musste zu unseren Ehren ein Wildschwein dran glauben, das naheliegenderweise weniger begeistert über das Festmenü war und zuerst einmal zwei Weira niederrannte, bis es mit einem gezielten Pfeilschuss zur Strecke gebracht wurde. Dann drängte man uns, auch noch die schwindelerregendsten Baumhütten zu erklimmen, deren Statik die Schwerkraft nur so lange Lügen zu strafen schien, wie die grazilen Kombais darum herumturnten. Unter dem Gewicht von uns drei Kindern des Wohlstands begannen sie beunruhigend zu wanken. Und dann stellte sich heraus, dass das Nachtleben im Dschungel an Endlosigkeit jedem Rave Konkurrenz machen kann. Mike und ich hatten unsere Zelte dummerweise in der Mitte der Lichtung aufgestellt. Das Geschnatter und Geschrei der Geselligkeit nahm bis zum Morgengrauen kein Ende.

Für ein Beil erwarben wir uns am nächsten Tag die Dienste von drei furchteinflößend aussehenden Kombai-Kriegern. Der mit der Hundezahn-Kette war auch dabei. Als wir gegen elf Uhr aufbrachen, schlief der größte Teil des Stammes noch. »Das ist bei denen immer so«, meinte Kelly. Da soll noch jemand sagen, die Freizeitgesellschaft sei eine Erfindung der Moderne! Der Kombai mit der Hundezahn-Kette sah ein bisschen aus wie der Schauspieler Eddie Murphy. Mike stimmte mir sofort zu. Eddie Murphy nackt im Urwald! Wir konnten uns kaum halten vor Lachen. Aber bald schon war fertig mit lustig.

Der Plan war, bis an die Grenze des Stammesgebiets der Wairas zu marschieren und dort unser Lager aufzuschlagen. Die Grenze wurde durch einen kleinen Fluss markiert. Von dort würde Paku, der Späher, der die Wairas als Einziger von uns schon einmal gesehen hatte, zuerst allein bis zu ihrem Dorf weitergehen und versuchen, sie mit Tabak freundlich zu stimmen. Kelly meinte, dass wir womöglich Geduld haben, vielleicht zwei, drei Tage warten müssten, bevor wir von den Wairas eingeladen würden. Tabak bringen, warten, Geduld: Das war das Szenario. Das war der Plan. Leider hatten die Wairas keine Lust, sich daran zu halten. Und es zeigte sich schnell, dass Geduld unsere kleinste Sorge sein sollte. Gegen drei Uhr am folgenden Tag trafen wir am Grenzfluss ein. Der Fluss war eher ein Graben. Das Wasser war nur knöcheltief. Zwei Stunden später, kurz vor Einbruch der Dämmerung, hatten wir mit den Wairas schon Bekanntschaft geschlossen. Es machte nicht den Eindruck, dass sie freudig auf die Ankunft des 21. Jahrhunderts gewartet hatten.

Mike und ich saßen vor unseren Zelten. Auf dem Lagerfeuer wurde gerade wieder einer dieser regenbogenfarbenen 500-Dollar-Vögel gegrillt. Es war der wunderbarste Zeitpunkt des Tages, jener, an dem die Insekten Schichtwechsel hatten, die Schmeißfliegen schon weg waren und die Moskitos noch nicht da. Und für eine Weile konnte Mike und mich nicht einmal die Perspektive bedrücken, dass es für uns, da die erlegten Tiere kaum genießbar waren, auch heute wieder nur Reis und Linsen geben würde und zur Krönung ein Dessert, das aus einem »Mentos«-Bonbon bestand. Mike hatte als Gastgeschenk für den Häuptling der Wairas eine Schachtel honduranischer Zigarren der Marke »Shakespeare« mitgebracht. Er zählte, wie viele Zigarren noch übrig waren, nachdem er auf dem Weg hierher gelegentlich schon selbst eine geraucht hatte, um die Moskitos fernzuhalten. Da brach, vielleicht dreißig Meter entfernt – sehen konnte man nichts –, ein vielstimmiges Gebrüll aus.

Es war eine tiefes, langes Uuuuh!, das am Schluss in einen schrillen Schrei mündete. Es hörte sich rau und grausam an. Nach Lebewesen, die eigentlich längst hätten ausgestorben sein sollen. Vor drei Eiszeiten mindestens! Mike ließ vor Schreck die Zigarrenschachtel fallen. Kelly rief etwas herüber, was ich nicht verstand. Die Kombai-Krieger kamen angerannt, um einen Abwehrring um unsere Zelte zu bilden. Dann, nach ungefähr zwei Minuten – Stille.

Mike und ich saßen da, steif wie zwei Pharaos. Außer meinen Fingern, die sich irgendwie selbstständig gemacht hatten. Ich ballte die Hände zu Fäusten, um das Zittern abzustellen. Unser Lager war leer wie nach einer Choleraepidemie. Alles hatte sich ins Dickicht geworfen. In dem einsamen Topf auf dem Lagerfeuer verkochte gerade unsere Tagesration Reis.

Ich muss den Guinness-Rekord im Luftanhalten aufgestellt haben. Es dauerte mindestens zehn Minuten, bis ich die Ameisenkolonie wahrnahm, die meinen Fuß zum Trampelpfad erklärt hatte, und erstmals wieder auszuatmen wagte. Mikes Adamsapfel hatte sich auch wieder in Bewegung gesetzt. Doch die Atempause dauerte nicht lange. Ich war gerade so weit, eine lockere Bemerkung beizusteuern, um die Situation etwas zu entspannen. Da brach das Gebrüll von Neuem aus.

Diesmal aber in der genau entgegengesetzten Richtung! Und beim zweiten Mal war auch die Botschaft des Gebrülls nicht mehr zu überhören. Sie hieß: »Wir haben Angst. Aber wir werden töten.« Dann wieder

Stille. Ich merkte, wie ich reflexartig an etwas anderes zu denken versuchte: an die Kieswege der Parks in Paris, an Buchhandlungen, an Restaurants mit weißen Tischtüchern, an Zivilisation, an Geborgenheit, an Vernunft. Der Topf mit dem Reis lag jetzt umgekippt am Boden. Dann kam die Nacht.

Wenn es die Absicht der Wairas war, uns mit ihrem Gebrüll einzuschüchtern, dann war das gelungen. Alle drängten sich unter dem Palmendach zusammen. Die Träger hielten sich die Hände. Am Boden brannte eine einzelne Kerze. William war der Meinung, dass Paku noch in der Nacht mit dem Tabak ins Dorf der Wairas gehen müsse, wollten wir einem Angriff auf unser Camp zuvorkommen. »Sie müssen jetzt erfahren, dass wir Freunde sind«, meinte er. Paku sagte gar nichts. Seine hervorstehenden Augen traten noch ein bisschen weiter vor. Er stocherte mit einem Pfeil im Boden herum.

Ungefähr zwei Stunden lang tat er das. Kelly meinte: »Ich kann ihm 20 Dollar mehr geben, aber ich kann ihn nicht zwingen, dort hinüber zu gehen.« Doch dann, gegen Mitternacht, stand Paku plötzlich auf, zog sich die Stirnlampe über den Kopf, schnappte sich wortlos ein Bündel Tabak und watete durch den Fluss. Wir dachten, dass jetzt eine Weile gar nichts passieren würde. Doch dreißig Sekunden später wurde der Dschungel erneut von einem steinzeitlichen Gebrüll erschüttert. Augenblicklich erlosch Pakus Lampe. Nach einer Minute – wieder Ruhe.

Die Wairas hatten sich die ganze Zeit nur wenige Meter von uns versteckt gehalten, und Paku war genau in sie hineinspaziert. Falls überhaupt möglich, dann war das Gebrüll noch wütender als zuvor. Es war ehrlich gesagt eine Überraschung, als das Licht von Pakus Lampe aufleuchtete. Wieder in unserem Lager, machte er ein Gesicht, als wäre er nicht über ein Flüsschen, sondern durch den Hades zurückgekehrt. Den Beutel mit dem Tabak hatte er noch immer in der Hand. An seiner Schulter hatte er eine blutende Schramme. Offenbar hatten die Wairas auf ihn geschossen.

Das Verhängnisvolle an einer Kannibalen-Safari ist ja, dass man sich dabei nicht nur die potenzielle Feindschaft von Kannibalen einhandelt, sondern auch jene der politisch korrekten Bedenkenträger, und die sogar mit Sicherheit. Noch in Wamena hatten Trekker aus Neuseeland empört den Tisch verlassen, als sie von unserem Unternehmen erfuhren. Kelly hatte damit keine Probleme. Er meinte immer: »Wären wir im Namen der Wissenschaft unterwegs, hätte niemand etwas dagegen einzuwenden.« Außerdem würde die Holz- und Rohstoffindustrie auf West-Papua nicht nur ein paar, sondern Jahr für Jahr Tausende von Eingeborenen aufscheuchen.

Ich konnte gewisse moralische Bedenken trotzdem nie ganz loswerden. Man konnte es drehen und wenden, wie man wollte. Zum Vergnügen indigene Völker von den Bäumen zu schütteln war sicher nicht die sensibelste Form von Tourismus. Andererseits entlasteten mich die Zweifel, die Mike und ich immer mal wieder hegten, ob diese ganze »First contact«-Sache nicht vielleicht doch nur eine clevere Inszenierung sei und die Eingeborenen ihre David Beckham-T-Shirts kurz vor unserem Eintreffen schnell irgendwo versteckten. Gelegentlich waren all diese Kannibalen-Geschichten, Hexen und unentdeckten Stämme einfach zu fantastisch, um wahr zu sein.

Als Paku in dieser Nacht in unser Lager zurückkam, verflog mein Verdacht einer Inszenierung endgültig und damit auch die besten Ausreden, unser Unternehmen in einem nicht ganz so verwerflichen Licht zu sehen. Pakus Angst war real. Er trug kurze Hosen. Seine Beine schlotterten. Wenn einer von uns die Wairas einschätzen konnte, dann war das Paku. Hatte Paku Angst, dann hatten auch wir Anlass dazu. Angst im Einsatz für eine edle Sache ist das eine, Angst und ein schlechtes Gewissen dazu ist aber ein wirklich elendes Gefühl.

Jetzt war klar, dass wir nichts mehr tun konnten, als auf den nächsten Morgen und den Angriff zu warten. Weil weder Kelly noch William mit einem solchen Verlauf der Ereignisse gerechnet hatten, waren die drei Kombai-Krieger alles, was wir an Verteidigung aufzubieten hatten. Sie schienen immerhin die Einzigen zu sein, die den nächsten Morgen kaum erwarten konnten. Während wir alle dumpf vor uns hin blickten, grinste Eddie diabolisch und tänzelte von einem Fuß auf den anderen, wie ein 100-Meter-Sprinter vor dem Start. Und Bo Fo Kwo, der mit der Kaurimuschel auf der Nase, drehte, den Bogen über die Schultern gelegt, seinen Oberkörper hin und her. Es sah aus wie Stretching.

Wenigstens gehörten Überraschungsangriffe nicht ins taktische Repertoire der Wairas. Nachdem der kleine Hund kurz nach fünf Uhr früh durch unser Lager gerannt war, hatte Mike gerade noch Zeit, seine Kamera aus dem Rucksack zu nehmen, da setzte das Uuuuh!, Uuuuuh! wieder ein. Dieses Mal aber brüllte nur einer. Und das Gebrüll blieb nicht dort draußen irgendwo, sondern kam auf uns zu. »Das ist ein Trick!«, rief Kelly. »Die kommen von der anderen Seite!« Doch das war zu weit gedacht. Kurz bevor das Gebrüll unser Lager erreichte, ging es in ein wildes Schreien über. Und dann waren sie da.

Schätzungsweise ein Dutzend Wairas. Die Kombais stürzten Richtung Fluss. Es folgte ein wildes Handgemenge. Ein paar Augenblicke lang schafften es unsere drei Kombai-Krieger, die Wairas aufzuhalten. Doch das Schlachtglück wendete sich schnell. Ich hatte den Überblick verloren. Nicht nur vorne, links von uns war auch etwas im Gange, als ich Kelly neben mir, mehr zu sich selbst, sagen hörte: »Oh, oh – here they come.« Und da war sie, die Steinzeit, das absolut Wilde. Hier war es, für das Mike 12 000 Dollar gezahlt hatte. Muskeln wie an einer Statue, schwarz, mit etwas Weißem bemalt. Ein Hut, der wie ein Visier das halbe Gesicht bedeckte. Aus Federn? Ein Bogen. Ein aufgezogener Pfeil. Alles raste auf mich zu. Doch das Erschreckendste von allem: Da war keine Wut, keine Aggression. Nur absolute Entschlossenheit. Die Entschlossenheit einer Naturgewalt. Die Entschlossenheit eines Felsens, der zu Tale stürzt. Mehr nahm ich nicht wahr. Dann kamen Baumkronen ins Blickfeld, von Dunst und Morgennebel verhangen. Einen Moment lang herrschte die pure Schwerelosigkeit. Doch dann setzte ein stechender Schmerz zwischen meinen Rippen der Idylle ein Ende.

Ich hatte es grandioserweise geschafft, im Augenblick der größten Gefahr hinzufallen und mir dabei meine Kamera in die Rippen zu rammen. Als ich wieder nach vorne sah, hatten Eddie und der mit der Kaurimuschel das Ungeheuer aus der Steinzeit in die Mangel genommen. Der Kerl war doppelt so groß wie die Kombais. Trotzdem gelang es Eddie irgendwie, die Pfeilspitzen des Wairas abzubrechen. Wer es schafft, seinem Gegner die Pfeilspitzen abzubrechen, hat gesiegt, erklärte mir Paku später. Die Wairas zogen sich so schnell zurück, wie sie über unser Lager hergefallen waren.

Wir hatten wider Erwarten überlebt. Nach und nach krochen die Träger mit ihren weiß angemalten Gesichtern aus ihrem Versteck und Kelly und Mike kletterten von den Bäumen herunter, auf die sie geflüchtet waren. »Huu, das war aber knapp«, meinte Kelly eher belustigt als schockiert. »Was nun?« Dazu gab es drei Positionen. Ich wollte die sofortige Flucht ergreifen. Die Kombai-Krieger wollten auf der Stelle zurückschlagen. Und Mike dachte, nachdem er den ersten Schreck überwunden hatte, dass er doch noch gerne ein Foto des Dorfs der Waira hätte. Die Träger, die ganz und gar auf meiner Seite standen, wurden leider nicht angehört. Im Dschungel herrschen bekanntlich andere Gesetze als die der Demokratie. Und so ergab sich eine Mehrheit fürs Weitergehen.

Das Dorf lag ungefähr einen Kilometer weit entfernt. Die Wairas hatten sich bis zu ihren Hütten zurückgezogen. Mit unserem Eintreffen hatten sie nicht gerechnet. Jetzt standen sie nur da und schauten zu uns herüber. Ihr Abstand zu uns betrug ungefähr vierzig Meter. Neben den Männern waren auch Kinder zu sehen. Ihr Dorf bestand aus einem Flachbau und zwei Baumhütten. Die Baumhütten waren höher als alle, die wir in den Dörfern der Kombais gesehen hatten. Je höher die Baumhütten, je größer das Gefühl von Bedrohung. Mike machte seine Fotos. Da zerrissen die ersten Pfeile die Blätter über unseren Köpfen. Kelly konnte die Kombais gerade noch davon abhalten zurückzuschießen. Ich hatte nichts dagegen, dass die Teilnahme an einem kleinen Stammeskrieg nicht auch noch Teil des Reiseprogramms war.

*Das Sicherheits-Handbuch der NATO rät bei Fahrten
außerhalb von Kabul zu einer Geschwindigkeit
von 130 Kilometern pro Stunde. In Anbetracht der
Straßen eine ehrgeizige Vorgabe.*

Roadtrip zu den Taliban

Afghanistan, Juni 2010

Vor einigen Monaten erhielt ich eine E-Mail. Sie kam von einem Reiseveranstalter aus England. Angeboten wurde eine Kulturreise nach Afghanistan. »Spüren Sie den Zauber des Orients im Garten von Babur. Staunen Sie über die Majestät des Minaretts von Jam. Tauchen Sie ein in die buddhistische Kultur in Bamian«, hieß es in der Reisebeschreibung. Die Route führte quer durch das ganze Land.

Was soll man da denken? Ich erkundigte mich näher. Doch, die Tour wurde schon durchgeführt, schrieb der Veranstalter. Auch dieses Jahr hätten sich schon Interessenten gemeldet. Nein, Tote habe es bisher keine gegeben. »Afghanistan is a traveller's dream!«, hieß es in der E-Mail.

Mein Interesse war geweckt. Klammerte man die letzten dreißig Jahre einmal aus, gab es einiges, was für Afghanistan sprach. Man sollte den Hippies ja nicht alles glauben. Doch den Reizen Afghanistans verfielen in der Vergangenheit nicht nur Habenichtse auf der Suche nach billigem Hasch, sondern auch Männer, die zum absoluten Jetset ihrer Zeit gehörten.

Alexander der Große war so angetan, er heiratete gleich ein afghanisches Mädchen. Und Babur, Herrscher über das Mogul-Reich und Besitzer zahlreicher Märchenpaläste in Nordindien, sehnte sich immer nur nach Kabul. Außerdem: Welches andere Land, abgesehen vielleicht von Nordkorea, blieb in den letzten drei Jahrzehnten von der touristischen Erschließung ähnlich verschont?

Noch etwas unsicher, wieweit der Tourismus in Afghanistan tatsächlich schon Akzeptanz genoss, hielt ich es für das Beste, in Kabul erst einmal im Hotel Serena abzusteigen, dem ersten Haus am Platz. Ich ergab mich der Illusion, dass teurer auch sicherer sei. Das heißt, bis ich mit einem Kellner sprach. »Nice hotel«, sagte ich. »Yes, nice«, sagte Akbar mit einem gequälten Lächeln. Um dann zu flüstern: »But not very, very safe.« Unter dem Versprechen, seinem Chef nichts zu sagen, führte er die Sache aus.

Das »Serena« war neben der amerikanischen Botschaft offenbar das zweite Lieblingsziel der Taliban. Ihr sittliches Empfinden erhitzte sich besonders am gemischten Fitnessraum. Akbar arbeitete seit acht Monaten im »Serena«. In dieser Zeit versuchten die Taliban zweimal das Hotel im Sturm zu nehmen. Zweimal hagelte es Raketen. Am nächsten Tag wechselte ich ins »Gandamack«. Die »Gandamack Lodge« wurde 2002 von einem Kriegsreporter der BBC eröffnet. Das Haus stand leer. Der Vormieter, er hieß Usama bin Laden, war überstürzt abgereist. 500 Dollar soll er dem Besitzer bis heute schulden. Anders als im »Serena« gibt man sich hier nicht die geringste Mühe, die Lage zu beschönigen. Gandamack ist der Name der Ortschaft, nahe der das britische Militär 1842 die verheerendste Niederlage in einer beeindruckenden Reihe von verheerenden Niederlagen in Afghanistan erlitt. Der Weg ins Hotel führt durch ein Stahltor, eine Leibesvisitation, eine quietschende Stahltür, und wenn die ins Schloss gefallen ist, noch mal durch eine Stahltür. Im Korridor steht ein Wandschrank voller Gewehre. In der Lobby lagern Kisten, gefüllt mit Granatwerfern. Gegenüber der Rezeption hängen die Tarife für die Dinge, die das Hotel vermietet. Ein gepanzertes Auto: 500 Dollar. Ein Stahlhelm: 10, eine schusssichere Weste: 20. »Cash in advance please«.

Ich unternahm einen Spaziergang. Fast 500 Milliarden Dollar hat der Westen in den letzten zehn Jahren in die Befriedung von Afghanistan investiert. Wohin das Geld geflossen ist, ist schwer zu erkennen. Nach Frieden sieht es nicht einmal in der Hauptstadt aus. Gut, die Burka ist etwas aus der Mode gekommen. Aber sonst? Kabul ist eine Weltausstellung der Befestigungsanlagen. Je bedeutender die Nation, desto monumentaler die Schutzmauern um die diplomatische Vertretung. Welche Wertschätzung man in dieser Gegend der Welt den USA entgegenbringt, ist unschwer zu erkennen. Im Vergleich zur Sicherheits-Architektur um das amerikanische Botschaftsgelände war die Berliner Mauer eine Geste der Völkerverständigung.

Eine Stunde irrte ich zwischen Betonmauern, Straßensperren, Panzerfahrzeugen und verängstigt dreinblickenden Einheimischen umher. Ich dachte schon, deprimierender ginge es nicht. Da landete ich auf einem

Teppichmarkt. Es gab Teppiche mit Mustern aus Handgranaten und aus Raketen. Doch die, die sich, wie mir ein 10-jähriger Knabe erklärte, am weitaus besten verkauften, waren die mit den Panzern.

Zum Glück gab es im Keller des »Gandamack« ein Pub. Wie alle Lokale, die in Kabul Alkohol ausschenken, bekam auch das »Gandamack« vor ein paar Wochen wieder einmal Besuch von der Polizei. Den Ausländern das Leben ein bisschen schwerzumachen wird allgemein als der Versuch von Präsident Hamid Karzai gewertet, das Image als Marionette des Westens abzustreifen. Zwei Kisten Whisky wurden abtransportiert. Anderntags wurde der Betrieb mit neuen Whiskyflaschen wiederaufgenommen. Der britische Botschafter sah sich veranlasst, ein Machtwort zu sprechen.

Neben mir an der Bar saß Bruce. Ich fragte ihn, was ihn nach Afghanistan geführt habe. »Aggressive camping«, antwortete er. Bruce war Teil der britischen Truppen und auf Fronturlaub. »Und? Gewinnen wir?«, fragte ich. Lange Pause. Schließlich sagte Bruce: »We will see«, und bestellte uns noch eine Runde. Nebenan läuteten drei Männer mit einer Darts-Party das Wochenende ein. Einer sagte, während er zielte: »Shitty week. We lost three men.«

Es gibt mehrere Organisationen, die versuchen, den Tourismus nach Afghanistan zurückzubringen. Die Aga Khan Foundation, der auch die Luxushotelkette Serena gehört, unterstützt im ganzen Land die Restaurierung historischer Bauten. Es gibt seit letztem Jahr einen Nationalpark. Vor kurzem wurde die Afghan Mountaineering Association gegründet. Und im Norden des Landes bemüht sich ein britisches Unternehmen namens Mountain Unity um den Aufbau einer Trekking-Industrie. Sein Motto lautet: »In den Frieden investieren statt in den Krieg«. Ich gab mir alle Mühe, dasselbe zu tun. Aber es war schwierig.

Es gibt in Kabul zwei namhafte Museen. Das eine beherbergte einst 100 000 Objekte, eine der bedeutendsten kunsthistorischen Sammlungen der Welt. Doch seit sich der Taliban-Minister für Kultur mit einem Vorschlaghammer und einem Dutzend Gehilfen drei Tage lang persönlich um die Artefakte gekümmert hat, ist das Nationalmuseum nicht viel mehr als eine Sammlung von Scherben und Wächtern, die für Besucher kaum mehr die Mühe auf sich nehmen, aufzuwachen. Und das andere Museum Kabuls ist das Landminen-Museum.

Nach dreißig Jahren Krieg ist Afghanistan das am dichtesten verminte Land der Welt. Noch heute werden jeden Monat Hunderte von Menschen durch Minen getötet oder verletzt. Im Gegensatz zum historischen Museum kann sich das Landminen-Museum nicht über einen Mangel an Exponaten beklagen. Die Taliban hatten die Schwächen des Gegners studiert. Mit besonderem Stolz präsentierte der Leiter eine Bombe, die als Weinflasche getarnt war. Ein anderer Sprengkörper war mit Bildern von Frauen in Bikinis beklebt. Warum diese »Sexbombe« nie explodierte, überraschte mich hingegen gar nicht. Den Taliban waren offenbar Bilder der bulgarischen Gewichtheberinnen-Mannschaft in die Hände gefallen.

Nach dem Abklappern der größten Sehenswürdigkeiten warf ich mich ins Nachtleben. Das Kabuler Nachtleben hat in den letzten Jahren eine gewisse Berühmtheit erlangt. Es hieß, es sei so toll wie in Tel Aviv. Das schien mir zwar unglaubwürdig, aber man konnte es ja ausprobieren. Immerhin leben in Kabul über 10 000 Ausländer mit einem– wie man sich vorstellen kann – ausgeprägten Bedürfnis nach Zerstreuung. Vermutlich zeigte die härtere Gangart gegen den Alkoholgenuss schon Wirkung, oder es hing damit zusammen, dass Mitarbeiter der UNO und Angestellte der meisten Botschaften schon länger nicht mehr auf die Straße durften. Auf jeden Fall konnte von wildem Nachtleben keine Rede sein. Auch im »Atmosphère«, dem berühmtesten Brückenkopf des Hedonismus, einem französischen Klub mit Garten und Pool, Soundtrack von Carla Bruni und einer Menükarte mit Wein aus dem Burgund und Entrecôte Sauce Béarnaise, herrschte an diesem Abend gedämpfte Stimmung.

Der Besitzer des Lokals saß vor dem Fernseher und schaute sich die Tennisübertragung aus Roland-Garros an. Der Mann ist Franzose und lebt seit sechs Jahren in Kabul. Bevor er das Restaurant übernahm, arbeitete er als Entwicklungshelfer. Doch nachdem er im Zuge der letzten Alkohol-Razzia für drei Tage in einer fensterlosen Zelle gelandet war, dachte er über eine Rückkehr nach Frankreich nach. »Vor ein paar Jahren sah es noch hoffnungsvoll aus. Jetzt nicht mehr. Die wollen uns nicht. Voilà! Und, ehrlich gesagt, ich kann das verstehen. Wir haben hier nichts verloren. Wenn die keine Musik, kein Kino wollen und es gut finden Frauen zu steinigen – voilà! In Saudi-Arabien mischen wir uns deshalb auch nicht ein.«

Nach drei Tagen Kabul fühlte ich mich langsam klaustrophobisch. Gefahr, ob real oder nur eingebildet, ist ja in erster Linie limitierend. In einer Stadt wie Kabul bewegt man sich von einer Sicherheitszone in die nächste. Dazwischen betet man, nicht allzu lange im Verkehr steckenzubleiben. Die Staus in Kabul sind kolossal. Für jeden VIP-Konvoi werden ganze Straßenzüge gesperrt. Und jeder Halbwichtige verschafft sich Vortritt, indem seine Bodyguards mit Maschinengewehren aus dem Fenster fuchteln. Das Herumspazieren hatte ich aufgegeben. Der Sicherheitsexperte des Schweizer Deza-Büros meinte: »Herumspazieren? Nur zu. Aber auf deiner Stirn klebt ein Schild mit der Aufschrift: 1 Million Dollar. Nein, sagen wir 700 000. 1 Million Lösegeld gibt es nur für einen Amerikaner.«

Es war Zeit für einen Ausflug. Um meine touristische Friedensmission nicht zur Gänze als gescheitert betrachten zu müssen, wollte ich es zumindest nach Bamian schaffen. Bamian liegt in den Bergen, 200 Kilometer westlich von Kabul, und gilt als Afghanistans größte Sehenswürdigkeit. Natürlich hatten die Taliban auch in Bamian ihre Gestaltungswut nicht im Zaum halten können. Seit 2001 sind nur noch leere Nischen im Fels zu sehen statt, wie die 1500 Jahre zuvor, über 50 Meter hohe Buddhastatuen. Aber auch die Nischen schienen noch imposant genug.

Dann studierte ich das wöchentliche Sicherheits-Update am Anschlagbrett des »Gandamack«. Ein Ferienparadies sieht anders aus. »In der vergangenen Woche kam es landesweit zu 342 ›security incidents‹. In der kommenden Woche ist mit einer Zunahme von Angriffen der Taliban zu rechnen. Eine anhaltend hohe Gefahr geht von IEDs aus.« »Improvised explosive devices« sind so etwas wie Bomben aus Heimarbeit. Durch Eingraben in die Straße haben die Taliban mit IEDs schon Hunderte von Autos in die Luft gejagt. Immerhin: Die Straße nach Bamian war bei weitem nicht die gefährlichste. Bilanz der letzten sieben Tage: zwei IEDs, ein UNO-Fahrzeug beschossen. Das Sicherheits-Update schloss mit Tipps für das Verhalten auf Überlandfahrten:

»Tragen Sie jederzeit eine schusssichere Weste. Meiden Sie, wenn möglich, hügeliges Gelände. Halten Sie das Tempo hoch. 130–150 Kilometer pro Stunde sind ideal.«

Mein Fahrer hieß Reza. Es war morgens um zehn Uhr. Weder Reza noch ich trugen eine kugelsichere Weste. Das Gelände war sehr hügelig. Und wir fuhren mit Tempo 30. Die Idee mit der kugelsicheren Weste hatte Reza nur mit Gelächter quittiert. Und die Straße war nicht viel mehr als ein Bachbett. Doch Reza beruhigte. »Problem only coming.« Zwei Taxifahrer wollten von einer Fahrt nach Bamian nichts wissen. Reza sagte zu, aber auch erst, als das Dollarbündel sehr dick geworden war.

Wir hatten drei Dörfer zu passieren, die unter Kontrolle der Taliban standen. Alle vor dem Shibar-Pass. Jenseits des Passes waren wir auf der sicheren Seite. Es war offensichtlich, dass Reza keine Panik verbreiten wollte. Trotzdem hielt er es für ratsamer, mich auf dem Rücksitz zu transportieren. Doch die Fahrt verlief ohne Feindberührung. Einmal fand es Reza sogar vertretbar, anzuhalten, um Getränke zu kaufen.

Als wir den Laden verließen, stellte sich mir ein Mann mit einem schwarzen Turban in den Weg. »Bist du Muslim?«, fragte er. Ich fand, das sei ein klarer Fall von Notwehr und er erlaube das Lügen. Doch der Mann schien mir nicht zu glauben. »Wer ist besser? Mohammed oder Jesus?« – »Coca-Cola ist besser!«, sagte ich, einem spontanen Einfall folgend, und drückte dem Mann zwei Büchsen in die Hand. Wir hatten einen neuen Freund. Reza fand es trotzdem klüger, zügig die Weiterfahrt anzutreten. Es heißt, man kann einen Afghanen nicht kaufen. Man kann ihn nur mieten. Und für zwei Dosen warme Cola? Wie lange konnte das dauern?

Kurz vor dem Shibar-Pass sahen wir einen Mann, der einen Esel hinter sich herzog. Auf dem Esel waren zwei Pakete verschnürt. Etwas Flaches, eventuell eine Matratze, und etwas Hohes. Der Mann strahlte. »Was hat denn der da?«, fragte ich. »Hochzeit!«, rief Reza fröhlich. Und da erkannte ich, dass das hohe Paket wohl auch eine Frau enthalten konnte.

Auf dem Shibar-Pass angekommen, verkündete Reza: »Now no more toilet people. Now happy time!« Den Taliban durch die Maschen gegangen, sahen wir den Zeitpunkt gekommen, uns über sie lustig zu machen. Es kursieren über die Taliban viele Witze. Die meisten thematisieren homoerotische Tendenzen als Folge der rigiden Geschlechtertrennung. Rezas liebster Witz ging so: »Weißt du, warum Krähen, die ein Taliban-Dorf überfliegen, häufig abstürzen? Weil sie sich mit einem Flügel den Hintern zuhalten. Nur so, für den Fall!« Und dann kamen wir nach Bamian.

Als wir das Hotel betraten, fanden wir den Hoteldirektor flach ausgestreckt auf dem Boden liegend. Er stöhnte. Er hatte sich beim Abendgebet einen Nerv eingeklemmt. Außer uns gab es nur einen Gast. Er hieß Will und war Pilot der Söldner-Firma Blackwater. Will bot dem Hoteldirektor eine Massage an. Aber der wollte davon nichts wissen. Meine Schmerztabletten akzeptierte er. Kaum ging es ihm besser, folgte ein Plädoyer für die iranische Atombombe. Wills Gesellschaft war nicht weniger kompliziert. Für ihn durfte der Krieg gerne noch ein Weilchen dauern. Er verdiente hier viermal mehr als in Alaska. Eben hat er sich in der besten Wohngegend von Portland ein Haus gekauft. Zum Glück fiel schon um neun Uhr der Generator aus.

Am nächsten Tag fuhren wir in den Nationalpark, zum See von Ban-da-Mir. Ein Stück des Weges kam ein Anhalter mit. Er hieß Jawad, war 23 und behauptete, der erste Skifahrer von Bamian zu sein. Der Hindukusch ragt hier über 5000 Meter in die Höhe. Schnee gibt es bis in den Mai. Andererseits konnten die extremen Minustemperaturen des afghanischen Winters selbst die Kampfmoral der Taliban lähmen. Außerdem hatten Jawads Rossignol keine Tourenbindung. Für den Aufstieg musste er sich mit selbst gebastelten Schneeschuhen behelfen. Ein Argument, Outdoor-Aktivitäten in Afghanistan generell in den Winter zu verlegen, leuchtete mir aber sofort ein. »Bei zwei Metern Schnee«, meinte Jawad, »sind die Minen kein Problem mehr!«

Nach drei Stunden erreichten wir den See. Er erwies sich tatsächlich als nationalparkwürdig blau. Als besondere Attraktion wurden Tretboote vermietet. Sie hatten die Form von weißen Schwänen. An Touristen schien man sich hingegen noch etwas gewöhnen zu müssen. Der Mann im Besucherzentrum griff bei unserem Anblick erst einmal nach seiner Waffe. Außer uns waren nur Soldaten da, vier aus Neuseeland und zwei Amerikaner. Sie baten mich, ein Foto von ihnen zu machen. Zwei setzten sich mit kompletter Kampfmontur in einen weißen Schwan. Das Tretboot kenterte beinahe. Alle lachten. Für einen Augenblick kam fast so etwas wie Ferienstimmung auf.

Die Insel Komodo, Heimat des Komodowarans.
Die chinesischen Seefahrer schrieben früher
»Hier Drachen!« auf ihre Karten

Auf der Insel der hungrigen Riesenechsen

Indonesien, März 2009

Der Knabe hieß Mansur und wurde neun Jahre alt. Als die entsetzten Dorfbewohner ihn endlich fanden, war die Drachen-Echse gerade dabei, seinen Schädel an einem Felsen zu zertrümmern, damit er ihr später nicht so auf dem Magen lag. Mit den Zähnen hielt sie Mansur am Nacken fest, während sie ihren Kopf heftig hin und her schüttelte. Die Gedärme hatte die Echse dem Knaben bereits vorher herausgerissen.

Die Drachen-Echse von Komodo, auch Komodowaran genannt, ist die mächtigste Echse der Welt. Sie ist die Comicfigur Gozilla in Echt. Eine Drachen-Echse kann vier Meter lang werden und 200 Kilo schwer. Ihr Lebensraum beschränkt sich heute noch auf die zwei kleinen Inseln Rinca und Komodo in Indonesien. Negativ aufzufallen ist seit Längerem ihr Metier.

Die chinesischen Seefahrer schrieben schon vor Jahrhunderten »Hier Drachen!« auf ihre Karten und machten einen weiten Bogen um die Gegend. Mehr Mythos als Wirklichkeit, meinte man, die Drachen-Echse könne sogar Feuer speien. Das hat sich mittlerweile zwar als leicht übertrieben herausgestellt. Immerhin hat die Drachen-Echse aber von allen uns bekannten Lebewesen den mit Abstand schlimmsten Mundgeruch.

Auf die Beziehung zu unserer Spezies seit je fast noch belastender ausgewirkt hat sich der Umstand, dass die Drachen-Echse sich an eine strikte Fleischdiät hält. Leider macht sie dabei nicht den geringsten Unterschied zwischen Ziegen, Hühnern und neunjährigen Knaben. Als die Drachen-Echse in den siebziger Jahren auszusterben drohte, löste das bei den ansässigen Fischern begreiflicherweise sehr verhaltenes Bedauern aus.

Doch dann entdeckte die indonesische Regierung die Riesenechsen als Touristenattraktion, erklärte die Inseln, auf denen man die letzten Tiere aufspürte, zum Nationalpark, nannte das Ganze den

»Jurassic Park Indonesiens« und schickte sich an, die Bevölkerung umzusiedeln.

Dummerweise hing die Bevölkerung aber mehr an ihren Hütten als angenommen, weshalb die Umsiedlungsaktion wieder abgeblasen wurde. Und was macht die Drachen-Echse? Sie hat keinerlei Probleme mehr mit dem Aussterben und frisst zum Dank dafür, dass der Mensch sie von der Abschussliste der Evolution genommen hat, mehr Menschen als je zuvor. Neben dem armen Mansur sind auf Komodo und Rinca in den letzten Jahren ein Dutzend Menschen im Verdauungstrakt eines hungrigen Reptils verschwunden. Man kann also nicht sagen, man sei nicht gewarnt, wenn man den Komodo-Nationalpark besucht. Aber dafür muss man ihn zuerst einmal erreichen.

Die Inseln liegen genau dort, wo der Indische Ozean und das Südchinesische Meer ineinanderfließen. Monsterwellen, wilde Strudel und rätselhafte Strömungen machen die Gegend zum heimtückischsten Gewässer ganz Asiens. Die Preise für die Überfahrt sind entsprechend.

»Was! 400 Dollar?!«, rief ich. »Ja, Sir, sehr weit, sehr gefährlich«, versicherte Jakobus und machte dabei ein Gesicht, als würde er gerne auf alles Geld der Welt verzichten, wenn man ihn nur nicht zwingen würde, auf dieses Meer hinauszufahren. Wir standen auf der Mole des Fischerdorfes Labuhanbajo auf der Insel Flores. Labuhanbajo ist der Komodo nächstgelegene Hafen. Auf der Karte hatte es nicht sehr weit ausgesehen, und das Meer wärmte sich spiegelglatt in der Sonne. Ich schaute Jakobus gelangweilt an, aber er zuckte nicht mit der Wimper. Okay, er wollte es nicht anders. Es war Zeit, Marti Fruchtmann ins Spiel zu bringen.

Ich hatte Marti und seine Frau Lynn am Abend zuvor kennengelernt. Es war schwierig, sie nicht gleich zu mögen. Sie waren pensioniert und dauernd auf Reisen. Ihr Haus in Beverly Hills hatten sie schon Monate nicht mehr gesehen. Und sie waren begeisterungsfähig wie Kinder. Marti meinte, dass es für ihn, der nur fünf Kilometer vom Disneyland aufgewachsen ist, jedes Mal an ein Wunder grenze, wenn er sehe, dass es die Dinge auch wirklich gibt: das Matterhorn, den Eiffelturm, Venedig. Marti arbeitete früher als Finanzberater im Showbusiness. Er kümmert sich auch um das Geld von Bob Dylan. Lynn, eben 70 geworden, war früher Model. In den sechziger Jahren lebte sie in New York eine Weile mit einem Mafiaboss zusammen.

Ihre gemeinsame Faszination, was den Komodowaran betraf, ging auf einen Vorfall im Zoo von San Diego zurück, der vor ein paar Jahren groß Schlagzeilen machte. Der Freund der Schauspielerin Sharon Stone wurde während einer Privatführung von einem Waran in den Fuß gebissen. Er trug weiße Tennisschuhe. Das war der Fehler. Der Waran hatte den Turnschuh für einen weißen Hasen gehalten. Weiße Hasen sind die Leibspeise der Warane in San Diego.

Bob Dylan hat sich für sein Geld den richtigen Mann ausgesucht. Marti in die Preisverhandlungen für die Überfahrt nach Komodo einzuschalten zeigte augenblicklich Wirkung. Zehn Minuten später war der Preis auf 200 runter, und Jakobus hörte gar nicht mehr auf, sich dafür zu bedanken, dass man seinen Lohn gerade halbiert hatte.

Unser Transportmittel war eher eine Barke als ein Schiff, sah aber auf den ersten Blick ausreichend hochseetauglich aus. Die Hoffnungen, dass die vier dänischen Tramperinnen, die auch nach Komodo wollten, die Überfahrt mit uns verbringen würden, zerschlugen sich hingegen. Sie hatten – und so wie die Kerle grinsten, die die Leinen gar nicht schnell genug lösen konnten, wahrscheinlich gratis – ihr eigenes Schiff gefunden.

Die Fahrt dauerte drei Stunden. Der Plan sah vor, sich zuerst auf Rinca ein bisschen umzusehen, dann in einer stillen Bucht zu übernachten und anderntags eine Wanderung auf Komodo zu unternehmen. Zwei Stunden der Überfahrt verliefen absolut ereignislos. Die dritte Stunde war von einer gewissen Beunruhigung geprägt.

Die ersten beiden Stunden nutzte Jakobus dazu, uns Nützliches für die Reptilien-Safari mit auf den Weg zu geben. Blut wirkt auf die Echsen besonders appetitanregend. Warane riechen Blut fünf Kilometer weit. Frauen, die ihre Tage haben, wird von einem Besuch des Parks abgeraten. Auch gut zu wissen: Die massiven Probleme beginnen nicht mit dem Gefressenwerden. Wer nur gebissen wird, freut sich meist zu früh. Auch ein Waran-Biss hat wegen der bösen Infektionen, die sich daraus ergeben, in den allermeisten Fällen einen raschen Tod zur Folge.

Außerdem gilt es, die Antrittsstärke der Kolosse nicht zu unterschätzen. Ein Komodowaran legt 100 Meter in unter 12 Sekunden zurück. Und wenn diese Spitzenleistung der Kinetik den Ereignissen nicht schon die finale Wendung gibt, erledigt das mit ziemlicher Sicherheit der Anblick: Ein Waran greift auf den Hinterbeinen an.

Flüchten ist also keine Option. Nicht einmal ins Wasser. Warane schwimmen ihren Opfern bis zu 500 Meter ins offene Meer hinterher. Dann kehren sie um, weil sie die Kälte nicht vertragen. Das nützt der gerade davongekommenen Beute aber wenig. Die Gewässer rund um Komodo sind nicht nur tückisch, sondern von einer ausgesucht bösartigen Fauna bewohnt.

Es wimmelt hier nur so vor Seeschlangen, Steinfischen und Seeskorpionen. Wer das Pech hat, von einem Steinfisch gestochen zu werden, der wird das Ertrinken, sagte Jakobus, seinen Schmerzen jederzeit vorziehen. »Huuu!«, sagte Marti mit gespielter Angst, und auch ich schickte mich gerade an, ein paar höhnische Bemerkungen auf Kosten des Steinfisches zu machen. Da geriet der Motor ins Stottern und verstummte schließlich ganz.

Die Stille war nicht unangenehm. Abgesehen vom Plätschern, das jetzt aus der Kabine zu hören war. »No worry!«, sagte Jakobus und flitzte zum Steuermann unter Deck. Kurze Zeit darauf flogen Eimerladungen voll Wasser aus einer Luke. Martis Adamsapfel hüpfte. Ich schätzte die Distanz zur nächsten Insel. Ungefähr ein Kilometer. Falls nicht alle Steinfische in der Nachbarschaft gerade zum Buddhismus konvertiert waren, würde das unter Umständen eng werden.

Als der Motor wieder ansprang, war Lynn beim dritten Bier und Marti ziemlich bleich. Der Rest der Fahrt bis nach Rinca verlief in Schweigen. Aus dem Rumpf des Schiffes war Hämmern zu vernehmen. Unsere Erleichterung, wieder festen Boden betreten zu dürfen, war aber nur von kurzer Dauer.

Das Erste, was wir auf Rinca zu sehen bekamen, waren die dänischen Tramperinnen. Sie schienen es sehr eilig zu haben, zurück zu ihrem Boot zu gelangen. Ein Waran hatte sich, zwanzig Meter vom Schiffssteg entfernt, mitten auf dem Fußweg in Position gebracht. Jakobus hatte für die Panik nur ein müdes Lächeln übrig. Aber immerhin hielt auch er es für angebracht, die Siedlung statt auf dem Weg durch sehr dorniges Gestrüpp anzusteuern.

Was sich schon am Hafen abzeichnete, bestätigte sich. Um Drachen-Echsen zu sehen, konnte man sich große Touren ins Innere von Rinca sparen. Die Tiere lagen dutzendweise im Dorf herum. Und der schlechte Mundgeruch machte sich schon von weitem bemerkbar. Es war der Geruch von verwesendem Fleisch. Insgesamt ein eher beunruhigendes Szenario. Insbesondere, weil die wenigen Menschen, die zu sehen waren, sich alle in Häusern aufhielten, die auf Stelzen standen.

Es konnte keine Zweifel geben, wer auf Rinca der Boss war. Der Gang der Drachen-Echsen hat etwas unverwechselbar Putinhaftes. Und das Herumlungern beherrschen sie, wie es nur Kreaturen tun, die sich darauf verlassen können, dass es sich hinreichend herumgesprochen hat, wie schlecht die Idee ist, sich mit ihnen ein Späßchen zu erlauben, sie zum Beispiel am Schwanz zu ziehen. Den Echsen ist es schon zu mühsam, für Besucher auch nur die Augen zu öffnen. Geschieht es ausnahmsweise trotzdem, trifft einen ein Blick, der nicht einmal mehr von Herablassung zeugt, sondern von so absoluter Kälte, dass es Marti und mich erschaudern ließ.

Lynn hatte ihre Vergangenheit im Verbrechermilieu offenbar besser auf die Begegnung mit den Killer-Echsen vorbereitet. Als eine der Echsen eine kleine Demonstration ihrer geradezu surrealen Schnelligkeit gab – es sah aus, als hätte jemand auf die Schnellvorlauftaste gedrückt –, blieb sie einfach nur stehen und sagte: »Wow!« Marti und mich konnte man zu diesem Zeitpunkt längst hinter der nächsten Hausecke suchen.

Ein Mann, der sein stolzes Alter zweifellos dem Umstand verdankte, dass er auch für eine hungrige Echse zu wenig Fleisch auf den Knochen hatte, legte uns die Sorgen der Dorfbewohner dar. Vor der Küche einem Ungeheuer zu begegnen, das noch nicht mitbekommen hat, dass die Kreidezeit schon 100 Millionen Jahre her ist, war auf Rinca seit je nicht auszuschließen. Im Unterschied zu früher sind die Chancen aber heute deutlich größer, dass der Mini-Dinosaurier vor der Küche gerade Hunger hat. Früher gab es auf Rinca so viele Menschen wie Echsen. Heute sind die Echsen in dreifacher Überzahl.

Für die Einheimischen brenzliger wurde es schon, als die Parkbehörde ihnen das Halten von Hunden verbot. Die Hunde, hieß es, passten nicht ins Biotop. Nur: Die Hunde hatten früher viele der Echsen auf Distanz gehalten. Doch ein richtiger Nervenkitzel wurde das Leben auf Rinca, seit auch das Füttern verboten ist, eine präventive Maßnahme, mit der die Einheimischen früher den Appetit der Echsen zügelten. Jetzt, meinte der alte Mann, können sie nur noch auf einen Schutzzaun hoffen. Aber noch fehle das Geld.

Es ist ein eigenartiges Gefühl, sich in der Gegenwart von Lebewesen aufzuhalten, die sich weigern, dem Menschen den obersten Platz in der Nahrungskette einzuräumen. Okay, Löwen fressen uns auch, wenn sie Gelegenheit dazu bekommen. Aber sie lassen sich von der Anwesenheit des Menschen immerhin ein bisschen aus der Ruhe bringen. Ganz im Gegensatz zu diesen Ungeheuern mit ihrem prähistorischen Mundgeruch und einer Haut wie ein Kettenhemd, die – hey!, seien wir ehrlich – als Handtaschen auch einen Verwendungszweck finden würden. Womöglich sogar einen besseren, als wenn sie arme Fischer terrorisieren.

Als wir auf Komodo eintrafen, ging gerade mit großem Trara die Sonne unter. Offenbar wollte es das Wetter mit der Romantik aber nicht übertreiben, weshalb es eine Stunde später sintflutartig zu regnen begann. Auf dem Deck, unter einer Plane aus Plastik zusammengedrängt, in der Hand lauwarmes Dosenbier, wurde es trotzdem ein sehr netter Abend.

Zuerst erzählte Marti mehr von Bob Dylan. (Was man nicht gedacht hätte: Dylan ist ein leidenschaftlicher Sammler von Luxusimmobilien.) Dann war Lynn mit den Mafia-Geschichten dran. Mit einem Mafiaboss liiert zu sein hatte den Vorteil, dass man vor Nachtklubs nie anstehen musste. Nicht einmal vor dem Studio 54. Der Nachteil: Gelegentlich wurde man in Schießereien verwickelt. Einmal wurde Lynns Freund direkt vor ihrer Haustür angeschossen. Nicht lebensgefährlich, aber der Vorfall schaffte es auf alle Titelseiten. Um sie vor den Polizeiverhören zu bewahren, verfrachtete die Familie Lynn für ein halbes Jahr nach Italien. Dort spielte sich ein weiteres Drama ab: Lynn nahm sofort fünf Kilo zu.

Am anderen Morgen hatte sich bei uns eine gewisse Drachen-Müdigkeit eingestellt. Lynn wollte lieber lesen. Und auch Marti hatte genug Reptilien gesehen. Mir ging es ähnlich. Doch ich sah mich fast verpflichtet, noch einmal an Land zu gehen. Immerhin gab es auf Komodo so etwas wie eine Schweizer Sehenswürdigkeit zu besichtigen.

Die Ehre, der erste Schweizer zu sein, der von einer Drachen-Echse gefressen wurde, gebührt Baron Rudolf von Reding Biberegg, Nachfahre des Schlachten-Lenkers Alois von Reding, der ein Schwyzer Heer 1798 mit den Worten: »Wir flüchten nicht, wir sterben!«, gegen die Franzosen führte. Rudolf von Reding verschwand während einer Komodo-Exkursion 1974. Die Stelle, wo man seine Hasselblad-Kamera (mit zerrissenen Riemen) und seine blutverschmierte Brille fand, markiert heute ein weißes Kreuz.

Es war kurz nach neun Uhr, als der Guide und ich den Hügel erreichten. Leichter Wind bewegte das kniehohe Gras und rasselte in den Blättern der Palmen. In der Höhe kreisten Adler. Der Blick ging weit übers Meer. Es war die Sorte Ort, die einen ehrfürchtig wie in einer Kirche verstummen lässt. Schwer zu sagen, ob der Mann das verdiente, aber Rudolf von Reding hat die schönste Grabstelle der Welt. Alles hat auch seine gute Seite. Anscheinend sogar das Gefressenwerden von einer Drachen-Echse. Langfristig betrachtet.

Die meisten Menschen flüchten vor einem Tornado.
Storm-Chaser jagen sie. In Nebraska sind die Chancen,
dass sich am Himmel etwas Ernsthaftes zusammenbraut, besonders günstig.

Der perfekte Sturm

Nebraska, Juli 2008

Es gibt eine grobe Lebensregel, die offenbar auch fürs Wetter gilt. Richtig schlecht wird es nur, wenn es vorher richtig gut war. Für Tornados gilt das ganz besonders. Regnet es am Morgen, kann man Tornados vergessen. Für ein tornadomäßiges Gewitter muss es erst einmal schön sein. Der erste Ansatz zu einem Sonnenbrand im Nacken des Meteorologen Chuck Doswell ist also unter Umständen kein allzu verheißungsvolles Signal.

Es ist nachmittags um drei Uhr, und Doswell steht mitten in der Prärie. Der Himmel ist eine Kinderbettdecke, weiße Wölkchen vor einem hellblauen Hintergrund. Doswell knipst Fotos von einem verlassenen Farmhaus, eine Stunde südlich der Stadt Merriman, Nebraska. Das tut er immer, um sich auf Studienreisen die Zeit zu vertreiben, bis wieder ernst zu nehmendes Wetter aufzieht. Doswell hat Geduld. Nirgendwo auf der Welt gibt es im Juni so viele Tornados wie in Nebraska.

Tornados sind das extremste Wetter, das die Natur auf Lager hat. Die Windgeschwindigkeit in einem Tornado kann 800 Kilometer pro Stunde erreichen. Eine Pistolenkugel fliegt nicht so schnell. Der Wind in einem Tornado verwandelt Strohhalme in Projektile, die sich ins Holz von Telefonmasten bohren. Ein Hurrikan ist mildes Frühlingswetter dagegen. Die Windgeschwindigkeit des Hurrikans »Katrina«, der vor drei Jahren die Millionenstadt New Orleans unbewohnbar machte, betrug 240 Kilometer pro Stunde.

Wie schnell der Wind in einem Tornado wirklich wird, kann man nur schätzen. Noch hat kein Messgerät einen Tornado der Klasse F5 unbeschadet überstanden. F5 ist die oberste Stufe der Fujita-Skala, benannt nach einem japanischen Forscher, der seine Karriere mit dem Systematisieren der Schäden begann, die die Atombombe von Hiroshima hinterlassen hat.

Die Zerstörungskraft eines Tornados ist größer als die jeder anderen Naturgewalt. Ein F5 zerstört nicht, er vernichtet. Er macht aus einem Holzhaus Sägemehl und aus einem Steinhaus Sand. Er hat die Kraft, Asphalt von der Straße zu reißen. Und Menschen, die das Pech haben, einem F5 in die Quere zu kommen, sind danach ein Fall für die DNA-Analyse. Einen F2-Tornado überlebt man mit Glück. Einen F3 kaum. Ab F4: keine Chance. Gürtelschnallen, die vom Himmel fallen, sind oft das Einzige, was von Tornado-Opfern übrigbleibt.

Storm-Chaser beurteilen die Stärke eines Tornados danach, »how much it eats«. Was ein Tornado verschlingt, bestimmt seine Farbe. Einer leuchtete rosarot. Das war der, der ein Gewächshaus voller Geranien auseinandernahm. Ist ein Tornado nicht stark genug, um alles zu verschlingen, wirft er es um sich. Kühe kann auch ein lauer Tornado kilometerweit durch die Gegend schleudern. Einer Kuh, die so etwas lebend überstand, war für drei Tage schwindlig. Hühner werden oft noch weiter transportiert. Die meisten sind nachher tot, ab und zu aber auch nicht. Tot oder lebendig: Ein Huhn, das ein Tornado mitnimmt, trägt danach keine Federn mehr am Leib.

Und dann gibt es noch das Phänomen der fliegenden Frösche. Ein Tornado, der über einen Teich oder Fluss hinweggrast, saugt dabei nicht nur hektoliterweise Wasser auf, sondern auch das, was sich im Wasser befindet, was zur Folge hat, dass es bald darauf Frösche vom Himmel regnet. Manchmal sind es auch Hunderte von Forellen, die irgendwo in die Rosenhecken einer Vorstadtsiedlung prasseln. Den Weitenrekord halten aber Kleider, Bücher und ein Scheck. Eine Hose flog schon 10 Kilometer durch die Luft. Eine Bibel aus der Bibliothek von Hobart, Oklahoma, fiel erst 50 Kilometer weiter weg wieder zu Boden. Und ein uneingelöster Scheck aus Stockton, Kansas, wurde 1991 in einem Kornfeld, außerhalb von Winnetoon, Nebraska, wiedergefunden. Das sind 300 Kilometer Distanz!

Theoretisch können Tornados überall auf der Welt und zu jeder Jahreszeit auftreten. Auch in Europa. 1997 wurden in den Niederlanden 20 Leute verletzt, als ein Tornado auf eine Zigarettenfabrik losging. Doch am weitaus häufigsten kommen Tornados in der sogenannten »Tornado Alley« vor, die sich von Texas über Oklahoma, Iowa und Kansas bis hinauf nach Nebraska und Dakota erstreckt. Am 3. Mai 1999 brachen in Oklahoma innerhalb von 90 Minuten 67 Tornados aus. 44 Menschen starben.

Und falls die letzten Jahre ein Gradmesser sind, wird die Zukunft noch stürmischer: Denn die Zahl der Tornados steigt. Galten 1000 Tornados im Jahr lange als Durchschnitt, könnten es dieses Jahr erstmals 2000 werden. Einige Meteorologen machen den Klimawandel dafür verantwortlich.

Nach einer Stunde hat Doswell genug Fotos des Farmhauses gemacht, und wir fahren weiter. Doswell hat den besseren Teil der letzten dreißig Jahre Tornados gewidmet. Zuerst an der Universität, heute als »Storm-Chaser«. Storm-Chaser sind Leute, die vor einem Tornado nicht wie normale Menschen schnellstens in den nächsten Keller flüchten, sondern ihm entgegenfahren. Es gibt Chaser, die hängen in New York gut bezahlte Jobs an den Nagel, um vier Monate im Jahr ungestört Stürmen nachzujagen. Doswell hat sich dafür frühpensionieren lassen.

Storm-Chasing ist in den USA in den letzten Jahren ein populäres Hobby geworden. In Texas kann es vorkommen, dass 100 Storm-Chaser mit ihren Autos hinter einem einzigen Sturm herjagen. Sie tun das aus den verschiedensten Gründen. Die einen reizt das Spiel mit dem Risiko. Einer versucht seit Jahren (bisher erfolglos) mit einem Panzer in einen Tornado hineinzufahren. Viele sind an Fotos oder Videos interessiert. Und dann gibt es noch Leute wie Chuck Doswell, bei denen das wissenschaftliche Interesse überwiegt. Es sind noch viele Fragen offen. Grundsätzlich entstehen Tornados aus Gewittern. Aber niemand weiß, warum das eine Gewitter einen Tornado produziert und das andere nicht. Es sind nicht immer die schwersten Gewitter. Wegen ihrer unberechenbaren Natur nennt man Tornados auch die »Psychopathen des Himmels«.

Gegen vier Uhr halten wir an einer Tankstelle außerhalb von Merriman. Doswell wirft einen Blick auf seinen Laptop, der über Satellit alle fünf Minuten die neuesten Wetterkarten erhält. Das Aufregendste, was die Computergrafik zeigt, sind ein paar grüne Punkte südöstlich von uns. Grün heißt Regen. Gewitter wären rot. Und rosarot wäre das, wofür wir uns wirklich interessieren: Rosarot wäre eine Superzelle. Superzellen sind Gewitter, die so stark sind, dass sie zu rotieren beginnen. Eine Superzelle ist noch lange kein Tornado, aber sie ist ein Anfang.

Doswell verkündet, dass wir hier erst einmal warten. Luftdruck, Hitze – es sind ungefähr 35 Grad –, die Windrichtung am Boden und der Verlauf des Jetstreams lassen ihn hoffen, dass aus den hellblauen Punkten etwas wird. Als der dicke Kerl hinter der Kasse realisiert, dass es sich Storm-Chaser vor seinem Laden gemütlich machen, wird er so nervös, dass er das Kleingeld fallen lässt. Vor zwei Jahren verfehlte ein Tornado seine Tankstelle nur um 500 Meter.

Storm-Chasing ist, wenig verwunderlich, einigermaßen gefährlich. Will man einen Tornado richtig sehen, muss man sich in seine Bahn hineinbegeben. Ein Tornado kommt mit bis zu 100 Kilometern pro Stunde auf einen zu. Wird er stärker oder schwächer, ändert er die Richtung. Abrupt und unberechenbar. Es sind zahlreiche Fälle dokumentiert, in denen die Natur das Spiel mit den Storm-Chasern schon umgedreht hat. Es gab bereits Tote.

Es ist also vielleicht nicht unbedingt ein Nachteil, dass Storm-Chasing auch schwierig ist. 2000 Tornados im Jahr mag sich nach viel anhören. Aber auch einer wie Doswell mit Jahrzehnten Erfahrung und dem Einsatz jeder modernen Computertechnik bekommt an neun von zehn Tagen nicht einmal aus der Ferne einen Tornado zu Gesicht. Storm-Chasing besteht aus Warten und endlosen, sehr oft vergeblichen Autofahrten, unterbrochen von kurzen Phasen mehr oder weniger hektischer Aktivität. Eine minimal falsche Entscheidung am Morgen aufgrund der Wetterkarten, und man landet am Nachmittag 700 Kilometer neben dem Ort, wo es losgeht. Mehr als eine Chance pro Tag gibt es selten. Ab und zu hat ein Tornado einen Durchmesser von einem Kilometer und rast eine Stunde übers Land. Doch meistens bleibt ein Tornado ein flüchtiges Ereignis. Nicht breiter als ein paar Meter, und nach fünf Minuten ist alles vorbei.

Außer mir sind noch drei andere Leute mit Doswell unterwegs, die nicht viel Ahnung von Storm-Chasing haben. Als emeritierter Professor für Tornadologie begrüßt Doswell seit ein paar Jahren gegen Bezahlung auch interessierte Laien auf seinen Forschungsreisen. Diesmal sind das Frank, ein Investmentbanker aus New York, mit seinem Sohn

Julian sowie Alfred, von Beruf Krankenpfleger und wohnhaft in Baltimore. Ich konnte mir gut vorstellen, dass Alfred ein ausgeprägtes Einfühlungsvermögen für Kranke besaß. Er sah selbst ziemlich krank aus. Alfreds Motivation, am Storm-Chasing teilzunehmen, war spiritueller Natur. Er glaubte offenbar daran, bei der Begegnung mit einem Tornado einer höheren Macht nahezukommen. Ein Mann des Wortes war Alfred nicht. Hatte er in Anbetracht irgendwelcher Wolkenkonstellationen: »That's awesome« gesagt, konnte man davon ausgehen, dass er nun für ein paar Stunden schwieg. Beschränkung schien auch hinsichtlich seines Gepäcks Alfreds Leitmotiv. Alles, was er für die fünf Tage dabeihatte, war eine Plastiktüte von Wall Mart, in der er, soweit ich das sagen konnte, außer seinem Handy und etwas, das aussah wie eine Antenne, nur noch zwei Taschenbücher aufbewahrte, deren Umschlagbebilderung auf eine Handlung in der nordischen Sagenwelt hinwies und mit denen er sich die Zeit vertrieb, während wir anderen versuchten eine Unterhaltung zu führen, die aber die meiste Zeit eher schleppend verlief.

Richtig euphorisch dabei war nur der 12-jährige Julian. Frank war anzusehen, dass er das Ganze für eine große Zeitverschwendung hielt. Doch offenbar war die Reise Julians Geburtstagsgeschenk (neben einem iPhone mit auf der Rückseite eingraviertem Namen und Datum), was Frank alle paar Stunden wieder einfiel, worauf er dann schlagartig seine Geburtstagslaune aufsetzte und an allem geradezu fanatisches Interesse zeigte, um dann aber genauso plötzlich wieder halb apathisch zu werden und sich für längere Phasen in seine Blackberry-Welt zurückzuziehen.

Dass der wortkarge Alfred mit seiner Plastiktüte ein Spinner war, war für Frank nach zwei Minuten klar, und er versuchte ihn daraufhin, soweit das ging, zu ignorieren (nicht schwierig), umso mehr, als Frank Alfred nicht nur für einen Spinner, sondern auch für einen Looser hielt, was in seiner Hierarchie noch klar unter »Spinner« rangierte. Mich, den Journalisten, ignorierte Frank zwar nicht, doch war unser Verhältnis, zumindest von seiner Seite, von tiefem Misstrauen geprägt. Das hatte nicht zuletzt damit zu tun, dass er, nicht ganz zu Unrecht, vermutete, ein Journalist, erst recht ein europäischer, würde politisch eher zu den Demokraten tendieren, eine Weltsicht, die Frank kategorisch ablehnte.

Politische Positionsbezüge waren kaum zu vermeiden, da das Wetter und dementsprechend auch der Klimawandel naheliegenderweise immer wieder ein Thema waren. Die Möglichkeit eines Klimawandels wollte Frank zwar nicht bestreiten. Aber was die Ursachen betraf, war er ein republikanischer Hardliner: Der Mensch hatte mit der Sache nichts zu tun. Damit hätte ich leben können. Jedem seine Meinung. Aber was wirklich nervte, war Franks Knausrigkeit. Ich meine, bitte, wie viel kostet ein »Snapple?« 90 Cent? Einen Dollar? Es war auf jeden Fall zu viel, als dass Frank, ganz bestimmt Multimillionär, alles zusammen hätte bezahlen können, als er als Erster an der Kasse stand. Und das, obwohl, das sei hier der ausgewogenen Berichterstattung zuliebe gesagt, ich genau das beim letzten Provianthalt an einer Tankstelle so vorgemacht hatte.

Der unsympathische Frank und der autistisch-esoterische Alfred waren bei der Überwindung der ausgedehnten Abschnitte von Ereignislosigkeit beim Storm-Chasing also keine große Hilfe. Und so bin ich froh, als es gegen fünf Uhr Neuigkeiten gibt von der Wetterfront. Doswell hat erneut den Radar geprüft. Wie er schon vermutet hat, ist aus dem Regen mehr geworden. Die grünen Punkte haben jetzt einen roten Kern. Der südlichste einen rosaroten. Die Wolke rotiert. Erstmals bricht ein bisschen Hektik aus. »Okay, we have blood in the water«, sagt Doswell und schlägt die Autotür zu. Wir fahren Richtung Osten. Eine rotierende Gewitterwolke bewegt sich immer östlich.

Was Storm-Chaser sehen wollen und die Farmer der Great Plains lieber nicht, ist ein Hoch über dem Golf von Mexiko, das warme, feuchte Luft Richtung Norden pumpt, und ein Tief über den Rocky Mountains, das kalte, trockene Luft Richtung Süden schiebt. Wo die Luftmassen aufeinanderprallen, ist die Wahrscheinlichkeit für einen »high-end event« am größten. Gewitterwolken mit Tornado-Potenzial sind Wolken mit scharfen Konturen. Auf dem Radar halten Storm-Chaser nach Gewitterzellen Ausschau, die nierenförmig sind oder, noch besser, die Form eines fliegenden Adlers haben. Hat eine Gewitterzelle die Form eines fliegenden Adlers, ist die Chance groß, dass Storm-Chaser ab sofort jedes Tempolimit vergessen.

Dieser Zeitpunkt muss für uns vor ungefähr fünf Minuten gekommen sein. Eine Bodenwelle schleudert eben das gesamte Gepäck unter das Dach, was sogar Alfred wieder einmal zu einer kurzen Wortmeldung in Form eines »Awesome« veranlasst, wenn der Anlass auch nicht dramatisch genug ist, um die generelle Kränklichkeit in seiner Stimme zu vertreiben. Die Gewitterfront, auf die Doswell schon seit Stunden ein Auge geworfen hatte, ist geradezu explodiert. Aber jetzt droht uns das Gewitter davonzuziehen. Wir müssen unbedingt auf die Südseite gelangen. Tornados treten am südwestlichen Rande eines Gewitters auf. Aber die nächste Abzweigung nach Süden ist 50 Kilometer entfernt.

Zehn Minuten später warnt der Nationale Wetterdienst für Cherry County erstmals vor Hagel und schweren Gewittern. Fünf Minuten darauf ergeht eine Tornado-Warnung. Der Fahrer tritt noch mal ein bisschen mehr aufs Gaspedal. Der Radiosprecher erinnert daran, dass Keller und, wenn nicht vorhanden, die Badewanne die vor einem Tornado sichersten Orte sind. Um zu wissen, was auf uns zukommt, muss man jetzt nicht mehr auf den Radar sehen. Ein Blick aus dem Autofenster genügt. Wo sich den ganzen Nachmittag lang nur ein paar Schäfchenwolken getummelt haben, hat sich ein 15 Kilometer hohes Kumuluswolken-Monstrum aufgeblasen. Eine Wolke dieser Größenordnung produziert alle 25 Minuten die Energie einer Atombombe.

Als wir auf die Abzweigung nach Süden zurasen, ist die Gewitterwolke auf gleicher Höhe. Sieht aus, als wäre sie uns endgültig entwischt. Doswell und der Fahrer wechseln Blicke. Doswell sagt: »Core Punch?« Der Fahrer nickt, tritt wieder aufs Pedal und reißt den Wagen um die Kurve. Und dann wird es tatsächlich noch ein bisschen brenzlig.

»Core Punch« nennen Storm-Chaser eine Fahrt mitten durch den Kern des Sturms. Kein Storm-Chaser tut das besonders gern. Einerseits befindet sich meist ziemlich viel teures Equipment auf seinem Autodach. Zum anderen ist die Chance, dass der Hagel, der hier regelmäßig Baseball-Größe erreicht, die Windschutzscheibe zertrümmert, der sintflutartige Regen das Wageninnere in Sekunden flutet und der nächste Blitz allem, was sich im Auto befindet, einen 10 Millionen Volt starken Stromschlag versetzt, nicht gering einzuschätzen. »Alles schon passiert«, meint Doswell, während uns eine Wasserwand entgegenschlägt, als wären wir ungebremst in einen Tsunami hineingefahren. Die Ereignisse außerhalb unseres Autofensters genießen jetzt sogar Franks ungeteilte Aufmerksamkeit.

Für die nächsten zehn Minuten versucht sich unser Auto als U-Boot zu bewähren. Das Wasser fällt so dicht – man wundert sich, dass keine Fische entgegenkommen. Dann der nächste Belastungstest: Hagel. Und nun besteht wirklich Grund zur Beunruhigung. Unsere Windschutzscheibe hatte bereits vorher einen 50 Zentimeter langen Riss. Und es scheint unwahrscheinlich, dass sie Hagel standhält, der sich anhört, als würde unser Auto mit einem Vorschlaghammer bearbeitet. Doch die Scheibe hält. Dann plötzlich Stille. Was kein Anlass zur Entspannung ist.

Wir haben es in die sogenannte Updraft-Zone geschafft. In der Updraft-Zone gibt es keinen Regen, dafür ist es düster wie in einer Tiefgarage. Der Himmel ist extrem niedrig und alttestamentarisch dunkel. Die Updraft-Zone ist die Tornado-Zone. Es wäre nicht das erste Mal, dass ein Auto, blind vom Hagel, direkt in die Fänge eines Tornados rast.

Doch wir haben Glück. Der Fahrer hält, und wir rennen auf die Straße. Im Südosten schießen in wilder Folge dunkle Finger aus der Wolkendecke. Nach ungefähr zwei Minuten schießt einer hinunter bis an den Horizont. »Looks like we would have a touchdown«, sagt Doswell fröhlich. Doswell schätzt die Distanz auf einen Kilometer. Er selbst ist einem Tornado schon auf 200 Meter nahe gekommen. Ein Tornado aus der Nähe tost wie ein Wasserfall. Leute, die noch näher gekommen sind, erzählen von einem modrigen Geruch, den er verströmt. Wir stehen und staunen. Keiner sagt etwas. Dann holt uns der Hagel ein, und wir flüchten ins Auto. Erst als der Fahrer schon den Motor gestartet hat, bemerkt Julian, dass Alfred fehlt. Anwesend ist nur seine Wall Mart-Tüte. Wildes Köpfeverdrehen. Und dann sehen wir ihn.

Alfred hat in den vergangenen Tagen auf seinem Esoterik-Trip schon wiederholt für ungewohnte Einlagen gesorgt. Einmal rannte er einfach los, als sich ein Tornado am Horizont abzeichnete. Ein anderes Mal, es ging gerade eine schweres Gewitter nieder, tanzte er mit aufgesetzten Kopfhörern auf dem Parkplatz herum, während der Rest der Gruppe ihm aus einem »Subway« dabei zusah und Frank den Einfluss illegaler Substanzen nicht länger ausschließen wollte. Aber diesmal scheint Alfred wirklich durchzudrehen. Er steht ungefähr 100 Meter entfernt auf einer Anhöhe in knietiefem Gras, das sich unter den Angriffen von Hagel und Wind hin und her wirft wie in Panik. Alfred hat sein T-Shirt ausgezogen und einen Arm gegen den Himmel erhoben. Dass das in einem Gewitter in der Prärie von Nebraska kein kluges Verhalten ist, lässt sich auch für einen Stadtmenschen intuitiv erkennen. Doch was die Passagiere im Wageninnern wirklich in akute Alarmbereitschaft versetzt, ist das, was von Alfreds Arm noch weiter in die Höhe und dem tosenden Unwetter entgegenragt: die Antenne. »What the fuck is this?«, fragt Frank stellvertretend für alle. Die kollektive Antwort ist erst einmal ungläubiges Schweigen.

Dann kurbelt Doswell das Fenster runter, was der Hagel dazu benutzt, sein Wirkungsfeld schlagartig auszuweiten. Die Hagelkörner hüpfen aufs Armaturenbrett und weiter auf die Rücksitze. Doswell schreit, doch sollten die Schreie Alfred erreichen, lässt er sich nichts anmerken. Der Fahrer versucht es mit Hupen, was aber, wenig verwunderlich, auch nichts bringt. Wir alle wissen, was nach dem Hagel kommt: der Regen und die Blitze. Die ersten spielen sich am Horizont schon sehr effektvoll auf. Es kann nur noch eine Frage von Sekunden sein, bevor sich einer dankbar auf den Vollidioten mit der Antenne wirft.

Da geht neben mir die Tür auf und Frank springt raus. Mit einer Geschwindigkeit, die sein Bauch unter dem Polo-Shirt nicht hat erahnen lassen, ist er bei Alfred, packt ihn am Arm und zerrt ihn zurück zum Auto. Alfred, nass, als wäre er gerade unter den Niagarafällen hindurchgeschwommen, sagt: »Awesome«. Frank, ebenfalls niagaramäßig nass, sagt: »Halt die Klappe.« Beides kann ich nachvollziehen. Aber meine Sympathien gehören in diesem Augenblick Frank und ich habe ein leicht schlechtes Gewissen. Man sollte Menschen nicht beurteilen, bevor man nicht erlebt hat, wie sie reagieren, wenn das Wetter wirklich, wirklich schlecht wird.

Kurze Verschnaufpause auf der Jagd nach dem Terror-Guru.

Bin Laden, tot oder lebendig

Pakistan im Winter 2004

Es war im Januar, als ich mich aufmachte, Usama bin Ladin zu finden. Über seinen mutmaßlichen Aufenthaltsort spekulierte ich auf der Basis von Zeitungsberichten. Ich war noch nie in Pakistan gewesen und sprach kein Wort Urdu oder Paschtu. Aber ich schloss es eigenartigerweise trotzdem nicht völlig aus, dass ich Erfolg haben würde. Wie sich zeigen sollte, war das etwas zu optimistisch gedacht. Ein bisschen glücklicher war die Welt nach der Mission aber trotzdem.

Bei meiner Ankunft in Peschawar ging ein kalter Regen nieder. Peschawar liegt 30 Kilometer von der afghanischen Grenze entfernt. Es hieß damals, die Stadt sei gerade im Begriff, zur neuen Hochburg der Taliban und von al-Kaida zu werden. Mein Taxifahrer hieß Sohail. Sohail liebte die USA. Er war Präsident eines Arnold-Schwarzenegger-Fanklubs. Er konnte ganze Dialoge aus Schwarzenegger-Filmen rezitieren. Sein Lieblingsessen war gegrilltes Lammfleisch, weil auch die pakistanische Ringer-Nationalmannschaft täglich gegrilltes Lammfleisch isst. Außerdem hatte Sohail einen Cousin an jeder entscheidenden Stelle. Ein Cousin war ganz oben bei der Polizei. Ein anderer bekleidete einen Top-Job beim pakistanischen Militär. Und die islamischen Fundamentalisten schienen ihm so viel Angst einzujagen wie das Märchen von Ali Baba und den vierzig Räubern. Sohail war die Sorte Mann, die man auf der Jagd nach bin Laden an seiner Seite wissen wollte. Als wir am Hotel ankamen, war er als mein Fahrer und Übersetzer engagiert.

Ein Vorteil des Ignoranten ist es ja, dass sein Wissensstand der Sorge kaum Nahrung bietet. Doch sogar ich hatte die Möglichkeit nicht ganz ausgeschlossen, dass man sich an einem Ort wie Peschawar mit zu viel Interesse für Usama bin Ladens Aufenthaltsort nicht viele Freunde macht. Aber dann zeigte sich, dass kein Thema für bessere Stimmung sorgte.

Es war nicht so, dass niemand, sondern dass alle über bin Laden reden wollten. Der Teppichhändler, der Polizeichef, die Soldaten an den Straßensperren, die Kellner im Teehaus. Nur im amerikanischen Konsulat vor Ort legte man den Telefonhörer nach einer entsprechenden Frage wortlos wieder auf (womit uns, wie wir heute wissen, nicht viele brauchbare Informationen vorenthalten blieben). Das Problem war allenfalls: Jeder hatte eine andere Theorie, wo er geblieben sein könnte. Ein Sandalenhändler im Basar meinte schließlich: »Ich würde den Mullah der Koranschule fragen«. Ich merkte, dass Sohail nur zögernd übersetzte.

Die Koranschule Darul Uloom Haqqania außerhalb Peschawars ist so etwas wie das West Point der Taliban. Sie wurde vorübergehend schon geschlossen, als die Taliban in Afghanistan dringend Verstärkung brauchten. Die Schule vermittelt einen derart aggressiven Islam, dass selbst die Scheichs aus Saudi-Arabien, die die Schule finanzierten, schon zur Mäßigung aufgerufen haben. Sie beherbergte 3000 Studenten, die den Tag gar nicht erwarten konnten, für bin Laden den Märtyrertod zu sterben. Wenn der Albtraum des Westens eine Adresse hatte, dann war sie hier. Der letzte Journalist, der in der Koranschule außerhalb von Peschawar neugierige Fragen stellte, hieß Daniel Pearl und wurde ein paar Tage nach dem Besuch vor laufender Videokamera mit einem Schwert enthauptet. Mut kann viele Quellen haben, innere Stärke ist eine davon, Gleichgültigkeit eine andere. Mein Mut war von der zweiten Sorte. Man könnte es so sagen; meine Lebensbejahung litt gerade ein bisschen unter dem Eindruck der seelischen Misshandlungen durch eine Frau, die damals noch nicht allzu weit zurücklagen. »Gute Idee, da gehen wir hin!«, sagte ich. Sohail schluckte leer.

Zwei Tage später saßen wir auf abgenutzten Teppichen im Kreis von zwanzig Männern, die alle aussahen, als wären sie für das Casting des Oberschurken im nächsten James Bond hergekommen. Alle hatten sie farbige Turbane auf dem Kopf, Blicke wie glühende Kohlen und Bärte wie Gerölllawinen. Ich saß zur Rechten des Schulleiters. Über mir hing ein Bild von ihm: in der einen Hand der Koran, in der anderen eine Kalaschnikow. Die Stille im Raum war so tief – man hätte das ganze World Trade Center darin versenken können, hätte es noch gestanden.

Mein Anfall von Todesmut war längst abgeklungen. Aber jetzt war es ein bisschen spät für Bedenken. Denn ich hatte schon gefragt. Was mich besonders alarmierte: Sohails Brille war angelaufen. Aber Sohail machte nicht die geringsten Anstalten, sie zu reinigen. Stattdessen saß er da, mit seiner angelaufenen Brille, starr wie ein Grabstein, und schaute auf seinen Teller. Gar kein gutes Zeichen, fand ich. Dann räusperte sich der Mullah.

»Wo Usama ist, wollen Sie wissen? Ich sage Ihnen, wo Usama ist. Dort drüben steht er.« Ohne aufzublicken, wies die bleiche Hand des Mullahs auf den Knaben, der das Essen brachte. »Er dort ist Usama. Ist Usama nicht dein Name, mein Junge?« Der Knabe nickte und senkte den Blick. Das Gelächter der Runde bärtiger Männer hätte eine ganze Panzerdivision der amerikanischen Kreuzfahrer in die Flucht schlagen können. Und auch ich hatte noch selten so gelacht. Ich hörte erst wieder auf, Sohail wie ein Irrer auf den Rücken zu schlagen, als der zu husten begann.

Nach dem Schreck in der Koranschule suchten Sohail und ich Entspannung bei gegrilltem Lammfleisch. Wir saßen im Basar, Sohail hatte für jeden ein Kilo bestellt. Nachdem wir uns eine Weile über Arnold Schwarzenegger unterhalten hatten, hätte ich gerne das weitere Vorgehen besprochen. Doch ich merkte, Sohail war nicht bei der Sache. Dauernd kramte er sein Handy hervor und schaute nach, ob eine Meldung hereingekommen war. Dann steckte er es wieder in die Tasche. Und es dauerte jedes Mal eine Weile, bis er mir wieder zuzuhören begann.

Schließlich rückte er heraus damit. Sohail war nicht nur auf der Suche nach bin Laden, sondern auch nach einer Frau. Er war kein reicher Mann, aber er hatte genug Geld zusammen für eine kleine Wohnung. Er fand, dass es Zeit zum Heiraten war. Als wir die Ringer-Portion Lammfleisch bewältigt hatten und uns nach Luft schnappend in die Kissen fallen ließen, surrte Sohails Handy endlich. Aber es war leider nur seine Mutter. Sie fragte, ob der Fremde vielleicht Schmerzmittel für sie hätte. Sie war am Morgen über ihre Burka gestolpert und hatte sich den Arm gestoßen.

In den zwei nächsten Tage versuchte Sohail mehr Informationen zu bin Laden zu sammeln und ich vertrieb mir die Zeit mit Souvenir-Shopping. Peschawar war das letzte Mal in den siebziger Jahren eine Touristendestination gewesen. Außer mir begegnete ich niemandem, der hier so etwas wie Fremdenverkehr verkörperte. Um so erstaunlicher fand ich es, dass noch immer zahlreiche Postkarten angeboten wurden. Weniger auf die Zielgruppe der Urlauber ausgerichtet war wohl das breite Angebot an Fanartikeln zu Usama bin Laden. Es gab Usama bin Laden-Feuerzeuge und Usama bin Laden-T-Shirts. Und dann fand man auf dem Basar noch eine große Auswahl an Wolldecken. Die gefielen mir ganz gut.

Es ist nicht so, dass dem Fremden in Peschawar Feindseligkeit entgegengeschlagen wäre. Mit übertriebener Herzlichkeit konnte er aber auch nicht rechnen. In der Regel dominierte zu Beginn amüsiertes Erstaunen, dass sich so einer hierher verirrt hatte, wobei noch offen schien, in welche Richtung sich das Verhältnis weiterentwickeln würde. Ich entschloss mich, kein unnötiges Risiko einzugehen, und die Sache mit Geld zu regeln. Nach zwei Tagen hätte ich mit meinen Einkäufen an Wolldecken leicht ein ganzes Flüchtlingslager durch den Winter bringen können.

Der Hotelmanager sah das offensichtlich ähnlich. Er sah freudig zu, wie ich stapelweise Wolldecken anschleppte. »Guter Kauf«, sagte er. Ich war sein einziger Gast. Am Abend waren die Heizstrahler aus dem Speisesaal verschwunden und am nächsten Morgen gab es auch keine warme Dusche mehr. Draußen immer noch der gleiche, ewige Regen. Die Aussicht auf einen weiteren Tag mit keiner anderen Zerstreuung als dem Kauf feuchter Wolldecken beelendete mich sehr.

Ich kroch zurück unter meinen Deckenberg und befragte mein Handy, ob jemand auf dieser Welt an mich dachte. Weil das nicht der Fall war, warf ich das Handy zu Boden, wo zum Glück ebenfalls Wolldecken lagen. Und jetzt war ich wirklich unglücklich. Jetzt war ich deprimiert, weil ich deprimiert war. Kein warmes Wasser, keine SMS und schon erledigt. Schöner Terroristenjäger. Erwartungsmanagement ist alles, auch bei den Erwartungen an sich selbst. Doch dann rettete mich Sohail vor noch mehr gefährlicher Selbsterkenntnis. Er hatte gute Neuigkeiten.

Damals, als man noch nicht wusste, dass Usama bin Laden seinen Vorruhestand als Topterrorist in einer Villa in einer wohlhabenden Gegend mitten in Pakistan, in Sichtweite der größten Militärakademie des Landes, genoss, wurde allgemein vermutet, dass er sich in den Stammesgebieten der Paschtunen an der Grenze zu Afghanistan verstecken würde. Als Sohail meinte, das sei der Ort, wo auch wir suchen sollten, war ich daher sofort dafür. Doch ich vermute, unser Entschluss, in die Berge zu fahren, hatte am Ende so viel mit unseren nachrichtendienstlichen Erkenntnissen zu tun wie mit Sohails Heiratsplänen. Er meinte, er habe einen Cousin, der Informationen über bin Laden hätte. Aber es gab, wie gesagt, auch Anzeichen, die die Vermutung nahelegten, dass nicht ein Cousin, sondern eine Cousine, auf die Sohail ein Auge geworfen hatte, der wahre Grund des Ausflugs war.

In die Berge, das hieß: in die Stammesgebiete. Das war nicht ganz ungefährlich. Ist der pakistanische Staat schon in Pakistan nicht sehr wirkungsmächtig, ist er in den Stammesgebieten der Paschtunen inexistent. Die Idee eines staatlichen Gewaltmonopols ist dort unbekannt. Es herrscht eine Waffenkultur, die der amerikanischen National Rifle Association Sorgen bereiten würde. Und: Leute aus dem Westen sind in den Stammesgebieten ungefähr so beliebt wie Christen in der römischen Arena. Von den wenigen Ausländern, die sich in letzter Zeit in die Stammesgebiete verirrt hatten, haben ein Dutzend das Gebiet erst wieder nach der Zahlung von Lösegeld verlassen. Sohail bot daher drei bewaffnete Männer auf. Er sagte: »Drei Männer mit Maschinen.« Er meinte: drei Männer mit Maschinengewehren. Außerdem hatte Sohail angeordnet, dass ich für den Ausflug ein Shalwar Kameez trüge, die Pluderhose und das knielange Hemd, das hier alle trugen. Er sagte: »Westliche Kleidung kommt da, wo wir hingehen, gar nicht gut an.« Der Verkäufer im Laden sagte: »This is the baggy style.« Sehr baggy, fand ich und fühlte mich, als wäre ich irrtümlich im Pyjama auf die Straße geraten. Vertraut war mir nur die Marke: »Bonanza«.

Am nächsten Morgen fuhren wir los. Männer und Maschinen passten knapp auf den Rücksitz von Sohails Corolla. Das Auto war erfüllt vom Duft von Mandarinen. Gelegentlich hörte man, wie einer der Männer einen Mandarinenkern aus dem Wagenfenster spuckte. Ich schaute aus dem Fenster, und es wurde ziemlich schnell klar, dass die Berichte über den Waffenkult der Paschtunen kein bisschen übertrieben waren.

Wir fuhren durch Dörfer, in denen es keine anderen Geschäfte als Waffengeschäfte gab. In einem wurden Pistolenhalfter verkauft, in dem daneben die Pistolen. Zwischen zwei Eselskarren hämmerten ein paar Männer an einem Artilleriegeschütz herum. Vor einem Geschäft waren Handgranaten ausgelegt wie Tomaten. Jeder hatte ein Gewehr über die Schulter gehängt. Für die meisten schien selbst der Gang die Straße hinunter ohne den nötigen Nachschub zu riskant und so trugen sie mächtige Patronengürtel mit sich herum.

Am Rande eines Dorfes mussten wir anhalten. Zwei Männer waren gerade im Begriff, ein Gewehr zu testen. Sie schossen wild auf die Mauer eines Hauses, das wie die meisten hier mehr Ähnlichkeiten mit einem Fort als mit einem Wohngebäude hatte. Die Männer standen auf der einen Seite der Straße, das Haus auf der anderen. »No problem«, meinte Sohail. Er bezog sich dabei nicht auf den Umstand, dass fünf Meter vor uns gerade Gewehrkugeln durch die Luft flogen. Er sorgte sich mehr um die Mauer. »Die Mauern sind alle aus Backstein. Und weißt du, warum? Weil man sie dann beschießen kann, mit was man will, Granatwerfern, Raketen, was auch immer. Backstein bröckelt nur und fliegt nicht auseinander. Riesenvorteil!« Während einer kurzen Feuerpause konnten wir passieren. Hinter uns ging es gleich wieder los. Ich zuckte zusammen. Sohail fragte: »Are you cold?«

Nachdem ich mich wieder beruhigt hatte, drehte ich mich zu den Männern nach hinten. »Schon einmal jemanden umgebracht?«, fragte ich. Ich dachte, es könne nicht schaden angesichts des Waffenarsenals, das an unseren Autofenstern vorbeizog, etwas mehr über die Entschlossenheit unserer Bodyguards in Erfahrung zu bringen. »Vier«, sagte der in der Mitte gelangweilt und spuckte einen Kern aus dem Fenster. »Aber das Ziel ist nicht das Töten. Es geht mehr ums Verletzen. In die Beine und die Arme. Nur gelegentlich trifft man halt nicht richtig.« Und wieder flog ein Mandarinenkern zum Fenster raus. »Mit drei Männern sind wir absolut sicher«, hatte Sohail gesagt. Aber so konnte man das nicht sagen. Zehn Kilometer weiter stieß unsere Anti-Terror-Truppe auf ernsthaften Widerstand.

Es ging sehr schnell. Die Mandarinen-Fans auf dem Rücksitz hatten zwischen einem Geschäft, in dem die Gewehre aufgestapelt waren wie

Brennholz, und einem Laden, in dem Girlanden von Patronengürteln im Fenster hingen, einen Stand mit Mandarinen erspäht. Sohail stoppte. Und damit waren wir geliefert. Das heißt: Geliefert war in erster Linie ich. Das offene Fenster war der letzte Fehler. Im nächsten Augenblick spürte ich etwas metallisch Hartes an meiner Schläfe. Es fühlte sich kalt an wie ein Eiswürfel. Vor uns auf der Straße stand eine Kuh. Sie sollte die nächste Woche nicht überleben. Das Opferfest Eidul Azha stand vor der Tür. Die Kuh und ich sahen uns in die Augen. Ich hätte nicht gedacht, dass man sich einer Kuh so nahe fühlen kann.

Was die Lage schließlich entspannte: wahrscheinlich, dass ich kein Amerikaner war. Es gab viel Geschrei, währenddessen zu Beginn vor allem das Wort »American« eine prominente Rolle spielte. Doch nachdem Sohail meinen Schweizer Pass aus meiner Jacke gerissen hatte und aus dem Fenster hielt, als wolle er den Angriff von Vampiren bannen, kamen des Öfteren die Worte »kidnapping problem« vor. Das klang in meinen Ohren schon etwas sachlicher. Nicht ganz klar war mir nur, ob wir das »kidnapping problem« bereits hatten oder ob das ganze Tamtam eher als präventive Maßnahme gegen das »kidnapping problem« zu verstehen war.

Auf jeden Fall war das metallische Ding an meiner Schläfe irgend-wann verschwunden und ich konnte wieder ein bisschen freier atmen. Dafür stellte sich, meiner Meinung nach ganz unnötigerweise, ein Typ mit einer Panzerfaust vor unsere Windschutzscheibe. Zwei Stunden später wurde uns die Weiterfahrt genehmigt, nachdem Sohail drei 100-Dollar-Noten aus meiner Hosentasche an einen Mann weiterge-reicht hatte, der sie sich zusammengerollt hinter ein Ohr steckte und uns im Gegenzug ein breites Lächeln schenkte. Auf dem Rücksitz herrschte eine gelöste Atmosphäre. Die Mandarinenkerne flogen rechts und links zum Fenster raus. Auch ich wurde mit Mandarinen bedacht. Ich hatte Mühe, sie zu schälen. Meine Hände zitterten, als hätte ich zwanzig Tas-sen Kaffee getrunken.

Neue Erkenntnisse über den Verbleib von Usama bin Laden brachte der Tag dann leider nur wenige. Sohails Cousin hatte gehört, dass jemand gehört habe, dass jemand den Verdacht habe, und so weiter und so fort. Was einer Begegnung mit dem Terror-Guru noch am nächsten kam, war ein von Hand beschriebener Zettel, von dem ein alter Mann feierlich behauptete, dass »er ihn beschrieben« habe.

Wir waren erst bei Dunkelheit angekommen. Der Schnee auf den Gipfeln des Hindukusch glänzte im kalten Schein einer sternenklaren Nacht. Aber drinnen im Haus glühte der Ofen wie ein kleiner Sonnenuntergang. Ich kann mich an den Zettel noch genau erinnern. Es sah aus, als wäre er schon sehr oft auseinander- und wieder zusammengefaltet worden.

Das Böse, wir fanden es also nicht. Aber wie fanden die Liebe, zumindest für Sohail. Seine Avancen bei der Familie seiner Cousine waren erfolgreich. Ein Jahr später kam die Einladung zur Hochzeit. Ein Jahr darauf die Nachricht von einem Kind. Sohail wollte seinen Sohn in Erinnerung an unsere gemeinsamen Abenteuer Usama taufen. Aber seine Frau sagte: »Niemals!«

Sünden und Laster

*Am »Burning Man«-Festival, einem kollektiven Amoklauf
gegen gesellschaftliche Vorstellungen von Sitte und Moral,
hat Swingen meist nichts mit einer Schaukel zu tun.*

Im Camp der Lust-Guerilla

Nevada, September 2011

Die Zeiten, in denen die Jugend das Studiengeld dazu verschleuderte, freie Liebe und illegale Drogen zu propagieren, Fleiß zu verhöhnen, Mao-Poster an jede WG-Tür zu kleben und zu hoffen, damit die bürgerliche Welt aus den Angeln zu heben, sind bekanntlich schon eine Weile her. Doch für ein paar Unentwegte ist der Kampf noch nicht zu Ende. Ja, man könnte sagen: Er steuert einem neuen Höhepunkt entgegen. Und der kündigt sich mit einem mehrstimmigen Stöhnen an.

Es ist kurz vor zwölf Uhr mittags. Draußen tobt ein kleiner Sandsturm. Drinnen ist es heiß wie in einer türkischen Sauna. Das Zelt ist voll mit Männern. Sie liegen auf farbigen Kissen. Die Männer sind nackt und schwitzen. Sie haben sich versammelt, um sich für eine freiere Gesellschaft starkzumachen. Und sie tun das, indem sie gemeinsam onanieren. Es ist nicht das erste Mal, dass ich mir wünsche, nicht hier zu sein.

Grund zur Besorgnis gab es von Anfang an. Dem »Burning Man«-Festival eilt der Ruf voraus, die wildeste Gegenkultur-Veranstaltung der Welt zu sein, ein Ort, wo im Geiste der Hippie-Ära eine Woche lang der Aufstand geprobt wird gegen gesellschaftliche Regeln und Normen. »Burning Man«, das sind 50 000 Ausgeflippte, Anarcho-Camping, 24 Stunden Technosound, Drogen, Nacktheit, freie Liebe, und das alles mitten in der Wüste. Es mag Leute geben, die so etwas für das Größte halten. Ich nicht. Andererseits: Wo sonst hat, wer die siebziger Jahre verpasst hat, noch die Möglichkeit, eine Ahnung zu bekommen vom Leben jenseits bürgerlicher Konventionen? Und so warf ich, in San Francisco angekommen, Proviant und Schlafsack ins Auto und fuhr los in Richtung Nevada.

Auf dem Zeltplatz in der Wüste zwei Stunden östlich von Reno eingetroffen, war das Festival bereits seit einem Tag im Gang. Dass die Bewohner der Siedlung die Kommune für das Ideal des Zusammenlebens halten, war offensichtlich. Sie rückten gerne eng zusammen. Das kam mir nicht ungelegen. Am Rande des Festgeländes gab es noch jede Menge Platz.

Noch wusste ich nicht, dass mein Status damit bereits ramponiert war. Die Außenbezirke der Zeltstadt namens Black Rock City werden auch »Palm Springs« genannt – dort, wo Rentner und Republikaner wohnen und alle anderen verklemmten Spießer, die gerne ein bisschen Distanz zwischen sich und ihren Mitmenschen halten – etwas, das man sich beim »Burning Man« besser ganz schnell abgewöhnt.

Zwei Grundsätze des Festivals lauten: Ist man einmal da, ist alles gratis. Die Festivalteilnehmer beschenken sich quasi gegenseitig. Und alle machen alles mit allen zusammen. Der Anti-Kommerz-Gedanke hat zur Folge, dass man ständig betrunken ist; das radikale Miteinander, dass man auch als reservierter Mensch nonstop neue Leute kennenlernt. Jedes Camp, das etwas auf sich hält, betreibt eine Bar, an der man selten ohne einen (oder zwei oder drei) Drink vorbeikommt. Und mit Umarmungen von wildfremden Menschen muss grundsätzlich immer gerechnet werden.

»Burning Man« wurde vor 25 Jahren von einem Althippie namens Larry Harvey ins Leben gerufen. Aber es könnte genauso gut der Weltkongress der »Reichianer« sein. Der österreichische Psychoanalytiker und Freud-Schüler Wilhelm Reich vertrat vor fast 100 Jahren die Ansicht, dass sich eine wirklich freie Gesellschaft nur über eine radikale Befreiung der Sexualität erreichen lasse. Triebunterdrückung war für Reich der direkte Weg in den Faschismus. Reichs Lehren sind mittlerweile etwas in Vergessenheit geraten. Doch in Black Rock City beginnt der antifaschistische Amoklauf gegen das Gefängnis der Sittlichkeit schon bei der Beschriftung von Straßen und Bars.

Man konnte – natürlich – an einer Straße wohnen, die »blowjob« hieß, oder sich vorübergehend an der »anal« niederlassen. Für einen Drink gab es Optionen wie »gspot« oder »deep throat«. Und für jene, denen auch das noch zu wenig unverschämt war, bot sich das »sucking und fucking« an. Und dann gab es noch einen Laden namens »petting zoo«. Das war der Ort, wo ich Melissa und Jeff kennenlernte.

Der »petting zoo« schenkte nur einen Drink aus. Der Drink hieß »Pussy Juice« und hätte nach drei Gläsern Charles Bronson redselig gemacht. Melissa und Jeff kamen aus Austin, Texas. Sie waren das erste Mal auf einem »Burn«. Seit drei Jahren waren sie ein Paar, aber sie arbeiteten daran. »Open up« hieß ihr Motto für die Woche. Statt monogam nur noch »monogamish«, meinte Melissa, fast ohne dabei rot zu werden. Aber die zwei wussten noch nicht recht, wie sie den Wechsel zu einer offeneren Beziehung angehen sollten. Schließlich schien es ihnen das Beste, sich dem Thema erst einmal theoretisch zu nähern.

Gelegenheit dazu gab es genug. Es ist nicht so, dass Menschen wie Melissa und Jeff (und ich), denen es an zwischenmenschlicher Spontanität etwas fehlt, beim »Burning Man« von vornherein ausgeschlossen würden. Im Gegenteil. Das Programmheft war voll mit Veranstaltungen, die Anleitung zum Abbau »innerer Blockaden« boten. Das Angebot reichte vom Workshop »Die Kunst des Analsex« über das Seminar »Öffne dich deiner Bisexualität«, einer Einführung in die »politisch korrekte Orgie« bis hin zu eher grenzwissenschaftlichen Fragestellungen wie »Sex und Tod: Ist der Tod der ultimative Orgasmus?«.

Das große Modethema ist unter »Burnern« aber die offene Beziehung, sowohl jene, die von Liebe – neuerdings »Polyamory« oder nur »Poly« genannt –, als auch jene, die von Lust geleitet ist, was im Fachjargon dann »swingen« heißt oder auch einfach nur »the lifestyle«. Melissa wollte gleich zu den Swingern. Aber Jeff und mir schien das eindeutig etwas überstürzt zu sein, und so endeten wir in einem übervollen Zelt, wo gleich der Vortrag: »Offene Beziehung: Chancen und Risiken« beginnen würde.

Unser Experte für die freie Liebe hieß Michael, trug eine Rastafrisur und hatte sich mit einem schwarzen Filzstift die Worte »Truth is sexy« auf den nackten Oberkörper geschrieben. Seine Botschaft war simpel und zumindest der erste Teil davon durchaus verlockend. »›Poly‹ bedeutet mehr Sex mit mehr Menschen.« Jeff und ich grinsten uns zufrieden an.

»Aber ›Poly‹«, fuhr Michael fort, »bedeutet auch mehr reden, viel mehr reden.« Jetzt schaute Melissa am zufriedensten von uns dreien. Es folgten Tipps zum »Eifersuchts-Management«. Alles hörte sich leider nach schwerer emotionaler Arbeit an. Und auch ein Meister der Polyamory wie Michael stieß noch immer an Grenzen. Auch er schaffe es bisher nicht, sagte Michael, wirkliche Sympathie für die anderen Freunde seiner Freundin zu empfinden. Jeff flüsterte mir ins Ohr: »Oder ihnen nicht gleich die Axt in den Rücken zu rammen«.

Dann folgten Fragen. Ein Typ wollte wissen: »Was, wenn mir das Bedürfnis nach mehr als einer Sexualpartnerin fehlt?« – »Dann hast du die gesellschaftlichen Zwänge noch nicht überwunden. Normal ist nicht die Monogamie, normal ist die Polyamory. Nicht vergessen!«, sagte Michael. Der Typ schüttelte uneinsichtig den Kopf, aber Michael war noch nicht fertig. »Und was heißt hier Sexualpartnerinnen? Was ist mit Partnern? Wer hier drin hat noch nie eine Person desselben Geschlechts geküsst, ich meine richtig geküsst?« Ein Dutzend Hände gingen in die Luft, wenn auch zaghaft. »Uuuuuh, da bleibt aber noch viel zu tun«, sagte Michael, und nicht nur Jeff und ich fühlten uns ein bisschen schlecht. »Sex-Taliban!«, murrte Jeff, als wir das Zelt verließen, und ich machte ein zustimmendes Geräusch. Aber Melissa war aufgewühlt und blätterte bereits im Programmheft, um das Thema weiter zu vertiefen.

Beim »Burning Man« gelten nicht nur viele Moralvorstellungen des normalen Lebens als abgeschafft. Es gibt auch keine Tages- und Nachtzeit mehr, einmal abgesehen davon, dass es irgendwann dunkel und irgendwann wieder heller wird. Die Party wird knallhart acht Tage lang durchgezogen. Jetlag kommt da ganz gelegen. Das ewige Leute-Kennenlernen konnte auf die Dauer aber doch ziemlich anstrengend werden, vor allem weil die neuen Bekanntschaften sich, ganz in free-loving Hippiemanier, meistens schnell in eine Richtung zu entwickeln drohten, die Menschen außerhalb von Black Rock City als »intim« bezeichnen würden.

Nach dem »Where are you from?« und der Frage, auf welcher Droge man sich gerade befinde (»What are you riding, brother?«), ist der Zeitpunkt, die Beziehung auf eine neue Ebene zu heben, für »Burner« meistens schon gekommen. (Nur die Veganer verweilten für immer und ewig beim Thema Essen.) Bei den Esoterikern kann man davon ausgehen, noch mit einer Umarmung davonzukommen, wenn auch zuweilen einer, die Minuten dauert. Aber sonst? Ich kann nur sagen, es ist erstaunlich, wie schnell man sich an die Frage gewöhnt: »Do you want to have sex?«

Das erste Mal ernsthaft in die Klemme geriet ich beim gemütlichen Zusammensein bei Chips und Bier mit einer Gruppe Schwuler aus San Francisco. Das nächste Mal musste ich morgens um drei Uhr fluchtartig den Camper einer Gruppe von Freigeistern aus Sacramento verlassen, die dem Zusammengehörigkeitsgefühl für meinen Geschmack auf eine etwas zu progressive Art Ausdruck verleihen wollten. Es gab ein Angebot, ein Paar aus Kanada in sein Tipi zu begleiten. Die Frage fiel beim Anstehen für Kaffee, im Open-Air-Kino und vor den Toilettenanlagen. Und dann zeigte bei einem der zahlreichen Raves eine Frau in einem Lack-Bikini Interesse an mir, wobei es in dem Fall genau genommen nur darum ging, mich »ein bisschen zu foltern«.

Etwas ausgelaugt von zwei Tagen Dauerparty, machte ich mich auf die Suche nach Melissa und Jeff. Es war Vormittag, und mir kamen ungefähr hundert Frauen mit nacktem Oberkörper entgegen. Ich hatte mich mittlerweile schon ziemlich daran gewöhnt, trotzdem war es immer wieder lustig zu sehen, wie die Bewohner von Black Rock City darauf beharrten, dass Gesellschaftskritik nicht in erster Linie eine Sache des Kopfes, sondern eine des Körpers ist.

Praktisch jeder Tag wurde der Toleranz für irgendetwas anderes gewidmet. Einmal war »Soziale Akzeptanz der Menstruation«-Tag, und die Frauen wurden aufgefordert, »stolz das Blut fließen zu lassen« (eine Frau, die den Aufruf befolgte, sah ich nicht). Am nächsten Tag hieß die Losung: »Sei stolz auf deine Erektion« (deutlich mehr Echo). Es gab einen »Critical boners march«, und dann gab es den »Critical breasts march«. Ich blieb am Straßenrand stehen. Eine junge, hübsche Frau kam auf mich zu und drückte sich lachend an mich. Ich dachte: Okay, gegen diesen sozialen Aufruhr kann niemand sein.

Bei Melissa und Jeff waren die Auswirkungen des sexuellen Befreiungskampfes weniger erfreulich. Jeff saß alleine vor dem Trailer und trank ein Bier. Die Morgensonne ließ ihn nicht jünger aussehen. Wortlos griff er hinter sich in die Kühlbox, um mir ebenfalls eine Flasche zu reichen. Dann gab er mir mit rauer Stimme ein ungefähres Update. Nach dem »Poly«-Seminar besuchten die zwei einen Einführungskurs ins Swingen. »Nur Gerede von hässlichen Leuten. Die chartern ganze Kreuzfahrtschiffe für ihre Partys! Du meine Güte: Und das nennen sie natürlich!«, sagte Jeff. Doch Melissa schien die Sache weniger kritisch zu sehen. Als einer der Referenten zum Schluss der Veranstaltung fragte, welche der Anwesenden das Swingen nun in Betracht ziehen würde, war Melissa die Erste, die den Arm hob. Das führte zum Streit. Und nun war Melissa seit gestern Abend weg.

Außer dem eher müden Rat des »Poly«-Meisters Michael, sich bei fehlender Information keinen negativen Fantasien hinzugeben, fiel mir nichts ein, was ich Jeff hätte sagen können. Und ich vermutete auch, dass es nicht besonders hilfreich war, zu erwähnen, dass er nicht alleine war. Vor dem Leichtsinn, als Paar nach Black Rock City zu kommen, warnt schon die »Burning Man«-Webseite. Und aus der Luft gegriffen sind die Warnungen offenbar nicht. Am meisten Arbeit verschaffen dem Sanitätsposten Leute, die es mit den Drogen übertreiben. Aber dann kommt ziemlich schnell die »häusliche Gewalt«. Auslöser dabei ist so gut wie immer Knatsch in der Beziehung. Eine Ärztin meinte: »Das Erste, was die Leute vergessen, ist ihr Flüssigkeitshaushalt. Das Zweite ist ihr Herz. Es hält weniger Freiheit aus, als sie meinen.«

Also schauten wir eine ganze Weile schweigend in die Wüste. Schließlich sagte Jeff: »Fuck ›Burning Man‹«, und warf seine leere Bierflasche im hohen Bogen gegen den Horizont. »Hinterlasse keine Spuren«, lautet der heiligste Grundsatz aller »Burner«. Es wird erwartet, dass sich am Schluss der Veranstaltung jeder zwei Stunden an der Abfallbeseitigung beteiligt. Aber Jeff meinte: »Die können sie schön selbst wieder einsammeln.«

Was auch immer. Ganz verhindern, dass man von einem Anlass wie »Burning Man« nach ein paar Tagen vereinnahmt wird, ist so gut wie unmöglich. Das mag an der tatsächlich berührenden Kreativität der Kostüme und den mit riesigem Aufwand zusammengebastelten Fantasie-Fahrzeugen liegen, aber vielleicht auch an dem durchaus sympathischen Geist des Teilens und dem echten Glauben an Utopien, seien sie auch noch so durchgeknallt.

Aber vielleicht liegt es auch einfach daran, dass auch Unkonventionalität schnell eigene Konventionen entwickelt. Hätte ich in meiner Garderobe anfangs auch ins Büro gehen können, lief ich nach kurzer Zeit nur noch in Badehosen herum. Die Umarmungen empfand ich zunehmend als weniger beklemmend. Und nach vier Tagen dachte sogar ich darüber nach (wenn auch unter dem Einfluss von etlichen Gratisdrinks), ob unserer Gesellschaft ein bisschen weniger Kapitalismus, Monogamie und Hetero-Sex vielleicht doch ganz guttun würde. Aber Luc sorgte dafür, dass ich dann doch nicht gleich zum Neo-Hippie mutierte.

Okay, dachte ich, als mich Luc, ein Yogalehrer aus Paris, ins Schlepptau nahm, dann gehen wir eben auch noch zum Happening, das »Gesunde Reibung« versprach. Warum nicht auch noch das öffentliche Onanieren entstigmatisieren, wenn wir schon dabei sind? Ein bisschen weniger Einsamkeit auf diesem Planeten. Und es war dann auch nicht der Anblick eines Zelts voller Männer, die sich selbst befriedigen. Der ist eher lustig als schockierend.

Aber es soll ja kein Weltverbesserer kommen und behaupten, dass es, wenn alle Jachten, Learjets und Trump-Towers einmal weg sind, keine Größenvergleiche mehr gäbe. Sorry, Freunde, aber dann werden sie erst richtig hart! Natürlich konnte man, einmal drin im Zelt, nicht gleich wieder raus. Luc und ich setzten uns auf die letzten freien Plätze. Ich zog meine Schuhe aus – und dann schleunigst wieder an, um dankbar zurück in die Welt der käuflichen Statussymbole zu flüchten.

*Im Kleinstaat am Horn von Afrika dämpfen
auch die Gebote des islamischen Fastenmonats
die Ausgelassenheit nur geringfügig.*

Ramadan in der Hölle

Djibouti im Sommer 2012

Die Kapitulation kam schon im Voraus. Der Ramadan verbietet von Sonnenaufgang bis Sonnenuntergang nicht nur das Essen, sondern auch das Trinken. Doch der Mullah hielt es für unrealistisch, dass sich in Djibouti viele daran halten, während eines islamischen Fastenmonats, der dieses Jahr mitten in den Sommer fällt. Und so erließ er eine Sonderregelung. Man konnte die Tage, an denen man trotz Bemühen hinter das Ideal zurückfiel, auch nachholen, wenn es wieder kühler war. Das machte Djibouti sehr viel gastlicher. Trotzdem dauerte es keine fünf Tage, bis mir der Gedanke kam, dass es vielleicht ratsam wäre, langsam wieder von hier zu verschwinden.

Ich war in der Hoffnung nach Djibouti gekommen, somalische Piraten zu treffen, die den Golf von Aden seit Jahren zu einer der abenteuerlichsten Gegenden der internationalen Schifffahrt machen. Djibouti ist ein Kleinstaat am Horn von Afrika, halb so groß wie die Schweiz. Von Garowe, einem Zentrum des Piratentums im nördlichen Somalia, liegt es 12 Stunden entfernt. Djibouti, einst französische Kolonie, haftete seit je der Ruf einer grandiosen Zwielichtigkeit an. In einem Land, karg wie der Mond, riskierte man noch nie, mit rigiden Moralvorstellungen auch noch die letzten Standortvorteile aufs Spiel zu setzen.

Djibouti ist prozentual so muslimisch wie Pakistan. Trotzdem nimmt kaum jemand Anstoß an Alkohol, Nachtklubs und Prostitution. Und an Drogen schon gar nicht. Djibouti ist vermutlich der drogenabhängigste Staat der Welt. Täglich werden tonnenweise Kat, die euphorisierenden Blätter des Kat-Strauches, aus dem äthiopischen Hochland eingeflogen, was zur Folge hat, dass ab Mittag das öffentliche Leben erliegt, weil sich vom Taxifahrer bis zum Präsidenten alle zum Kat-Kauen zurückgezogen haben.

Ein Bekannter, gut vertraut mit der Gegend, meinte: »Djibouti ist das Bangkok der islamischen Welt. Wo würdest du als junger somalischer

Fischer hin, dessen Vermögen sich gerade von null auf eine Plastiktasche voller 100-Dollar-Noten erhöht hat?« Klingt interessant? Fand ich auch. Doch mittlerweile war mir nicht mehr ganz klar, ob mein Interesse an den Piraten größer war als das Interesse der Piraten an mir und, wenn dem so war, welche Schlüsse daraus gezogen werden mussten.

Meine Verunsicherung ging in erster Linie von dem Mann aus, der mir gegenübersaß. Der wacklige Holztisch zwischen uns glänzte im weißen Neonlicht einer Bar am Eingang zum Basar. Der Mann hieß Suleiman; und dass Suleiman ein Mann von Einfluss war, zeigte sich schon daran, dass er Hemd und Anzug trug, was in der Gluthitze von Djibouti auf ein Leben in klimatisierten Räumen und dies wieder auf die Oberschicht verwies.

Suleiman und ich hatten uns über dieses und jenes unterhalten. Seinen Ausführungen war zu entnehmen, dass er regelmäßig Geld aus dem Piraten-Geschäft aus Somalia nach Djibouti brachte und hier den Transport von Nahrungsmitteln, Medikamenten, Satellitentelefonen und gelegentlich auch Waffen zurück nach Somalia in die Wege leitete. Suleiman machte keinerlei Geheimnis aus seiner Tätigkeit, was ich als Hinweis verstand, dass er, wie es anscheinend nicht selten vorkam, mit der stillschweigenden Einwilligung entsprechender Regierungsstellen in Djibouti rechnen durfte.

Doch ganz unmerklich änderten sich während unseres Gesprächs die Regeln, und plötzlich war nicht mehr ich es, der die Fragen stellte, sondern Suleiman. »Wen haben Sie hier schon getroffen?«, fragte er wie nebenbei. »Ach, nicht viele.« – »Leute aus Garowe?« – »Ich glaub nicht.« – »Einen mit dem Namen Muhammed Ali?« – »Der Boxer?«, wich ich aus. Suleiman lachte, und ich lachte mit. Und Suleiman lachte noch immer, als er etwas aus seiner Manschette zog.

Es sah aus wie eine Krawattennadel. Der Schmuckkopf war aus Perlmutt. Doch für eine Krawattennadel schien mir der Gegenstand ungewöhnlich spitz. Suleiman steckte sie in die Tischplatte, genau in die Mitte. »In Somalia ist ein Leben weniger wert als das hier.« Es folgte eine Pause. Dann: »Die einfachste Art, jemanden zu töten. In den Hals oder ins Rückenmark.« Das Perlmutt schimmerte im Neonlicht. Jetzt lachte Suleiman nicht mehr.

Ich auch nicht. Denn obwohl ich nicht genau wusste, warum Suleiman mir das erzählte, beschlich mich das vage Gefühl, die Krawattennadel gehe auch mich etwas an. Weil ich Muhammed Ali nicht nur kannte, sondern auch, weil sich eine Tasche von ihm, von der ich den Verdacht hegte, sie sei in diesem Zusammenhang womöglich wichtig, beim letzten Nachschauen in meinem Hotelzimmer befunden hatte.

In Djibouti kann man schnell in unangenehme Gesellschaft geraten. Ich kam morgens um zwei Uhr auf dem Flughafen an. Die Temperatur verharrte bei 35 Grad. Ich stellte mich an den Schalter. Der Zöllner telefonierte. Dann stempelte er Dokumente ab, einen ganzen Stapel davon. Dann telefonierte er noch einmal. Schließlich, Hitze und Müdigkeit hatten mich längst stehend k.o. geschlagen, gab er mir mit dem Zucken eines Zeigefinger zu verstehen, dass er jetzt zwischen allen seinen dringenden Geschäften womöglich eine Minute entbehren könne, um einen Blick in meinen Schweizer Pass zu werfen.

Nach einem zügigen Durchblättern sagte er: »...« – »Wie bitte?«, fragte ich. »...«, wiederholte er mit einer Miene, die signalisierte, dass seine Geduld mit mir gleich enden werde. Jetzt erst merkte ich, dass der Schalter offenbar aus schalldichtem Panzerglas konstruiert war. Ich bückte mich zu einem dünnen Schlitz ganz unten. »Kein Visum, keine Einreise«, ließ sich der Zöllner zu erklären herab. »Aber es hat geheißen, das Visum gebe es am Flughafen.« – »Nein, gibt es nicht.«

10 Minuten später stand ich immer noch gekrümmt wie ein Spazierstock und mein Ohr an den Schlitz geheftet, doch das Visum gab es noch immer nicht. Aber immerhin hatte die Einreise-Verordnung mittlerweile insofern eine Aufweichung erfahren, als die Ausstellung eines Visums am Flughafen jetzt nicht mehr für immer und ewig ausgeschlossen wurde, sondern nur die Entscheidung darüber verschoben war, bis der Chef der Zollbehörde sich wieder einfinden würde. Damit wurde gegen acht Uhr früh gerechnet.

Die erste Nacht in Djibouti im Transitbereich des Flughafengebäudes also. Ich hatte den ganzen Transitbereich für mich allein. Ich konnte wählen zwischen einer verbeulten Bank aus Metall im Ankunftsbereich im Erdgeschoss und einer verbeulten Bank aus Metall im Abflugbereich im ersten Stock. Weil mir das Zweite wie eine symbolische Kapitulation erschien, entschied ich mich für Ersteres. Als ich aufwachte, startete vor dem Fenster gerade eine amerikanische Drohne, auf dem Weg zur Terroristenjagd in Somalia. Pünktlich um acht Uhr war der Chefzöllner da. Auch er machte es spannend und schloss eine Einreise vorerst kategorisch aus. Doch nach zwei weiteren Stunden hatten alle ihre Macht lange genug ausgekostet, und ohne weitere Erklärungen wurde mir das Visum erteilt.

Einen Grund, warum man Touristen nur widerwillig nach Djibouti einreisen lässt, könnte man sich denken: Es kann dem Image des Landes nur schaden. Zumindest auf den ersten Blick. Ich hielt, was ich im Internet gelesen hatte, für die Nörgelei weltfremder Pauschaltouristen. Doch nach der Fahrt in die Stadt musste ich sagen: Braucht jemand noch ein Beispiel für die verwahrlosende Wirkung chronischen Drogenkonsums, dann ab nach Djibouti! Das Land sieht nicht aus, als hätte nach der Feier zum Abzug der Franzosen 1977 noch einmal jemand aufgeräumt. Und das ist bei den landesüblichen Temperaturen nur in zweiter Hinsicht ein optisches Problem. Gut tut der Schlendrian der Bausubstanz im Zentrum. Eine so wunderbar heruntergekommene Kolonial-Kulisse dürfte sich, Havanna ausgenommen, nur noch schwer finden lassen.

Vor dem Hotel »Ali Sabieh« setzte ich mich auf die Terrasse in den Schatten und konnte die Hitze kaum fassen. Ich beobachtete eine Katze, die versuchte, die menschenleere Straße zu überqueren. In der Mitte angekommen, kehrte sie um und legte sich wieder genau dorthin, wo sie hergekommen war. Ihr Bauch ging heftig auf und ab. Ich nahm mir vor, nicht denselben Fehler zu machen, und rührte bis zum Abend keinen Finger.

Der Hotelier empfahl mir die Mickey-Bar. In der Mickey-Bar machte ich am ersten Abend die Bekanntschaft von fünf Bardamen, die alle sehr unislamische Umgangsformen pflegten, insbesondere mit Männern, mit denen sie nicht verheiratet waren. Und am zweiten Abend lernte ich Ahmed kennen. Ahmed kam einem Piraten schon ziemlich nahe, er war pensionierter Pirat. Das erfuhr ich nicht von ihm, sondern von einer der Damen hinter der Bar. Ahmed selbst war wie eine Jukebox. Wollte man etwas von ihm hören, musste man zahlen.

Für zwei Bier war das zu haben: Ahmed stammte aus Garowe. Ursprünglich war er Polizist gewesen, aber im Zuge des Zerfalls des Staatswesens in Somalia hatte auch er auf das Piratentum umgesattelt. Viel Geld und große Karriere machte er nicht. Das lag vor allem daran, dass er für die Arbeit, die am besten bezahlt wird, nämlich das Entern, schon immer zu dick war.

Ahmed war einer von denen, die die gekaperten Schiffe und die Crew bewachen, nachdem die Piraten in entlegenen Buchten vor Anker gegangen sind und darauf warten, dass das Lösegeld kommt. Für zwei Wochen Wacheschieben gab es 380 Dollar. Ganz am Anfang war es besser. Ahmed erinnerte sich an die Zeiten, als jeder seinen Anteil gleich am Strand erhielt, nachdem das Lösegeld per Fallschirm abgeworfen worden war. Heute fließe das Geld meist auf ein Konto in Dubai oder London, direkt zu den Bossen, und die unteren Chargen sähen kaum etwas davon. In Djibouti arbeitet Ahmed als Wachmann für eine Bank, die einem Somalier gehört. »Liegt dort auch Piratengeld?« – »Sicher«, meinte Ahmed. »Wer braucht denn hier sonst eine somalische Bank?« Für ein drittes Bier und 20 Dollar für Kat gab es noch einen Tipp: »Muhammed Ali kann dir mehr erzählen.« – »Und wo finde ich den?« – »Na, am ehesten bei den Damen.«

»Bei den Damen« war wie vielerorts auch in Djibouti der geläufige Euphemismus für das Bordell. Der Mann, der mir anderntags den Weg zeigte, hieß Aby und kam gleich mit. »L'appartement«, wie das Bordell auch genannt wurde, lag im dritten Stock eines Hauses, über einer Klinik. Vor uns schob sich eine Frau, die ganz offensichtlich intensiver medizinischer Betreuung bedurfte, mit letzter Kraft die Treppen hoch. Mit einer Hand stemmte sie sich gegen das Geländer, mit der anderen gegen die Wand. Als wir bis zum ersten Treppenabschnitt zehn Minuten gebraucht hatten, nahmen Aby und ich sie rechts und links am Arm und lieferten sie an der Tür der Klinik ab. Das war für längere Zeit meine letzte tugendhafte Tat.

Zwei Stunden später fand ich mich wieder auf dem Weg zum Hotel, um mehr Geld zu holen. Das Kerngeschäft schien im »L'appartement« zwar aufgegeben worden zu sein, was mich angesichts der lähmenden Hitze kaum wunderte. Die Männer kamen und gingen nur, um sich von den Damen Bier oder Kaffee servieren zu lassen (wobei ich mir die Frage stellte, ob ein Ramadan-Tag mit Getränken, mit Alkohol im Bordell dreimal nachgeholt werden müsse). Aber auch diese Dienstleistung wussten sich die Damen bezahlen zu lassen, weil jede Bestellung hieß, dass alle etwas tranken.

Mittag. Von Muhammed Ali noch immer keine Spur. Alle versicherten, dass er gleich komme. Jemand habe schon mit ihm telefoniert. Fünf Minuten, dann sei er da. Das war die letzte Zeitangabe, an die ich mich erinnern kann. Denn dann kam zu dem schon einlullenden Dauer-Geschnatter in Englisch und Französisch im »L'appartement« auch noch Kat ins Spiel. Und Kat macht nicht nur die Zeit sehr relativ, es hob auch an diesem Tag die Stimmung im Nu auf ein Maß, mit der die Welt auch ohne sinnstiftenden Überbau gut auszuhalten ist.

Sie hieß Salam, hatte so lange Beine, dass es schon fast komisch aussah, und ein Herz rein wie ein Engel. Der einzige Mann, der ihre Leidenschaft wirklich entfachen konnte, war Gott, insbesondere jener, mit dem die orthodoxe Kirche in Verbindung stand. »Oh, I love orthodox so much«, sagte sie, während wir uns einen Kat-Strauch teilten. »Ich besuchte letzten Dezember auf dem Sinai das älteste orthodoxe Kloster der Welt«, sagte ich. »Oh, I feel so hot!«, sagte Salam und fächerte sich mit der Hand Luft zu.

Und so kam es, dass Salam und ich in der Dämmerung zur orthodoxen Kirche am Stadtrand wanderten, wo Salam vor einem Gemälde der Maria zum Beten niederkniete und nachher enttäuscht war, als ich nicht gleich zum Pater wollte, um zum orthodoxen Glauben überzutreten, was ich offenbar ein paar Stunden zuvor unter dem Einfluss von Kat noch ernsthaft in Aussicht gestellt hatte. »Ah, you are just talking«, sagte sie mit tiefster Verachtung. Und dann fauchte sie mich an, und zwar nicht im übertragenen Sinne, sondern richtig, etwas, das ich bisher nur eines dieser edlen blauen Naturwesen im Film »Avatar« hatte tun sehen. Doch beim anschließenden Pingpong-Turnier im Garten des äthiopischen Kulturzentrums gerieten Glaubensfragen schnell in den Hintergrund, und die Lage entspannte sich wieder.

Am nächsten Tag rückten Aby und ich vorsichtshalber erst am Nachmittag im »L'appartement« an. Und wir hatten Glück: Mohammed Ali war schon da. »When my wife is Somalia, I come here for massage«, sagte er. Erst unentschlossen, ob er mir Auskunft geben solle, kam er schnell in Fahrt, aber zuvor wollte er etwas klarstellen: Somalische Piraten nennen sich nicht Piraten. Sie nennen sich »Baddaadinta badah«, was »Retter des Meeres« oder auch »Küstenwache« heißt. »Die haben unser Meer leer gefischt. Wir holen uns nur unseren Anteil zurück. Die Lösegelder sind Steuern.«

Mohammed Alis Großvater lebte noch gut vom Fischen, sein Vater nicht mehr. Mohammed Ali war 16, als er das erste Mal am Kapern eines Schiffs beteiligt war. Besonders schwierig sei das Entern nicht, insbesondere bei Frachtern, deren Reling so tief liege, dass »jedes Kind einen Enterhaken hoch genug werfen kann«. Der Grund, warum es nicht klappe, seien meist technische Pannen der Piratenschiffe. Gegenwehr der Crew hat er nur einmal erlebt. Zwei ausgeschlagene Zähne und ein Auge, mit dem er nicht mehr scharf sieht, sind die Erinnerung daran. Ein Crewmitglied hatte den Enterhaken samt Leiter auf das Boot der Piraten geworfen. In den besten Zeiten betrug die Erfolgsquote 40 Prozent. »Doch das war, bevor es von Kriegsschiffen und Helikoptern dort draußen nur so wimmelte.« Heute liege die Quote eher bei 10 Prozent.

Reich werden als Pirat nur wenige. Jene, die am Entern des Schiffes direkt beteiligt sind, erhalten 50 Prozent des Lösegelds, die Investoren 30, und der Rest wird unter allen anderen, von den Übersetzern bis zu den Wachen, aufgeteilt. Am Lösegeld für ein Schiff partizipieren bis zu 400 Leute. Muhammed Ali will in fünf Jahren 200 000 Dollar verdient haben. Finanziert hat er damit eine Hochzeit, ein Haus in Garowe und einen Nissan Patrol.

Die größte Ausbeute versprechen saudische und japanische Schiffe. »Die sagen: Gebt uns unser Schiff zurück, und wir geben euch das Geld.« – »Die Franzosen sind die Schlimmsten. Wärst du Franzose, ich würde gar nicht mit dir reden«, erklärte Mohammed Ali. Sein Vater starb auf seinem Sofa. Man feierte das Eintreffen des Lösegeldes. Etwas früh, wie sich zeigte. Das Geld war mit einem GPS-Sender versehen. Die Bomben der französischen Kampfjets trafen punktgenau.

Am Abend verlagerte sich die Geselligkeit vom »L'appartement« in einen Klub namens »Golden«. Neben Mohammed Ali waren auch

Aby, Salam und zwei weitere Damen mit von der Partie. Offen geblieben war die Frage, was Muhammed Ali genau in Djibouti machte. »Business, allover«, war alles, was er dazu sagen wollte. Zuerst geschmeichelt, dass man ihm so viel Interesse entgegenbrachte, signalisierte er bald unüberhörbar eine gewisse Distanziertheit zum Piratentum. »Das Ganze ist kein Geschäft mehr«, sagte er. »Zu viele Kriegsschiffe, zu viele Leute, die mitverdienen wollen.« Und aus irgendeinem Grund wanderte, während er das sagte, seine Hand zu der schwarzen Sporttasche, die er schon den ganzen Tag mit sich herumtrug. Die Tasche trug den weißen Schriftzug der italienischen Marke »Lotto«.

Kat macht nicht nur gesellig, sondern leider auch sehr wach. Auch morgens um zwei Uhr zeigte noch niemand die geringsten Ermüdungserscheinungen. Salam zerrte mich noch einmal und noch einmal auf die Tanzfläche. Nicht die klägliche Figur, die ich dort neben der ganzen afrikanischen Tanzelite bot, nicht der Umstand, dass der DJ den Abend offenbar der Erinnerung an die Gruppe Bonny M. gewidmet hatte, konnte ihren Enthusiasmus schmälern. Aber mittlerweile war mir wieder das Geld ausgegangen, und so machte ich den nicht sehr durchdachten Vorschlag, die Festivitäten in mein Hotelzimmer zu verlagern. Die Zimmernachbarn ließen sich erstaunlich viel Zeit, um gegen die Privat-Disco zur Musik aus meinem iPod zu protestieren. Und auch dem Hotelmanager, der irgendwann auftauchte, fiel es sichtlich schwer, sich als Vollstreckungsorgan von Ruhe und Ordnung in Szene zu setzten. Erst nachdem auch er seine Tanzkünste zum Besten gegeben hatte, setzte er dem Treiben ein Ende. Das Nachbarzimmer hatte jetzt wirklich genug. Zurück blieb einzig Mohammed Alis Tasche. Draußen rief der Muezzin zum ersten Gebet.

Morgens um neun Uhr läutete das Telefon. »Hallo. Hier ist Mister Suleiman. Ich habe gehört, dass Sie sich für Piraten interessieren.« Und am Schluss unseres Treffens meinte er: »Sie sollten hierbleiben und mitkommen nach Somalia. Wäre das nicht interessant?« – »Doch«, sagte ich. »Aber wie viel wert wäre Ihnen denn mein Leben?« – »Ach, kein Problem«, sagte Suleiman und steckte die Krawattennadel zurück in seine Manschette. Da Muhammed Ali verschwunden war, brachte ich seine Tasche zu Salam. Hätte die Tasche kein Schloss gehabt, hätte ich nachgeschaut, was drin ist. Ich trank ein Bier. Dann machte ich mich auf zu gehen. »Non, non, chéri, tu restes ici!«, sagte Salam und umfasste mein Handgelenk.

Zuerst lassen sie einen kaum hinein. Aber wenn man einmal da ist, muss man aufpassen, dass man wieder wegkommt, aus Djibouti.

In der Wirtschaftsmetropole Guangzhou macht man sich
bei Tisch besser nicht nur auf Ratte und Schlange gefasst,
sondern auch auf Hund.

Restaurant des Grauens

China, April 2010

Man gewöhnt sich in der südchinesischen Wirtschaftsmetropole Guang-zhou, der Hauptstadt der Provinz Guangdong, besser schnell daran, harte Entscheidungen zu treffen. Besonders wenn man es mit einer Menükarte zu tun bekommt.

»Wollen Sie den Hund gedämpft oder gegrillt? Oder das Hunde-Fondue? Das ist die Hausspezialität«, sagte die junge Frau, die unseren Tisch bediente. Wir saßen in einem Lokal namens »Familienrestaurant Hunde-Garten«. Am Nachbartisch aß ein Ehepaar mit zwei Kindern. Der Knabe nagte fröhlich an einer Hundepfote herum.

Ich liebe Hunde. Letztes Weihnachten galt mein teuerstes Geschenk, ein Halsband von Bottega Veneta, einem ungarischen Viszla. Der Viszla ist schwer verwöhnt, aber ich mache alles mit. Fahre im Zug nur erster Klasse, weil ihm die zweite zu ungemütlich ist, und halte ihm die Pfote, wenn es draußen donnert, damit er vor Angst nicht stirbt. Ein Foto des Hundes ist in meinem Handy. Das Handy lag neben meinem Teller. Ich befand mich in einer unangenehmen Situation.

»Was ist denn besonders gut?« – »Alles«, sagte die junge Frau strahlend. »Was können Sie empfehlen?« – »Alles.« – »Gibt es große und kleine Hunde?«, fragte ich und begriff, dass ich das gar nicht wissen wollte. »Ja. Kleine sind besser. Aber teurer.« Schließlich nahm mir Ling-ling, meine Übersetzerin, die Entscheidung ab. Wir bestellten Hund gedämpft. An der Wand des »Hunde-Gartens« hingen Gedichte. Eines lautete: »Ein Regentag ist der beste Tag, um gut zu essen.« Das andere schwärmte vom Duft von Orchideen. Ich hoffte innig, dass unsere Bestellung nie in der Küche ankommen würde.

Es gibt kein Land der Welt mit einer größeren Kochtradition als China. Frankreich ist eine kulinarische Sahelzone dagegen. Bereits während der Han-Dynastie, noch vor Christus, wurden Rezepte für 2000 verschiedene Gerichte und 1000 Desserts schriftlich festgehalten.

In Europa, genauer gesagt in Italien, reimte man sich die ersten, simplen Pasta-Rezepte erst in der Mitte des 15. Jahrhunderts zusammen. Die Gourmet-Hauptstadt Chinas ist Guangzhou. Die Chinesen sagen: »Nach Guangzhou fürs Essen, nach Schanghai für den Glamour und nach Peking für die Macht.« Eher berüchtigt ist selbst für chinesische Verhältnisse die Vielfalt der kantonesischen Küche. Die Chinesen sagen: »In Guangzhou essen sie alles außer die Tische und die Stühle.« Manchmal sagen sie auch: »In Guangzhou essen sie alles außer ihren Vater und ihre Mutter.« Guangzhou ist nicht nur berühmt für Hundegerichte, sondern auch für seine »Wild Animal«-Restaurants, wo es unter anderem Ratten, Katzen, Schlangen, Krokodile und Waschbären zu essen gibt.

Über das ganze Ausmaß des kantonesischen Heißhungers ist aber auch in China eine Diskussion im Gang. Wie immer in Sorge um das Image des Landes im Ausland, hat die Regierung pünktlich zur Weltausstellung in Schanghai Pläne publik gemacht, das Essen von Katzen und Hunden einschränken zu wollen. Die Chancen, dass Katzen und Hunde tatsächlich von der Speisekarte verschwinden, sind aber minimal. Hundezucht ist ein lukratives Geschäft. Mit Hundefleisch lässt sich, so ein Bauer in der Zeitung »China Daily«, doppelt so viel Geld verdienen wie mit Rindfleisch. Alleine in Guangzhou sind letztes Jahr ein Dutzend neue Hunde-Restaurants eröffnet worden. Und selbst im englischsprachigen Kanal des chinesischen Staatsfernsehens CCTV ließ sich ein Kommentator vernehmen, der meinte, Hundefleisch gehöre zur chinesischen Küche wie der Reis.

Im Westen ist man sich bekanntermaßen einig, was man von Katzen und Hunden auf dem Teller hält. Wenn man nicht gerade Vegetarier ist, wird es aber schwierig, Einwände geltend zu machen, die nicht hysterisch, fremdenfeindlich oder scheinheilig sind. Wer aus ethischen Gründen gegen das Essen von Hunden ist, muss auch auf das Essen von Schweinen verzichten. Schweine sind nicht weniger intelligent und sensibel als Hunde. Der Schauspieler George Clooney lebte länger mit einem Schwein zusammen als mit jeder Frau. Das Schwein hieß Max und wurde 18 Jahre alt. Als es starb, sagte Clooney: »Max ist unersetzlich.«

Etliche Bücher beschäftigen sich zurzeit mit der Frage, ob China mit wachsendem Wohlstand und Selbstvertrauen mehr wie der Westen werden wird oder der Westen mehr wie China. Martin Jacques, einer der profiliertesten Beobachter, meint in seinem Buch »When China Rules the World«, dass man sich besser auf Letzteres gefasst machen sollte. Auch dem Essen widmet er ein Kapitel. Die Zukunft könnte also mit der Esskultur von Guangzhou mehr zu tun haben, als uns lieb ist. Ich dachte, fangen wir mit dem Leichtesten an: den Ratten.

Ein Bekannter von Lingling empfahl uns ein Restaurant am Stadtrand. Es hieß »Neues, komfortables, grünes Gartenrestaurant« und stellte sich tatsächlich als eine lauschige Gartenwirtschaft heraus. Es war Mittag, das Lokal gut besucht. Was die Spezialität des Hauses war, ließ sich unschwer erkennen. Aus den Töpfen auf den Tischen wanden sich lange, dünne Schwänze. Es gab Ratten-Suppe, geröstete Ratte, Ratte süß-sauer und Ratten-Curry. Doch der Manager empfahl den Ratten-Eintopf. »Wollen Sie den ganzen Schwanz oder in Stücken?« – »In Stücken!«, sagte Lingling ziemlich atemlos. Die leichte Beklemmung an unserem Tisch entging dem Manager nicht.

»Rattenrezepte gibt es in Guangzhou seit 1000 Jahren. Wir servieren keine Stadtratten, nur Bergratten. Sie sind sauber. Sie haben keine Krankheiten. Sie essen nur Früchte. Die Leute kommen von weit her, um hier zu essen. Hongkong, Schanghai, überall. An einem Wochenende servieren wir 1500 Ratten.« Dann bat uns der Manager, unsere Ratte auszusuchen.

Die Tiere werden in Käfigen im Hof gehalten. In einem Käfig um die 50 Stück. Der Koch öffnete einen davon und zog ein Exemplar mit stachligem, schwarzem Fell aus dem Gewusel. Er hielt die Ratte am Schwanz in die Höhe. Die Ratte schaute uns misstrauisch an. Wer konnte es ihr verübeln? »Ist die in Ordnung?«, fragte der Koch. Die Ratte fuchtelte mit ihren rosaroten Pfötchen durch die Luft. Wir nickten. Der Koch machte zwei Schritte zur Seite, schwang die Ratte am Schwanz nach hinten und schmetterte sie gegen eine Wand. Es gab ein knackendes Geräusch. Blut gab es keines.

Eine Viertelstunde später stellte der Manager einen dampfenden Tontopf in die Mitte unseres Tisches. Das Fleisch war dunkelbraun und garniert mit Lauch und Zwiebeln. Als Beilage wurde Tofu serviert. Ich suchte nach dem kleinsten Stück. Es schmeckte ganz okay, ein bisschen wie Wild. Lingling war in Los Angeles aufgewachsen. Ihr waren die rustikaleren Seiten der chinesischen Küche so fremd wie mir. Sie hielt sich an den Tofu. Als Nächstes erwischte ich den Schwanz. Er war außen knusprig und hatte einen harten Kern. Ich kaute eine ganze Weile.

»Und? Wie schmeckt's?«, fragte der Manager. »Prima«, sagte ich, während ich mit den Backenzähnen weiter den Rattenschwanz bearbeitete. »Gut, dann sollten Sie auch die ›Drei Quietscher‹ ausprobieren. Haben wir ganz frisch.« Lingling und ich schauten ihn fragend an. »Ratten-Embryos. Lebend. Sie quietschen, wenn man sie aufnimmt, wenn man sie in die Sojasauce taucht und wenn man sie zerbeißt. Drei Quietscher!« Wir verweilten nicht mehr allzu lange im »Neuen, komfortablen, grünen Gartenrestaurant«.

Die Ratten-Gastronomie hatte uns zweifellos neue und interessante Eindrücke beschert. Unsere Lust auf kulinarische Entdeckungen ließ sich im Anschluss trotzdem schon deutlich einfacher zügeln. Ich hielt auf der Fahrt zurück in die Stadt sehnsüchtig nach einem McDonald's Ausschau. Doch leider hatte Lingling bereits Bekannte und Verwandte über die Pläne eines ausländischen Journalisten ins Bild gesetzt, die kantonesische Küche kennenlernen zu wollen. Und es sah nicht so aus, als wäre ein Rückzug noch möglich, ohne ein ernsthaftes Zerwürfnis der schweizerisch-chinesischen Völkerfreundschaft zu riskieren.

Statt »Wie geht's?« fragen die Chinesen auch: »Chifan le ma?«, »Hast du schon gegessen?«. Eine Umfrage ergab, dass 70 Prozent aller Chinesen das Essen für das Chinesischste an China halten. Weit vor der Sprache und Mao Zedong. Kritik am Essen ist in China ein ähnlicher Stimmungsgarant wie Kritik an der Tibet-Politik. Und so sagte ich begeistert zu, als zwei Verwandte von Lingling uns für den nächsten Mittag in ein typisches »Wild Animal«-Restaurant einluden.

Das Restaurant hatte eigentlich geschlossen. Doch es war das beste »Wild Animal«-Restaurant von Guangzhou. Und die Verwandten von Lingling konnten den Besitzer dazu bringen, extra für uns zu öffnen. Verschiedene Tiere waren aber gerade nicht vorrätig, und so mussten wir schon am Vorabend bestellen. Linglings Verwandter schlug »Tiger,

Dragon, Phoenix« vor, eines der berühmtesten Gerichte aus Guangdong. »Tiger, Dragon, Phoenix« wurde schon Gewinner der »Goldenen Schale«, so etwas wie der chinesische Gastro-Oscar. »Tiger, Dragon, Phoenix« ist die – zugegebenermaßen imposante – Bezeichnung für eine Katzen-Schlangen-Hühner-Suppe.

»Isst er viel?«, fragte der Verwandte Lingling am Telefon. Ich schüttelte hektisch den Kopf. »Gut, dann sollten wir vielleicht nur eine halbe Katze nehmen. Aber die Schlange muss man immer ganz bestellen. Halbe Schlangen gibt's nicht. Vielleicht haben sie ja eine kleine. Ein oder zwei Kilo?« – »Ein Kilo ist sicher genug«, sagte Lingling. »Python oder Kobra?« Ich zuckte ratlos die Schulter. »Was schmeckt besser?«, fragte Lingling mutig. »Kobra.«

Als wir am nächsten Tag im Restaurant eintrafen, waren Xian Duo und Shan Chua schon da. Sie standen zusammen mit dem Koch vor einem Käfig. Der Käfig war leer. Der Koch ließ die Schultern hängen. Wie sich herausstellte, hatte die für uns aufgetriebene Katze offenbar den Braten gerochen und war über Nacht getürmt. Sie hatte sich durch ein kaum handbreites Loch im Boden des Käfigs gezwängt. Und so aßen wir die preisgekrönte »Tiger, Dragon, Phoenix«-Suppe im zweitbesten »Wild Animal«-Restaurant von Guangzhou. In einem Becken neben unserem Tisch planschte ein 2 Meter langes Krokodil. Gab es Krokodil auch nur ganz, dann wartete dieses Tier auf eine sehr hungrige Tafelrunde.

In China ist der Geschmack beim Essen nur ein Teil der Erwägungen. Chinese Food ist immer auch Functional Food. Auf dem Markt von Guangzhou kann man Schildkröten kaufen, die reich machen sollen. Ratten beugen Haarausfall vor. Und Katzen machen intelligenter. Das ist natürlich immer gut. Aber nach dem Genuss der Suppe musste ich sagen: Was den Geschmack und die Konsistenz betrifft, kann man Katze allenfalls als Notverpflegung gelten lassen.

Katzenfleisch ist eigenartig süßlich und von eher schlabbriger Textur. Kobra ist hingegen eine Delikatesse. Wie Hühnerfleisch, nur zarter und ohne auch nur ein Gramm Fett. Gut, die Schlangenhaut wegzumachen ist ein Problem. Aber sonst? Warum gibt es bei uns eigentlich keine Schlangen-Restaurants? Ich habe sicher nicht das ganze Kilo Kobra alleine gegessen. Aber ziemlich viel davon.

Blieben die Hunde auf dem Speiseplan unserer kulinarischen Abenteuerreise. Um mich beim Hundeessen schlecht zu fühlen, gab es, wie schon gesagt, ausreichend persönliche Gründe. Es ließen sich aber unschwer auch allgemeinere finden. In China wäre ein Tieranwalt vielleicht tatsächlich gar keine so schlechte Idee. Einigermaßen beunruhigend klingen die Schlachtmethoden. Angst und Schrecken sollen das Fleisch der Hunde besser machen. Die Tiere würden daher nicht besonders gnädig, sondern ausgesucht grausam getötet. Angezündet, langsam erhängt oder lebendig ihres Felles entledigt.

Als Speisehund gezüchtet werden in China viele Rassen. Für Schweizer vermutlich besonders schwer verdaulich: Bernhardiner stehen auf der Beliebtheitsskala ganz oben. Die Hunde-Gourmets schwärmen vom Geschmack, der von einem Rindersteak kaum zu unterscheiden sei. Die Züchter schätzen, dass der Bernhardiner nicht zum Beißen neigt. Der Bernhardiner ist in China auch unter dem Namen »dummer, großer Hund« bekannt.

Andererseits: Hunde essen hat definitiv mehr Tradition, als Hunde zum Friseur zu schicken und ihnen Bottega-Veneta-Halsbänder zu kaufen. Schon der griechische Gelehrte Hippokrates, Übervater der modernen Medizin, schwärmte davon. Die Römer aßen Hund. In der Südsee und in Mexiko gehörten Hunde jahrhundertelang zur Ernährungsgrundlage. Und – Achtung, jetzt wird's ganz hart – die Koryphäe der Ernährungs-Ethnologie, Calvin W. Schwabe, behauptet in seinem 1979 erschienenen Standardwerk »Unmentionable Cuisine«, dass man in der Schweiz noch vor wenigen Jahrzehnten eine Vorliebe für Hundeschinken hatte.

Schwabe stützt sich auf Dokumente zu Fällen von Trichinosis, einer parasitären Krankheit, die durch den Verzehr von rohem Fleisch verursacht wird. Schwabe schreibt: »Die Fälle von Trichinosis, die in der Schweiz in den letzten Jahren diagnostiziert wurden, sind alle das Resultat des Verzehrs von Hundeschinken, der zu wenig gut gekocht worden war.«

Der Topf mit dem gedämpften Hund erreichte uns mit einem stolzen Lächeln der Bedienung, Xian Duo und Shan Chua griffen begierig zu. Und ich tat das, was wir immer tun, wenn wir Fleisch essen. Wir versuchen, nicht daran zu denken, dass für unsere flüchtigen Tafelfreuden ein Lebewesen mehr oder weniger qualvoll getötet worden ist. Wie Hund schmeckt? Leider gut. Wie würziges Rindfleisch. Man müsste es empfehlen.

Alkohol, Musik und ein Sofa mit entspannten Menschen zu finden ist im Nachtleben von Karatschi kein geringes Unterfangen.

Karatschi Underground

Pakistan im Herbst 2007

Karatschi, größte Stadt der Islamischen Republik Pakistan, hat in der Kategorie der 15-Millionen-Metropolen ohne jeden Zweifel das schlechteste Nachtleben der Welt zu bieten: keine einzige öffentliche Bar, kein Nachtklub, nichts. Die Islamisten haben ganze Arbeit geleistet. Ein Bier kann man sich nicht einmal im Hotel Marriott erbetteln. Und unter einer Party verstehen die Menschen hier nicht für einige Stunden Unbeschwertheit und Spaß, sondern eine dieser Gruppierungen von Halbkriminellen, die ihnen vor den Wahlen weniger Steuern versprechen, um sie sich dann selbst in die Tasche zu stecken. Hätte Pakistan nicht sowieso bereits ein weltrekordverdächtig schlechtes Image, das Nachtleben alleine wäre Grund genug, das Land sofort zum Paria-Staat zu erklären. Dachte ich. Doch dann rief Amber an.

Es ist Samstagabend, kurz nach acht Uhr. Ich sitze vor dem Fernseher und schlage die Zeit mit einer lauwarmen Sprite und der 24-Stunden-Nonstop-Übertragung von den Pilgerstätten in Saudi-Arabien tot. Seit zehn Minuten fixiert die Kamera die Schuhe vor dem Eingang einer Moschee. »Lust auszugehen?«, flötet Amber ins Telefon. Ich denke an einen Witz. Doch Amber ist nicht nur ein Glamour-Girl, sie ist auch ein absoluter Party-Profi. Sie hatte zehn Jahre in New York gelebt und würde jetzt sogar in der Wüste Gobi eine Party ausfindig machen.

Und heute Abend hat sie etwas ganz Besonderes zu bieten. »Ein Freund von mir veranstaltet eine Single-Party. Wollen wir hin? Wird sicher lustig.« Eine Single-Party?! In Pakistan?! Das konnte ich mir zwar nicht vorstellen. Aber da die Berichterstattung aus Mekka meine einzige Alternative als Samstagabend-Unterhaltung war, musste ich nicht allzu lange überlegen.

Und Amber hat nicht zu viel versprochen. Eine Stunde später stehen wir im Garten einer Villa in einem der nobleren Vororte im Süden der Stadt. Gut, Miami Beach ist es nicht. Doch das Pakistan aus den

Nachrichten, das Land der Terror-Gurus und säbelschwingenden Religionsfanatiker, ist es definitiv auch nicht.

Wir stehen an einer Bar unter zwei von Scheinwerfern angestrahlten Palmen. Es gibt weiße Sofas. Es gibt Lampions, es gibt Alkohol. Wodka, Bier, was man will. Und es gibt viele sympathisch aussehende Menschen. Die Musik ist laut, irgendwas von 50 Cent. Und die Frauen tragen leichte Sommerkleider, die dazu taugen, eine ganze Koranschule geschlossen in den heiligen Krieg ziehen zu lassen. Mein Kiefer fällt nach unten. Amber ist zufrieden. »Öffentlich läuft hier gar nichts, aber privat ist es gar nicht soooo schlimm«, schreit sie durch die laute Musik fröhlich in mein linkes Ohr.

Nach einer Weile gesellt sich der Gastgeber zu uns. Sein Name ist Khurram. Er trägt ein rosarotes Rüschenhemd. Khurrams Ruf als Partykönig ist gefestigt. Seinem Vater gehört das größte Zement-Imperium des Landes. Khurram hat viel freie Zeit, die er damit verbringt, durch die Welt zu gondeln und mit seinen Partys ein bisschen etwas zur Sabotage der islamistischen Moral zu tun. Legenden des pakistanischen Nachtlebens sind Khurrams Siebzigerjahre-Partys. Aber mit einer Single-Party wagt auch er sich auf Neuland.

Noch ist die Stimmung verhalten. Die meisten scheinen nicht genau zu wissen, wie sie sich auf einer Single-Party benehmen sollen. Viele machen an ihren Handys rum. Verwunderlich ist das nicht: Singlesein ist in Pakistan ungefähr so progressiv wie die Schwulen-Ehe in Texas. Und die Akzeptanzwerte dürften ähnlich sein.

Sogar jemand wie mein Freund Kamal findet, man sollte so schnell wie möglich heiraten. Es war fünf Uhr nachmittags. Wir standen um einen der Snooker-Tische im Sind-Klub herum, als das Thema wieder einmal zur Sprache kam. Durch die Markisen warf die Sonne orangefarbene Streifen an die Wand und zwei gekreuzte Polo-Schläger. An der Decke surrten die Ventilatoren. Der Sind-Klub ist ein Erbe der englischen Kolonialherren und heute Treffpunkt der westlich gesinnten Elite von Karatschi. Der Garten gewinnt regelmäßig Preise. Es gibt einen Dresscode. Mitgliedschaften können nur vererbt werden. Und über der Bar thront ein ausgestopfter Schneeleopard. »Und? Bist du endlich verheiratet?«, fragte Kamal in für ihn ungewohnt inquisitorischem Ton.

Meine Antwort gefiel ihm gar nicht. Man merkte es daran, wie er die nächste Kugel versenkte.

Nun muss man wissen, dass Kamal nicht die Sorte Pakistaner ist, die schon am Morgen mit dem Bedürfnis aufwachen, ein Symbol des dekadenten Westens in die Luft zu jagen. Kamal hat in London Recht studiert und ist mit einer Kanadierin verheiratet. Bei Kamal zu Hause liegt die amerikanische Ausgabe der »Vogue« auf dem Couch-Tisch. Aber wenn es um Beziehungen geht, versteht Kamal wenig Spaß. Er findet, das Liebesleben müsse seine Ordnung haben. Er selbst hat, wie alle seine Freunde, sofort nach der Uni seine Jugendliebe in die Ehe geführt.

In einem Land wie Pakistan vielleicht nicht die schlechteste Idee. Pakistan gilt neben den Ländern der Arabischen Halbinsel als eines der traditionellsten der islamischen Welt. Nicht nur im Norden, wo die ultrapuritanischen Taliban zunehmend Sitten und Gebräuche bestimmen, auch in Städten wie Lahore und Karatschi. Die Mehrzahl der Ehen ist arrangiert, meist bevor die Beteiligten 20 sind. Auch die Paarberaterin der als liberal geltenden Zeitung »Dawn« preist die Vorteile der Zwangsheirat. Alleine lebende Frauen sind undenkbar. Und wer bis 25 nicht verheiratet ist, der macht sich suspekt.

Eine dieser suspekten Figuren ist mein Bekannter Salman. Salman ist noch keine 40, hat finanziell aber bereits ausgesorgt. Er hat nach seinem Studium in Harvard im Silicon Valley ein Vermögen gemacht. Vor drei Jahren kehrte er nach Pakistan zurück und will jetzt an den Südausläufern des Himalaja ein Öko-Resort eröffnen. Trotz der politischen Situation ist er zuversichtlich, dass es klappt. Als er das letzte Mal das Grundstück besichtigte, hat ihm ein Leopard Guten Tag gesagt. Aber an der Frauen-Front, da läuft, seit er zurück ist, so gut wie gar nichts. Es ist kurz vor zwölf Uhr nachts. Wir sitzen in Salmans Wohnzimmer. Eben hat es geläutet. Vor der Tür stand der Schwarzhändler mit zwei Kisten Bier der Marke Hansa. Eigentlich wollten wir uns auf DVD noch den neuen Film »American Gangster« anschauen. Verständlich bei diesem Nachtleben, haben die Leute hier alle riesige Fernseher. Salman hat sogar so etwas wie ein Privatkino.

Aber wie üblich ist wieder einmal der Strom ausgefallen. Und weil sich Salman im Gegensatz zu den meisten in Karatschi weigert, einen

Generator anzuschaffen, sitzen wir jetzt im Dunkeln. Und nachdem wir das Thema »Amerikanisches oder europäisches Bier?« diskutiert haben, landen wir beim Thema Frauen.

»Habe leider immer noch keine Ahnung, wie man hier Frauen kennenlernt«, meint Salman. »Bars: zero. Nur Männervereine. Und in meinem Freundeskreis: alle verheiratet. Pakistan war einst ein moderates Land. Aber seit diesen Scheiß-Taliban geht alles den Bach runter. Sogar mein Liebesleben.«

Auf dem Sofa hat es sich Aanif bequem gemacht. In der Dunkelheit sieht man von ihm nur einen glimmenden roten Punkt. Aanif ist im Investment Banking tätig, gibt gerne Bonmots von sich wie: »Verschwenden wir die Jugend nicht an die Jugend!«, und ist nie ohne Zigarre im Mund anzutreffen. Seine Lösung des Single-Problems sind regelmäßige Abstecher nach Dubai, von Karatschi keine zwei Flugstunden entfernt. Aanif will dort schon einige sehr unkomplizierte russische Damen kennengelernt haben.

Aber auch die Hauptstadt Islamabad bietet seiner Meinung nach einiges an Vergnügen. »All diese Botschaftsangestellten, die langweilen sich dort zu Tode. Aber noch besser ist in dieser Beziehung Kabul! In Kabul tobt das Leben!« Er selbst war noch nie dort. Aber er hat es von dänischen Freunden gehört, die in Afghanistan für ein Hilfswerk tätig sind.

Ganz so aufregend entwickelt sich die Single-Party leider nicht. Gegen zwölf Uhr bin ich ernsthaft betrunken. Ich hätte jetzt Schwierigkeiten, zu sagen, wie viele Lampions genau über dem Garten hängen. Amber ist ebenfalls nicht mehr nüchtern. Das wirkt sich nicht besonders positiv auf ihre Stimmung aus. Sie jammert. »Ich vermisse New York«, sagt sie. Unsere Single-Party-Bilanz ist durchwachsen.

Ich habe nach drei Stunden Single-Party nur die Mail-Adresse einer Frau ergattert, die zwar gar nicht so schlecht aussah, einen aber schon nach fünf Minuten plaudernd mit dem Wissen belastete, ihre Mutter hätte gedroht, sich aus dem Fenster zu stürzen, falls ihre Tochter nicht bald einen Mann fände. Und dann wollte sie nur noch über die ideale Hochzeit reden. Ihr Ideal umfasste eine Kamel-Parade und Festivitäten von mindestens fünf Tagen Dauer. Außerdem interessierte sich nur noch ein Typ für mich, bei dem es klare Anhaltspunkte gab, dass er schwul war.

Amber schnitt ein bisschen besser ab. Sie hatte drei neue Telefonnummern in ihrem Handy gespeichert. Aber der Typ, den sie wirklich »chickna« fand, was in Pakistan sexy bedeutet, konnte leider nur noch im islamischen Sinne als Single gelten. Eine Frau hatte er nämlich schon. Jetzt wollte er offenbar noch eine zweite.

Es gab ein paar Gesellschaftsspiele, aber die erwiesen sich alle nicht als der Stimmungsknüller. Khurram ging herum und sagte in einem fort: »Relax!« und »Have Fun!«. Doch stattdessen stürzten sich die Männer zuerst mit einer Ernsthaftigkeit in die Gruppenaufgabe, aus Balsaholz eine Brücke zu bauen, dass das Kennenlernen für eine ganze Weile völlig zum Erliegen kam. Und später wäre über das Resultat beim Hindernislauf in Paaren fast noch Streit ausgebrochen.

Um halb eins Uhr gibt Amber Befehl zum Aufbruch. Sie weiß noch von einer anderen Party. Bei Hindus, die Divali, ihr Neujahr feiern. Dort geraten wir zwar schon am Eingang in ein Knallkörper-Bombardement, dass uns anschließend eine halbe Stunde lang die Ohren klingen, und dann ruiniert mir der Ascheregen eines Monster-Vulkans auch noch mein Lieblingshemd. Aber die Stimmung ist super, und nach einer Stunde ist Amber plötzlich verschwunden. Am nächsten Morgen ruft sie an, müde, aber gut gelaunt. Die Hindus? Sind das nicht die mit dem Kamasutra? Es ist überall gut, wenn es noch eine Minderheit gibt.

Irrungen und Wirrungen

———————

Der Weg zu den Ursprüngen der Menschheit ist weit.
Ein paar Beutel mit den belebenden Blättern des
Kat-Strauchs als Proviant können nicht schaden.

Familientreffen in Afrika

Äthiopien im Winter 2008

Dass Fremde in den sengenden Weiten im Nordosten Äthiopiens ihr Ende finden, ist keine Seltenheit. Sie verirren sich und verdursten. Sie werden von einer der mysteriösen Krankheiten dahingerafft, die in der Gegend wüten und die auch einen Muskelprotz in wenigen Tagen in einen Totenschädel verwandeln. Oder, und das ist erfahrungsgemäß am wahrscheinlichsten, ein Zusammentreffen mit dem kriegerischen Stamm der Afar endet verhängnisvoll. Worauf es in unserem Fall hinauslaufen wird, ist im Augenblick noch nicht zu sagen.

Es ist Mittag, und die Sonne brennt vom Himmel wie eine Heimsuchung aus dem Alten Testament. Ich kauere im Schatten vor einer Hütte. Das Dorf heißt Eli Wuha. Eli Wuha ist sogar für äthiopische Verhältnisse ein desperates Nest. Zwei Dutzend Behausungen in zeitloser Lehm- und Wellblech-Architektur, ein paar staubige Palmen und am Ortseingang ein mumifiziertes Kamel. Auf den Dächern halten Geier Ausschau nach dem Nächsten, dem die bleierne Hitze und der ewige Wind den Rest gegeben haben. Ich wäre gerne anderswo, aber das könnte dauern.

Ich schaue hinüber zur Hütte, in die meine zwei Begleiter verschwunden sind. Vor der Hütte hat sich ein Typ aufgebaut. Er mustert mich so freundlich wie eine Kobra mit Zahnweh. »In fünf Minuten wissen wir, ob sie uns hinbringen«, sagte mein Begleiter Ben. Das ist jetzt eine Stunde her. Ich werde das Gefühl nicht los, dass die Warterei etwas mit dem Umstand zu tun hat, dass sich unsere finanziellen Möglichkeiten gestern schlagartig verschlechtert haben. Dass dies aus Gründen geschah, die einzig mir anzulasten sind, hilft meiner Laune kaum. Dann geschieht etwas! Zwei Kinder rollen einen Autoreifen an mir vorüber. Das kann nichts Gutes bedeuten. Unser Auto ist das Einzige hier. Kurz darauf saust mein Rucksack auf dem Kopf von zwei Knirpsen schnell wie ein DHL-Paket die Straße entlang. Als ich aufspringen will, um zu protestieren, wird mir so schwindlig, dass ich mich gleich wieder setzen muss. Die Geier werfen mir neugierige Blicke zu.

Ein Familientreffen war geplant. Und ein Familientreffen ist es geworden: Am Anfang ist es lustig, dann wird es schnell kompliziert. Über meine entfernten Verwandten in Afrika ins Bild gesetzt hatte mich ein DNA-Test. Eine Speichelprobe war das Einzige, was der Computer in London zur Analyse meines Erbguts brauchte. Das Ergebnis kam zwei Wochen später. Per Mail. Fortan hatte ich nicht nur Verwandte im Emmental, sondern in der halben Welt. Eine Karte zeigte den Weg, den meine Vorfahren gegangen waren, bevor sie nach Europa kamen. Und sie zeigte, wo die ganze Wanderei vor 100 000 Jahren ihren Anfang nahm: im Nordosten Äthiopiens. Dort, so hieß es, lebten vor rund 3000 Generationen die Vorfahren des modernen Menschen.

Dass wir, so wie es aussieht, alle aus dem Nordosten Äthiopiens kommen, sagt nicht nur unsere DNA, das lassen auch die Knochen vermuten, die Paläoanthropologen in der Gegend ausgegraben haben. Zum letzten Mal für Aufsehen sorgte die Gegend vor zwei Jahren. Doch den berühmtesten Fund machte der Amerikaner Donald Johanson hier in den siebziger Jahren. Johanson entdeckte Teile eines 3,2 Millionen Jahre alten Skeletts. Es war nur knapp einen Meter groß, und auch sein Schädel war klein. Eine Geistesgröße schlummerte unter dieser Schädeldecke kaum. Aber – und das war die Sensation – die Fußgelenke unterschieden sich von denen eines Affen. Johanson hatte das älteste Zeugnis des aufrechten Gangs gefunden. Ein Song der Beatles und die Vermutung, das Skelett sei weiblich, spielten eine Rolle, weshalb es den Übernamen »Lucy« bekam.

Offiziell heißt Lucy »Al 288-1«. Al steht für »Afar Locality«. Und die Afar Locality liegt südlich des Ortes Eli Wuha. Irgendwo. Johanson hatte für seine Behauptung, mit Lucy den ersten Menschen gefunden zu haben, einige Kritik geerntet. Aufrechter Gang alleine mache noch keinen Menschen, hieß es. Kaum infrage gestellt wurde hingegen seine Vermutung, der Nordosten Äthiopiens sei die Wiege der Menschheit. Ich schaute lange auf meine Ahnenkarte. Keine Ahnung, was man dort zu finden hofft: Wurzeln. Familie. Heimatgefühle. Sich selbst. Den Schöpfer persönlich. Auf jeden Fall beschloss ich, Lucy zu besuchen.

»Wie bitte?! Du willst zu den Afar? Da wirst du aber lange nach einem Auto suchen müssen«, erwiderte Ben. Es war kurz vor Mittag, wir saßen am Dorfplatz von Harar und tranken Cola aus Flaschen. Harar, weiß getünchte Häuser, enge Gassen, Hitze und Staub, liegt am südlichen Rand des Stammesgebiets der Afar. Nachts streichen Hyänen um die Stadtmauern. Und am Tag herrscht ein orientalisches Durcheinander, als wären die Statisten von hundert Krippenspielen und alle Figuren aus 1001 Nacht gleichzeitig losgelassen worden.

»Warum soll ich kein Auto finden?«, fragte ich. »Weil die Afar gefährlich sind«, sagte Ben. Ich kannte Ben nun seit zwei Tagen. Er ist 20, verdient sein Geld mit Führungen und ein paar kleineren Import-Export-Geschäften. Er ist ein Fan der TV-Serie »Prison Break« und asiatischer Kampfsportfilme. Er schien mir kein Angsthase zu sein.

Natürlich hatte ich die Berichte des englischen Wüstenfahrers Wilfred Thesiger gelesen. Thesiger hatte vor 70 Jahren das Gebiet der Afar durchquert. Er erzählt auch vom Schicksal der Männer, denen das Glück weniger hold gewesen war. Die Rede ist dabei auch von einem Trupp ägyptischer Soldaten unter dem Oberkommando eines Schweizer Söldners namens Werner Munzinger. 1875 marschierten Munzingers Männer bis zu den Zähnen bewaffnet los, um Abessinien zu erobern. Es war das letzte Mal, dass man etwas von ihnen gesehen hatte. Nicht einmal ein paar ausgebleichte Knochen blieben von den Männern übrig. Zwei italienischen Expeditionen erging es kurze Zeit später nicht besser. 60 Jahre lang traute sich keiner mehr ins Land der Afar.

Die Neugier der Entdecker gebremst haben dürfte dabei nicht nur die Wehrhaftigkeit der Eingeborenen. Es gab da noch ein beunruhigendes Gerücht, das mit dem sichelförmigen Dolch zusammenhing, den jeder erwachsene Afar am Gürtel trägt. Es heißt, die Afar pflegten ihre besiegten Feinde mit diesem Dolch zu kastrieren. Es heißt, wenn ein Afar heiraten wolle, müsse er seinem Schwiegervater die Genitalien seines Feindes als Geschenk überreichen. Und wenn es die Tochter eines Clanführers sei, dann ließe er sich besser nicht ohne die Genitalien von zwei oder drei Feinden blicken. »Wiege der Menschheit! Haha. Dass ich nicht lache!«, sagte Ben.

»Ach diese alten Geschichten!«, sagte ich. Ben verdrehte die Augen. Und dann brachte er mich auf den neuesten Stand. Die Bilanz der letzten Monate: fünf entführte Diplomaten, drei tote Soldaten, vier überfallene Lastwagen, ein toter Lastwagenfahrer. »Und ich weiß nicht, wie viele davon« – Ben machte knapp unterhalb seines Gürtels mit zwei Fingern eine Scherenbewegung –, »du weißt schon, schnipp-schnipp geworden sind.« – »Aha«, sagte ich, um dann eine ganze Weile lang nichts mehr zum Thema Lucy und die Afar zu sagen. Genau genommen etwa eine Woche lang.

Harar ist nicht der günstigste Ort, um ein Ziel mit Entschlossenheit im Auge zu behalten. Vermutlich gilt das für ganz Afrika. Einmal ist es zu heiß, dann wieder zu schön. Dann bekommt man es wieder mit den an und für sich sympathischen Leuten zu tun, die alle Ziele irgendwelchen Verpflichtungen bei Verwandten unterordnen. Oder dann sieht man sich fast unüberwindlichen Hindernissen gegenüber, die meist eine Kombination aus logistischen Problemen und Institutionen sind, die nicht funktionieren, angefangen damit, dass sich zum Beispiel schon Schalteröffnungszeiten meist jeder Berechenbarkeit entziehen. Aber Harar ist in dieser Beziehung noch schlimmer.

Harar ist nicht nur heiß und schön. In Harar verlaufen allein deshalb die meisten Unternehmungen schleppend, weil man sich der Problematik des schleppenden Fortgangs höchstens die Hälfte des Tages gewahr ist. Nach dem Mittag gibt es keine Problematik mehr. Denn nachher gibt es Kat. Die euphorisierenden Blätter gehören in allen Ländern am Horn von Afrika zur Alltagskultur. Aber in Harar gehören sie dazu wie der Wein zu Frankreich. Harar ist das Bordeaux des Kat. Hier soll ein Sufi-Mystiker die Pflanze im 15. Jahrhundert entdeckt haben. Und hier im Hochland, so sagt man, wachsen bis heute die besten Kat-Sorten der Welt. Der französische Dichter Arthur Rimbaud, dessen rastlose Seele es ansonsten kaum länger als ein paar Wochen an einem Ort aushielt, verbrachte fast zehn Jahre in Harar. Es ist zu vermuten, dass die Wirkung von Kat dabei keine vollkommen unwichtige Rolle spielte.

Ich lege Wert darauf, zu betonen, dass ich in der Regel kein Advokat des Drogenkonsums bin. Das Glück mit mehr als einem Glas Whiskey oder zweien zu ergaunern hatte ich mich bisher noch selten getraut. Doch in Harar erlebte meine Drogenkarriere einen rasanten Aufschwung, eine Entwicklung, die aktiv zu fördern Ben wohl nicht ganz zu Unrecht verdächtigt werden muss. Denn je größer meine Begeisterung für Kat, desto kleiner wurde mein Wunsch, zu den Afar zu kommen. Noch selten hatte ich mich irgendwo so schnell den lokalen Sitten angepasst: am Morgen als Erstes auf den Kat-Markt, dann für ein paar Stunden irgendwas tun, das den Anschein erweckte, als ginge man einer Erwerbsarbeit nach – was in Bens Fall bedeutete, dass er ein paar Telefonate erledigte und vor dem Computer im Internet-Shop, um seine Facebook-Seite zu besuchen, auf eine Verbindung wartete, die in den seltensten Fällen zustande kam, und in meinem, dass ich pflichtschuldig die Sehenswürdigkeiten von Harar besichtigte. Harar ist ein Relikt aus Zeiten, als der Islam und das Christentum noch nicht als unversöhnliche Gegensätze galten. Es gibt hier Dutzende von Kirchen und Moscheen auf engstem Raum. Aber dann war Mittag und lange genug der Anschein von Selbstdisziplinierung aufrechterhalten, um den Rest des Tages ohne schlechtes Gewissen dem Kat-Kauen widmen zu können.

Kat wird ja auch für viele Übel verantwortlich gemacht, von der wirtschaftlichen Stagnation Ostafrikas bis zur Todesverachtung somalischer Soldaten. Für die meisten Reiseführer ist Kat ungefähr auf der gleichen Ebene angesiedelt wie die Prostitution, und sie geben sich, abgesehen von ein paar sorgenvollen Bemerkungen, alle Mühe, das Thema zu ignorieren. Womöglich sollte ein anständiger Mensch die Kat-Industrie also nicht noch aktiv unterstützen. Doch die Preise machten es nicht eben leichter, verantwortungsvoll zu handeln. Einmal in die Drogen abgerutscht, ist man in Harar mit einem europäischen Budget ähnlichen Versuchungen ausgesetzt wie ein kokainsüchtiger Milliardär. Geld spielt keine Rolle, Kat kostet praktisch nichts. Und so schleppten Ben und ich täglich bündelweise Katblätter an, und wir begnügten uns mit nicht weniger als den allerbesten Sorten.

Die neue erste Adresse für alle Kat-Gourmets von Harar war das Wohnzimmer im Haus von Bens Familie. Angelockt vom Ruf des spendablen Touristen wurde es auf den Kissen täglich enger. Die Kat-Blätter werden eine Weile gekaut, dann schluckt man sie hinunter. Nach einer halben Stunde beginnt man etwas zu merken und nach einer Stunde dürfte es auch Cholerikern keine größeren Schwierigkeiten mehr bereiten, mit einem zufriedenen Lächeln der Verschrottung ihres neuen Ferraris zuzusehen. Die euphorisierende Wirkung der Blätter wurde von unserem Kat-Club dann gegen Abend stets in die beruhigende Wirkung von Bier überführt.

Der daraus resultierende Gemütszustand einer größtmöglichen Sorglosigkeit führte an einem Abend zum gemeinsamen Entschluss, die Hyänen füttern zu gehen, die sich regelmäßig zur Dämmerung vor der Stadtmauer einfanden, um sich dort um den Abfall zu streiten. Man sollte auch Tiere nicht nach ihrem Aussehen beurteilen. Aber Hyänen benehmen sich ziemlich genauso, wie man das wegen ihres Aussehens erwarten würde. Mein Optimismus, und wohl auch mein Mut, wurde zum Glück von anderen Mitgliedern unserer Gruppe übertroffen. Und so stand ich nur in der zweiten Reihe, als einer von uns von einer der verschlagen dreinschauenden Bestien gebissen wurde.

Unser Kat-Freund konnte das tote Huhn aus der Metzgerei leider nur einer Hyäne zur selben Zeit geben, weshalb eine Zweite sich von hinten anschlich und ihre Zähne in seine Wade bohrte. Eine Szene, die uns, weil von meiner Taschenlampe nur dürftig ausgeleuchtet, mehr akustisch als optisch in Erinnerung blieb. Doch ansonsten kannten die Tage in Harar bald schon keinen Augenblick mehr, der auch nur annähernd unangenehm genug gewesen wäre, um der Idee zu verfallen, an den Lebensumständen im Generellen irgendetwas ändern zu wollen. Ich sah schon eine Existenz im rimbaudschen Stil auf mich zukommen. Da erhielt Ben einen Anruf. Und ausnahmsweise war es einer, der seiner Erwerbstätigkeit durchaus eine reale Basis geben konnte und mir die Chance, meinem Leben ein Minimum an Zielstrebigkeit zurückzugeben.

Der Anruf kam von einem chinesischen Händler aus Addis Abeba. Er bot eine Ladung gebrauchter Handys aus Hongkong an, genau genommen zweihundert. Die Frage war, ob Ben Bedarf dafür hatte. Er wollte 5 Dollar pro Stück. Es war diese Art von Geschäften, die Ben, neben den vereinzelten Touristen, die sich nach Harar verirrten, über Wasser hielt. Doch seiner Miene beim Telefonieren war unschwer zu entnehmen, dass es sich in diesem Fall um ein Geschäft handelte, das das übliche Volumen seiner Handelstätigkeiten ein bisschen überstieg.

Wir saßen auf dem Dorfplatz, über den Minaretten und Kirchtürmen von Harar ging gerade die Sonne unter und färbte die weißgetünchten Mauern rot. Wir waren von Kat und zwei Bieren bereits wieder hoffnungslos glücklich. Vermutlich hätte Ben in diesem Zustand wirtschaftliches Potenzial in der Eröffnung eines Solariums gesehen oder sein Geld in eine Wagenladung Curlingsteine versenkt. Und so zögerte er auch keine Sekunde, in den Deal mit den chinesischen Handys einzusteigen. Ich war keine Hilfe. »Super gemacht!«, sagte ich anerkennend und klopfte Ben auf die Schulter, bevor wir die nächste Runde Bier bestellten. Doch am nächsten Morgen, halbwegs nüchtern, wurde mir klar, dass Ben bei seinem Geschäftsabschluss über mindestens zwei Probleme hinweggesehen hatte. Er verfügte weder über das Kapital, zweihundert Handys zu kaufen, noch hatte er die Kunden, um sie gewinnbringend abzusetzen. Zumindest was das erste Problem betraf, hatte ich eine Ahnung, was auf mich zukommen würde. Und der zweite Teil wurde mir auch bald erklärt.

»Nein, nein, nein! Warum soll ich dir 1000 Dollar für Handys geben, für die es in Harar sowieso keine Käufer gibt?«, fragte ich. »In Harar vielleicht nicht, aber in Djibouti. Dort können wir die für 15 Dollar pro Stück absetzen«, beharrte Ben. »Aber wir sind nicht in Djibouti.« – »Müssen wir auch nicht. Wir treffen meinen Freund nahe der Grenze«, sagte Ben – und dann, mit einem Leuchten in den Augen, als läge der Schlüssel zur immerwährenden Glückseligkeit bloß ein paar Autostunden entfernt zum Abholen bereit: »Stell dir vor: dieser Gewinn! Das können wir uns doch nicht entgehen lassen?« Ich schwieg. »Natürlich bekommst du 20 Prozent.« Ich schwieg weiter. »Okay, 40 Prozent, wenn es unbedingt sein muss!« – »Vergiss das Geld«, sagte ich, »ich habe eine bessere Idee. Wenn ich dir hier aushelfe, dann fahren wir danach zu den Afar. Deal?« Es war nicht der Handschlag, mit dem ewige Völkerfreundschaften besiegelt werden, aber es war ein Handschlag.

Der Chinese war nicht die Art Geschäftspartner, die einem das Gefühl vermittelt, Teil einer Win-Win-Situation zu sein. Mit der Goldkette um seinen Hals hätte ein weniger muskulöser Mann beim Aufstehen vermutlich einen Bandscheibenschaden riskiert. Und seine Sonnenbrille auch nur einmal abzunehmen, das schien ihm den Umständen entsprechend offenbar zu privat. Das Paket lag im Kofferraum seines Mercedes. Der Wagen stand in der grellen Sonne, außerhalb der Stadtmauern von Harar. Irgendwo quietschte ein Scharnier im Wind. »Können wir mal schauen?«, sagte ich. Meine Stimme war die eines Mannes, der normalerweise nicht Kisten voller Handys, sondern Kisten voller Panzerfäuste kaufte, wenn er nicht gerade ein paar Tonnen Drogen am FBI vorbeidirigierte. Doch der Chinese ließ sich nicht bluffen.

»Sicher«, sagte der Chinese gelangweilt und öffnete den Karton. »Alles Made in China. Lebenslange Garantie«, sagte er. Das war wohl eher als genereller Verweis auf die Qualität zu verstehen, da auch ihm klar sein musste, dass es einigermaßen schwierig geworden wäre, den Garantieanspruch auch geltend zu machen. Die Handys lagen schön aufgereiht im Karton. Sie waren alle dunkelgrau und sahen gar nicht so besonders gebraucht aus. Der Chinese nahm eines in die Hand, und es stellte seine Funktionsfähigkeit auch sofort unter Beweis. Ben und ich schauten schlau, aber was wussten wir schon. »Grau ist gut«, sagte Ben. Mehr der Form halber unternahm ich einen Versuch zu handeln: »4 Dollar 50«. Doch der Chinese würdigte mich keines Blickes. »Okay, 5 Dollar«, sagte ich mit einer Bestimmtheit, als wäre man uns damit entgegengekommen, und gab dem Chinesen das Geld. Er zählte die Noten nach, nachdem er seinen dicken Daumen mit der Zunge befeuchtet hatte.

Der Erwerb von zweihundert Handys schien uns für die nächsten paar Tage Aktivität genug. Aber schließlich hatten wir beim strikten Nichtstun unter wechselndem Einfluss von Kat und Bier wieder ausreichend Tatkraft gesammelt, damit es losgehen konnte. Unser Ziel war ein Nest in der Wüste namens Wajaala, an der Grenze zu Somaliland. In Wajaala wollte ein Typ die Handys übernehmen und sie dann weiter nach Djibouti bringen. Natürlich hatte das damit zu tun, dass Zollformalitäten möglichst vermieden werden sollten. Durch Somaliland war das Schmuggeln leichter als auf dem direkten Weg von Harar nach Djibouti. Ben hatte zu Anfang von einem Freund geredet, aber es wurde ziemlich schnell klar, dass er den Mann allerhöchstens über drei andere kannte, von denen mindestens einer dubios genug war, zwei Tage unerreichbar zu sein.

Der Mann in Wajaala wollte die Handys offenbar für 8 Dollar übernehmen, womit für uns ein schöner Gewinn von 600 Dollar herausgesprungen wäre. Meine Zuversicht hielt sich aber in Grenzen. Ein Grenzort zu Somaliland, ein Land, das in der Vorstellung der internationalen Gemeinschaft gar nicht existierte, respektive in die gleiche Kategorie gehörte wie die Piraten-Republik Somalia, plus ein Schmuggler, den man nur über Mittelsmänner kannte – das hörte sich für mich nicht nach reibungslosen Geschäften an, selbst wenn meine Erfahrung mehr auf den Plots aus Hollywood beruhte als auf den Realitäten der ostafrikanischen Schattenwirtschaft.

Ich hatte mir in Harar mittlerweile den Ruf einer Art Mutter Theresa des Kats erworben. Wer auch immer in Bens Haus auftauchte, für dessen Wohlbefinden wurde auf der Stelle gesorgt. Mit der Aussicht auf unlimitiertes Kat auf Spesen war der Posten als unser Fahrer entsprechend umkämpft. Doch mitfahren war das eine, fahren das andere. Sogar ich hatte nach einer Woche Kat noch genug Verstand, um einzusehen, dass einen zu viel Sorglosigkeit nicht unbedingt zum Lenken eines Fahrzeuges prädestiniert, insbesondere nicht in Afrika.

So entschieden wir uns für einen, der es offenbar nicht nur auf das Kat abgesehen hatte. Im Gegensatz zu anderen kam er nur gelegentlich vorbei. Das ließ zumindest die Möglichkeit offen, dass er noch andere Lebensinhalte kannte, als den halben Tag damit zu verbringen, zu vergessen, dass hinter den meisten Kurven auf unserer Reise durch die Welt leider doch Probleme lauern. Sein Name war so kompliziert, dass ihn der Einfachheit halber alle nur Schappi nannten. Eine halbe Stunde außerhalb von Harar klingelte Schappis Telefon. Es war seine Freundin. Es gab Diskussionsbedarf. Den Hintergrund des Gesprächs bildete Schappis zweites Hobby neben dem Kat, die Frauen. »Drei Freundinnen: zwei zu viel«, meinte Ben zu mir gewandt, mit Schappis Bürde schon hinlänglich vertraut.

Schappi stieg aus und redete beschwichtigend ins Telefon. Ben und ich hatten derweil Gelegenheit, die Landschaft zu genießen. Das Ganze sah aus wie ein Trainingsgelände für Weltenbauer. Schluchten und

Berge, alles schien mit großer Energie in Angriff genommen, um dann auf halbem Weg doch wieder verworfen worden zu sein. Das Ergebnis war ein monumentaler Trümmerhaufen, der von einem Rand des Panoramas bis zum anderen reichte. Bepflanzung wurde an einem anderen Ort geübt. Weit und breit war kein Baum und kein Strauch zu sehen.

Ben und ich begannen mit Langeweile zu kämpfen. Da sagte Schappi plötzlich: »Hallo? Hallo?«, und hängte auf. »Empfangsstörung, kann überall passieren. Ein todsicherer Trick«, erklärte er. »Zehn Minuten warten, dann hat sie sich beruhigt. Funktioniert immer. Todsicherer Trick.« Und tatsächlich: Als er sich ein paar Kilometer weiter noch mal meldete, bewegte sich das Gespräch schon in ruhigeren Bahnen und endete im Flüsterton, was man wohl als Ausdruck dafür werten durfte, dass Schappi zumindest eine private Front vorerst wieder unter Kontrolle gebracht hatte.

Gegen Mittag liefern wir in Wajaala ein. Wajaala machte städtebaulich nur einen geringfügig elaborierteren Eindruck als der Trümmerhaufen, durch den wir gerade drei Stunden gefahren waren. Ohne die Tankstelle hätten wir kaum gemerkt, dass wir die freie Natur hinter uns gelassen hatten. Die Häuser aus Lehm hatten die gleiche Farbe wie die Felsen zuvor und waren ähnlich chaotisch angeordnet. Außerdem schien auch ihr Bau meist vorzeitig wieder abgebrochen oder von den Elementen bereits wieder rückgängig gemacht worden zu sein. Abgesehen von ein paar hitzegeplagten Hunden war kein Leben auszumachen. Wajaala sah aus wie ein Ort, in dem es ratsam war, sich nur auf Dinge einzulassen, die man auch bei einem Worst-case-Szenario selbst regeln konnte. Dann entdeckten wir unseren Mann. Er saß in seinem Pick-up im Schatten des einzigen Baums.

Der Mann machte keinen unsympathischen Eindruck, er trug ein Hawaii-Hemd und aus seinem Auto ertönte Reggae-Musik. Und der Handy-Deal wäre vermutlich auch ohne größere Probleme über die Bühne gegangen, hätten wir Anfänger wenigstens die minimalsten Kenntnisse erfolgreichen Unternehmertums an den Tag gelegt und uns darüber informiert, was wir überhaupt verkaufen. Einmal in unserem Besitz, war die Kiste, die wir vom Chinesen übernommen hatten, nicht weiter beachtet auf dem Rücksitz von Bens Auto liegen geblieben. Am

Morgen hatte ich einen kurzen Blick hineingeworfen: Reihen von dunkelgrauen Handys, alles in Ordnung. Und so schienen mir Bens federnder Gang und seine Siegesmiene auch durchaus berechtigt, als er die Kiste aus unserem Auto holte und sie hinüber zum Pick-up trug. Doch dann schauten sich Verkäufer und Käufer die Ladung Handys ein bisschen genauer an.

Bei der Lage eins und zwei war so weit alles in Ordnung, dunkelgraue Handys. Doch dann änderte sich das Bild schlagartig. Die Handys weiter unten waren nicht mehr dunkelgrau, sondern leuchtend rosarot. Zudem waren sie bedruckt mit kleinen Bildern von Schmetterlingen, von Rehen, Fröschen und Einhörnern. Einige waren auch mit einem Regenbogen verziert, andere mit kleinen Steinchen, die in der Sonne glitzerten. Die Designer hatten wirklich nicht mit Einfällen gegeizt. Der Reggae-Mann rief:»Iiiiihhh!« und schreckte zurück, als wären wir in der Kiste auf ein Nest Klapperschlangen gestoßen. Und mir und Ben ging es nicht anders. Wir hatten ungefähr hundertsechzig Kinder-Handys angeschafft. Das war keine gute Nachricht. Kinder haben in Afrika keine Handys. Und wer alt genug und erfolgreich ist, um ein Handy sein Eigen zu nennen, der wird seinen Ruf kaum aufs Spiel setzen, indem er mit einem rosaroten Handy herumläuft, das mit Bildern von Bambi bedruckt ist.

»Oje«, sagte ich und sah meine 1000 Dollar schon in Luft aufgelöst. Aber ganz so schlimm kam es nicht. Nach dem ersten Schrecken erklärte sich der Mann aus Djibouti bereit, die Ladung für 3 Dollar pro Handy zu übernehmen. Wer weiß, mit welchem Absatzmarkt er spekulierte, vielleicht gab es in Djibouti ja eine größere Gay-Community, die an den Regenbogen-Handys Gefallen finden würde. Für uns war das natürlich noch immer ein desaströses Angebot, und wir protestierten ein bisschen. Aber sehr überzeugend wirkte unsere Empörung wohl nicht, denn wir hätten uns die rosaroten Handys auch nicht abgekauft. Und so blieb es bei 3 Dollar oder gar nichts und wir verließen Wajaala nach knapp einer Stunde um 1000 Dollar ärmer, als wir uns beim Eintreffen noch eingebildet hatten mit unserer Handy-Ladung zu besitzen, und einem Realverlust für mich, der sich auf 400 Dollar und die Ausgaben für Benzin und Fahrer kumulierte. Die Rückreise verlief in Schweigen, außer wenn Schappi am Straßenrad eine seiner drei Freundinnen zuerst ein bisschen besänftigen und dann aus der Leitung schmeißen musste. Erst kurz vor Harar meinte Ben mit monotoner Stimme: »Auf den Kat-Markt, aber schnell«.

Wenigstens waren am nächsten Tag unsere Prioritäten wieder einigermaßen klar. Wir waren fertig mit dem Drogensumpf und dubiosen Schmugglergeschäften. Uns würde nichts mehr vom hehren Ziel abhalten, die Ursprünge der Menschheit zu erforschen. Ich wäre am liebsten gleich Richtung Lucy losgefahren. Ich sah uns schon bedeutungsschwer im letzten Licht des Tages über den goldfarbenen Boden Afrikas gehen, an der Stelle, an der einer unserer Urahnen die vielleicht heroischste Tat aller Zeiten begangen hatte, etwas, das die Welt auf einen Schlag weit größer machte, als alles, was Entdecker später dazu beitragen sollten: nämlich sich aufzurichten.

Doch die Abfahrt verzögerte sich. Zuerst eskalierte einer der schwelenden Konflikte in Schappis Privatleben. Das berührte unser Unternehmen insofern, als eine der Freundinnen in einem Wutanfall den einzigen Schlüssel seines Autos in ein Wasserloch außerhalb der Stadtmauer warf, das unter anderem als öffentliche Toilette diente, weshalb wir den Schlüssel sofort für endgültig verloren erklärten und das Auto ein neues Schloss bekam. Und dann blieb auch noch die nicht ganz nebensächliche Frage zu klären, wo Lucy damals überhaupt genau gefunden wurde.

Trotz ihres Status als Ikone der menschlichen Evolution ist der Ort von Lucys letzter Ruhestätte kaum bekannt. Fachleute geben nur sehr ungern Auskunft, jeder erhofft sich weitere Funde. Landkarten sind keine Hilfe. Und im Museum in Addis Abeba nachzufragen, wo Lucys Knochen normalerweise lagern, bringt auch nicht viel. »The area is not nice. Nothing to see. Lalibela is nicer. Tourists must go there!«, meinte der Kurator. Zum Glück traf ich Madame Kiki. Das wenige, was ich über Lucys Fundort wusste, verdankte ich ihr. Madame ist Griechin und eben 80 Jahre alt geworden. Ihr Großvater baute vor hundert Jahren die Eisenbahnstrecke Djibouti–Addis Abeba. In einem Bahnhofsgebäude an der Strecke führt Madame eine Pension, auch wenn nur noch alle paar Wochen ein Zug vorbeikommt. In der Bar hängt ein Bild von Lucy. Forscher auf der Durchreise hatten ihr gelegentlich etwas erzählt. Sie gab gerne weiter, was sie wusste. Auf Französisch. Englisch, meinte

Madame Kiki, spreche man in ihrem Alter nicht mehr. Doch mein Französisch ist nicht besonders gut und auch Madame Kikis Informationen waren ziemlich vage.

Ben schlug vor, den Buchhändler von Harar zu besuchen. Die Buchhandlung war geschlossen, aber den Buchhändler fanden wir beim Frühstück im Café gegenüber. Als er von unserem Plan erfuhr, zu den Afar zu fahren, setzte er die Tasse ab und erhob erbost den Zeigefinger. Fünf Minuten später verließen wir das Café wieder. Ben meinte trotzig: »Dann fragen wir eben, wenn wir dort sind.« Bei allem, was ich bisher gehört hatte, war ich nicht sicher, ob man sich auf die Hilfsbereitschaft der Afar verlassen sollte. Doch was blieb uns übrig?

Im ersten Licht des nächsten Morgens brachen wir Richtung Norden auf. Die Fahrt verlief angenehm ereignislos. Drama bot nur Schappi und die Frauen. Nach dem Vorfall mit dem Autoschlüssel wurde seine Herrschaft über sie eine weiteres Mal erschüttert. Es begann mit dem üblichen Anruf. Schappi parkte den Wagen am Straßenrand und versuchte es mit dem alten Trick. Fünf Minuten geduldig zuhören, dann aufhängen, dann zehn Minuten warten. So weit alles wie bekannt. Wir parkten unweit einer Brücke. Steine, niedrige Sträucher bis zum Horizont. Hätte auch Arizona sein können.

Während wir warteten, stimmte Ben eines seiner Loblieder auf die Italiener an. »Dort die Brücke: Haben die Italiener gebaut! Und die Bergstraße eben: Natürlich die Italiener!« Die Italiener waren für Ben ein Synonym für den Fortschritt. Wenn es nach ihm gegangen wäre, hätten die Italiener in Äthiopien gerne länger als vier Jahre Kolonialmacht bleiben dürfen. »Ich bin sicher, die hätten noch Öl oder irgendwas gefunden, und wir wären heute reich wie die Araber«, meinte er.

Ähnlich begeistert wie von den Italienern war Ben nur von den Chinesen. Daran konnte auch die Kiste mit den Kinder-Handys nichts ändern. Im Gegenteil: Dass wir von einem Chinesen übers Ohr gehauen worden waren, schien Bens Bewunderung für sie noch zu steigern. Seit ein paar Jahren sind sie es, die sich in Äthiopien, wie vielerorts in Afrika, nicht nur um die Verbreitung der Telekommunikation, sondern auch um den Straßenbau kümmern. Kamen wir an eine Baustelle, dauerte es nie lange, bis man einen von ihnen beim Versuch sah, einer Schar äthiopischer Arbeiter das Tempo des 21. Jahrhunderts beizubringen. Der Chinese hektisch gestikulierend, die Äthiopier in lässiger Anmut auf ihre Schaufel gestützt.

Dann waren zehn Minuten vorbei und Schappi rief erneut seine Freundin an. Doch diesmal verfing sein Trick nicht mehr. Am anderen Ende der Leitung wütendes Kreischen. Schappi drückte wild auf irgendeine Taste und warf das Gerät auf den Rücksitz, als handle es sich um eine giftige Spinne. Gemeinsames Schweigen. »Ich glaub, wir suchen jetzt erst einmal einen Kat-Markt«, sagte Ben. Gegen Abend trafen wir in paradiesischer Stimmung in Mile ein.

Nach Mile fing das Land der Afar richtig an. Lastwagenfahrer, die sich mit ihrer Ladung Kaffee oder Gewürzen hier durch nach Djibouti trauen, machen in Mile halt, weil sie nachher lieber nicht mehr anhalten. Die, die aus der anderen Richtung kommen, können hier zum ersten Mal wieder ein bisschen entspannen, und der eine oder andere wird einen starken Drink brauchen. Wir beschlossen, die Nacht in Mile zu verbringen. Mile rief vom Gesamteindruck her eher unangenehme Assoziationen hervor. Vom Sand halb verschluckte Autowracks und ein paar windschiefe Versuche, aus Wellblech eine Zuflucht vor den erbarmungslosen Elementen zu basteln. Andererseits gab es hier alles, was man sich unterwegs so wünscht: Benzin, billiges Essen und Bier.

Unser Hotel hieß »Parki Hotelli«. Der Diminutiv war nicht aus der Luft gegriffen. Hätte der Ventilator meines Zimmers nicht schief von der Decke gehangen, er hätte an den Wänden entlanggekratzt. Meinetwegen musste eine Ziegenfamilie das Zimmer räumen. Etwas indigniert über den Rauswurf, richteten sich die Tiere gleich vor der Tür wieder ein. Ich ließ meinen Rucksack aufs Bett fallen. Die Staubwolke verfinsterte die Abendsonne eine Minute lang. Auch die anderen hielt nicht viel in ihren Zimmern.

»Das ging doch bis jetzt bestens«, sagte ich. Es war gegen zehn Uhr, wir saßen vor der Bar des »Parki Hotelli« und tranken Bier. Strom gab es keinen. Das Bier war nicht besonders kalt. Dafür sah man die Sterne über der Wüste. »Bis jetzt vielleicht«, sagte Ben, »aber morgen wird's ernst. Aber dein Geld wird uns schon ans Ziel bringen«, sagte er, bevor er einen Schluck aus der Flasche nahm. Ich klopfte mit der Hand intuitiv auf die Brusttasche meines Hemdes, wo sich die Barschaft befand, die unseren missglückten Abstecher in den Handy-Handel überstanden hatte. Das Bündel Noten fühlte sich beruhigend an.

Später am Abend gesellten sich zwei Frauen zu uns. Sie hießen Waris und Liya und waren im Alleingang Beweis genug für die Behauptung des Modedesigners Tom Ford, Äthiopierinnen seien die schönsten Frauen der Welt. Außerdem waren Waris und Liya erfreulicherweise so aufgemacht, als kämen sie nicht eine staubige Straße am Ende der Welt herunter, sondern direkt von der Victoria's-Secret-Modenschau. Vermutlich bin ich in solchen Sachen vollkommen naiv, oder das Kat und das Bier hatten mein Urteilsvermögen bereits wieder schwer in Mitleidenschaft gezogen. Auf jeden Fall waren diese zwei Damen interessiert an mir, wie es Frauen sonst in aller Regel nicht sind. Sie hingen abwechselnd an meinem Hals, fuhren mir durch die Haare, und Waris biss, glaub ich, sogar irgendwann in mein linkes Ohr. Erst als sie dann mein Zimmer sehen wollten, dämmerte es mir. Mit der Selbstbeherrschung des heiligen Augustinus sagte ich Waris und Liya freundlich gute Nacht, worauf ich im Dunkeln an der protestierenden Ziegenfamilie vorbei auf mein klösterlich hartes Bett zuschwankte.

»Der hat eine Stunde lang nicht gemerkt, dass das Nutten sind!«, brüllte Ben und konnte sich vor Lachen kaum mehr halten. Schappi ging es ähnlich. Es war morgens um neun Uhr, wir fuhren auf einer Schotterpiste Richtung Eli Wuha. Schon mehr als einmal hatten wir Soldaten passiert. Verfeindete Afar-Clans hatten sich letzte Woche Feuergefechte geliefert. Aber heute schien alles ruhig. Ich war seit dem Frühstück Gegenstand der Belustigung. Mir war's egal. Heute oder morgen würden wir bei Lucy sein. »Schon gut«, sagte ich mit gespielter Empörung. Dann merkte ich es. Ich trug dasselbe Hemd wie gestern. Aber etwas daran war alarmierend anders. Ein paar meiner etwas frischeren Hirnzellen ließen eine Hand an die Brusttasche zucken. Mich durchschoss ein Hitzeschwall, als hätte sich mein Blut in Lava verwandelt: meine Brusttasche. Sie war leer. Krisensitzung am Straßenrand. Mein Vorschlag, zurückzufahren und Waris und Liya das Geld wieder abzuknöpfen, quittierten die anderen mit einer Miene, die man sonst für geistig Verwirrte übrig hat. Hektisch machte ich mich über meinen

Rucksack her. Ganz unten fand ich schließlich ein paar zerknüllte Dollarnoten. Die konnten aber nichts an der Tatsache ändern, dass wir, als wir in Eli Wuha eintrafen, ziemlich genau pleite waren.

Als die Tür der Hütte gegenüber, in die Ben vor Ewigkeiten verschwunden war, endlich wieder aufging, ließ ich gerade hechelnd meinen Rucksack fallen. Den Laufwettbewerb um mein Hab und Gut hatte ich nur gewonnen, weil die zwei Knirpse sich nicht einig wurden, in welche Richtung sie entkommen wollten. Ben sah zu meiner Erleichterung zufrieden aus. »Sie bringen uns hin«, sagte er fast nebenbei. Hinter ihm traten zwei Afar aus der Hütte. Beide rammten ein Magazin in ihre Kalaschnikows und warfen sich die Gewehre dann über die Schulter. Am Gürtel des einen erkannte ich das berühmt berüchtigte sichelförmige Messer. Mich hätte beruhigt zu wissen, ob der Mann schon verheiratet war.

Fünf Minuten später waren wir in Richtung Süden unterwegs. Wir fuhren durch kniehohes Steppengras. Eine Straße gab es nicht mehr. Fünf Afar hatten sich ins Auto gezwängt. Alle redeten gleichzeitig. Die Stimmung war ungefähr so bedrohlich wie auf einem Schulausflug. »Wer sagt denn, dass diese Afar gefährlich sein sollen?«, dachte ich. Dann kam mir in den Sinn, dass Ben mir ein kleines, entscheidendes Stück Information vorenthalten hatte.

»Die Bedingungen«, sagte ich. Ben reagierte nicht. »Was hast du ihnen versprochen?«, fragte ich lauter. »100«, flüsterte Ben. »100 Dollar?! Bist du wahnsinnig!«, zischte ich. Mein Blut verwandelte sich gerade wieder in flüssige Lava. »Wir haben nur noch 50!« – »Weiß ich«, sagte Ben, ohne den Blick von der Straße zu wenden. »Aber für 50 hätten sie uns nie den Weg gezeigt.« Ein Schlagloch brachte das ganze Waffenlager im Auto zum Scheppern.

Eine Stunde später machte einer der Afar Zeichen zum Anhalten. Das letzte Stück gingen wir zu Fuß. Dann waren wir da. Der Himmel teilte sich nicht. Keine Engel mit Posaune. Beethovens Neunte war auch nicht zu hören, und auf die biblische Stimme aus dem Off wartete man auch vergeblich. Trotzdem war es ein spezieller Augenblick. Einer der Männer zeigte auf die Stelle, wo man Lucy fand. Es soll hier vor 3 Millionen Jahren schön grün gewesen sein. Der tiefe Horizont leuchtete am späten Nachmittag verheißungsvoll. Man konnte sich gut vorstellen, warum man hier auf die Idee kam, sich aufzurichten.

Hier also, muss man sich vorstellen, fing es an, mit ein paar hundert Jägern und Sammlern eines Stammes. Ben saß im gelben Gras, er hatte meinen iPod in den Ohren. Schappi testete, ob sein Handy hier noch Empfang hatte. Die Afar stützten sich schweigend auf ihre Gewehre. Keinen von diesen Leuten kannte ich länger als einen Monat. Von den Afar wusste ich noch nicht einmal die Namen. Und ob unser Schicksal, als Hochzeitsgeschenk zu enden, schon abgewendet war, schien mir angesichts unserer Finanzkrise auch nicht gesichert. Doch beim Anblick unseres einsamen Grüppchens mitten in der Weite der afrikanischen Steppe konnte ich nicht anders, als so etwas wie ein Zusammengehörigkeitsgefühl zu empfinden.

Wie wir den geschäftlichen Teil regelten? Mit einer gefälschten Rolex aus Pakistan. Und als das die Stimmung der Afar nicht entscheidend zu heben vermochte, reichte ich noch mein Fernglas hinterher. Ich dachte: Was soll's. Es bleibt ja in der Familie.

Im Matriarchat der Moso halten die Frauen
nicht nur große Hunde, sondern auch die Männer
an der kurzen Leine.

Im Reich der Frauen

China, Januar 2010

Man kann über Frauenherrschaft denken, was man will. Aber eines sollte man gleich wissen. Sie führt dazu, dass die Männer am Schluss nicht einmal mehr einen Reifen wechseln können.

Ein eisig kalter Tag im Januar. Im Norden ragen die ersten schneebedeckten Gipfel des Himalaja in die Höhe, einer herausfordernder als der andere. In der Tiefe lässt ein Fluss seine Muskeln spielen und wirft sich tosend an die Felsen. Und in alle Richtungen erstreckt sich menschenleere Wildnis, bereit, die letzten Spuren des Unentschlossenen auszulöschen. Die Welt ist an diesem Morgen ein einziger Aufruf zu Mut, Wille und Kraft. Doch der Aufruf verhallt ungehört. Die Männlichkeit feiert heute keine Triumphe.

Meine Begleiter Monke und Geke stehen neben dem Auto, die Hände in die Seiten gestemmt. Sie schauen sich den platten Reifen an. Sie stehen da, als ob auch nur die kleinste Chance bestünde, dass sich der Reifen ganz von selbst wieder aufpumpt.

Nach einer Ewigkeit fragt Monke: »Kannst du den wechseln?« – »Vielleicht«, sagt Geke. »Aber das ist meine beste Hose.« Ein halbherziger Versuch ergibt, dass etwas mit dem Wagenheber nicht stimmt. Dann wird es allen zu kalt, und wir setzen uns wieder ins Auto. Geke telefoniert Hilfe herbei. Monke telefoniert mit seiner Mutter, der das Auto gehört. Das Geschrei ist so laut, dass er das Handy auf Abstand halten muss. Anschließend essen wir schweigend Schweizer Schokolade.

Die Zukunft sei weiblich, heißt es. Doch wird sie deshalb auch besser sein? Auch für die Männer, wie ein Glaubenssatz des Feminismus behauptet? Um das herauszufinden, reist man am besten zu den Moso, einem Volk von 40 000 Menschen in den Bergen der Provinz Yunnan im Südwesten Chinas. Bei den Moso haben von jeher die Frauen das Sagen. Ethnologen diskutieren zwar, ob im Fall der Moso von einem Matriarchat die Rede sein kann, was streng genommen auch die politische Macht der Frauen bedeuten würde, oder von einer matrilinearen Gesellschaft. Damit wird in der Wissenschaft eine Sozialordnung bezeichnet, in der sich der Besitz von Mutter zu Tochter statt von Vater zu Sohn vererbt. Einig ist man sich aber, dass die Männer bei den Moso nicht viel zu melden haben. Status, Haus, Tiere, Geld, alles gehört den Frauen. Wie viel man bei den Moso von Männern hält, zeigt sich schon in ihrer Sprache. Um das Wort »Frau« ergänzt, wird etwas größer, um das Wort »Mann« kleiner: Stein und »Frau« wird zum Fels, Stein und »Mann« zum Kieselstein.

Der russische Unternehmer Peter Goullart lebte in den vierziger Jahren in Lijiang. Lijiang ist eine Handelsstadt, 200 Kilometer vom Siedlungsgebiet der Moso am Lugu-See entfernt. In seinem Buch »Forgotten Kingdom« beschreibt er die Moso-Frauen mit einer Mischung aus Furcht und Bewunderung. An Markttagen würden sie jeden unter den Tisch trinken und Karten spielen wie die Teufel. Die Moso-Männer machen bei Goullart eine weniger imposante Figur. Sie seien schüchtern und feminisiert. Einige, hat Goullart beobachtet, würden sich gar schminken.

Was sich im Vorfeld über die Moso in Erfahrung bringen ließ, bot aus Männersicht also Anlass zu einer gewissen Sorge. Vielleicht lag es daran, dass sich die Realität dann zuerst einmal als positive Überraschung erwies.

Meine Übersetzerin Xing Yan und ich kamen in einer kleinen Pension gleich am Ufer des Lugu-Sees unter. Auf einer Insel leuchteten die Dächer eines buddhistischen Tempels in der Abendsonne. Wir machten einen Spaziergang durch das Dorf. Unter einem Baum begegneten wir dem ersten Moso-Mann. Er hieß Monke. Er machte keinen allzu unterdrückten Eindruck. Außerdem schien auch seine Männlichkeit noch einigermaßen intakt. Monke sah nicht aus wie einer, der sich schminkt. Er trug ein T-Shirt, das schätzungsweise seit zwei Jahren nicht mehr gewaschen worden war. Und sein Lächeln präsentierte eine Reihe Zähne, die aussah wie ein Gartenzaun, der es gerade mit einem Hurrikan aufgenommen hatte. Monke machte Kung-Fu-Übungen. Ein Schäferhund bewachte sein Bier.

Die erste Moso-Frau trafen wir am Ofen unserer Pension. Sie hieß Lamu und war 26. Ihrer Mutter gehörte der Betrieb. Dafür, dass das hier ein Matriarchat sein sollte, benahm sich Lamu nicht besonders emanzipiert. Auf den Bänken lungerten Männer herum, die offenbar auch zum Haushalt gehörten. Doch es war Lamu, die die Gäste bediente und Holz für den Ofen holte. Und als einer sein Bier ausschüttete, wischte sie es auf. Die Männer rührten derweil keinen Finger.

Wer hier der Chef war, ließ sich trotzdem kaum übersehen. Lamu redete ungefähr dreimal so laut wie jeder Mann im Raum. Und auch die Art, wie sie Gäste begrüßte, strahlte Alpha-Bewusstsein aus. Jedem, der auch nur in ihre Nähe kam, verpasste sie einen herzhaften Schlag auf die Schulter. Dann bekam er eine Bierflasche in die Hand gedrückt und musste einen Scherz über sich ergehen lassen. Wer sich rechtzeitig vor Lamu in Sicherheit bringen konnte, bediente sich an der Bar gleich selbst. Drinks waren hier offenbar gratis. Die Stimmung wurde schnell ausgelassen. Und dann noch viel ausgelassener.

Ich hatte natürlich davon gehört, aber der Sache ungefähr so viel Glauben geschenkt wie der Geschichte, dass auf den Trobriand-Inseln die freie Liebe herrscht und Eskimos Besuchern gleich ihre Ehefrau anbieten. Wie man in jedem Reiseführer lesen kann, sollen die Moso ganz eigene Vorstellungen von der Ehe haben. Die normale Ehe hielten sie für eine absurde Idee. Stattdessen sei die sogenannte »Wanderehe« die Regel. Moso-Frauen halten sich demnach Liebhaber, einen, zwei, für eine Nacht, gelegentlich auch für länger. Doch feste Beziehungen gelten als abnormal. Wer die Väter der Kinder sind, die ihren romantischen Treffen entspringen, darüber macht sich eine Moso-Frau keine Gedanken. Eine Vaterrolle ist in der Moso-Gesellschaft nicht vorgesehen. Aufgezogen werden die Kinder von der Sippe der Mutter. Natürlich hatte ich mir vorgenommen, die Sache anzusprechen. Aber das konnte ich mir sparen.

In der Zwischenzeit hatten sich am Ofen weitere Frauen versammelt. Und es dauerte keine zwei Stunden, bis die Unterhaltung anzüglich wurde. »Und? Willst du die Wanderehe ausprobieren?«, fragte Lamu schließlich ganz direkt. »Ich habe so viele Schwestern und Cousinen. Eine wurde gerade 18. Sie hat die gleiche Nase wie du. Du kannst

125

auswählen.« Es wird oft gesagt, emanzipierte Frauen würden die Männer überfordern. Ich sah das bisher anders. Doch der Augenblick war gekommen, meine Meinung zu überdenken.

Ich schluckte leer, dann noch mal und stammelte schließlich irgendetwas Freundlich-Unverbindliches: »Ich kann aber kein Wort Chinesisch!« Klar, dass ich damit gegen Lamu keine Chance hatte: »Egal. Bei uns reicht die Körpersprache!« Und dann sagte, nein, brüllte sie noch etwas, das offenbar so unverschämt war, dass sich Xing Yan weigerte, es zu übersetzen, und zwei der Frauen vor Lachen rückwärts vom Stuhl fielen. Zu meiner Rettung kam in diesem Augenblick eine Gruppe neuer Gäste an, und die Aufmerksamkeit wanderte anderswohin. Erleichtert leerte ich meine Flasche Bier.

Der Ofen glühte, draußen vor dem Fenster baumelten rote Laternen, und auf dem Wasser des Lugo-Sees spiegelte sich der Mond. Okay, das Ganze war vielleicht etwas gewöhnungsbedürftig. Aber nach dem ersten Abend musste ich sagen: Matriarchat, Frauenherrschaft, hmm, ich hatte es mir schlimmer vorgestellt.

Am anderen Morgen saßen wir auf der Terrasse und aßen Frühstück. Es gab Reis, Gemüse und Buttertee. Auf der Straße schlich ab und zu ein Typ mit zerdrückter Frisur und verschlafenem Blick vorbei. Alles Männer, die von ihren Geliebten auf dem Weg nach Hause waren. Weil es bei den Moso Familien im westlichen Sinne nicht gibt, wohnen die Männer ein Leben lang im Haus der Mutter. Dass es sich für einen Mann aber gehörte, eine Geliebte zu haben wie anderswo eine Ehefrau, zeigte sich schon daran, dass nur Töchter eigene Zimmer besitzen. Auf frauenlose Söhne wartet das Stroh im Stall.

Auch an diesem Morgen war es Lamu, die servierte. Die Herren des Haushalts erholten sich am Strand des Sees von den nächtlichen Strapazen. Schon früher am Morgen hatte ich im Dorf Frauen beobachtet, die Holz schleppten oder auf den Feldern tätig waren. Einen Mann, der irgendetwas tat, das auch nur entfernt an Arbeit erinnerte, hatte ich bisher hingegen noch nicht entdecken können.

Ich fragte Lamu, warum die Frauen alles selbst machten. Könnten sie nicht die Männer arbeiten lassen? »Könnten wir schon«, sagte sie. »Aber wenn wir es selbst machen, geht es schneller und besser.« Und mit dem frivolen Humor, ohne den hier, so wie es aussah, keine Unterhaltung auskam: »Welche Frau will am Abend schon einen müden Mann!« Es ist überraschend: Aber im Matriarchat wäscht kein Mann Teller ab. Und sie putzen auch nicht. Sind sich die Frauen ihrer sozialen Stellung sicher, verliert Hausarbeit offenbar ihre symbolische Bedeutung.

Gegen Mittag tauchte auf der Terrasse auch Geke auf, einer von Lamus Brüdern. Er trug den zweijährigen Sohn von Lamu auf dem Arm. Ein bisschen nach den Kindern zu schauen ist so ungefähr das Anstrengendste, was den Männern an häuslichen Pflichten aufgebürdet wird. Ich fragte Geke, ob er auch Kinder habe. Er denke schon, er habe nur keine Ahnung, welche. Dann übergab er den Sohn seiner Mutter. Er hatte sich zum Fischen verabredet. Geke steht selten vor elf Uhr auf. Lamus Sohn blinzelte zufrieden in die Sonne. Gestern Abend wollte er nicht ins Bett. Da bekam er zu hören, was ungehorsame Kinder hier regelmäßig hören: »Wenn du nicht brav bist, dann verheiraten wir dich!«

Jede Menge freie Zeit, keine Verantwortung für irgendwas und ein abwechslungsreiches Liebesleben. Nach drei Tagen musste ich zugeben: Können die Frauen bestimmen, ist das Leben ein besseres als umgekehrt. Auch für die Männer. Ein Matriarchat ist nicht die umgekehrte Variante der Taliban. Im Grunde war die Stimmung in Lamus Haushalt mit der in einer progressiven Frauen-WG zu vergleichen, mit ein paar Taugenichtsen am Tisch, die durchgefüttert werden, weil es niemand übers Herz bringt, sie endlich rauszuschmeißen.

Nach zwei, drei Tagen war aber auch klar, welche Nachteile das Leben in der Frauenwelt hat. Zuerst einmal: das Essen. Es gibt viel zu viel Gemüse. Des Weiteren ist die Musik nur schwer erträglich. Wenn die Frauen bestimmen, läuft dauernd und überall die Titelmusik von »Titanic« oder etwas von Barry Manilow. Lamu schwärmt für die Liebeslieder von Lionel Richie. Sie liefen jeden Morgen. Und dann die Gespräche. Die Feministinnen täuschen sich. Der Schönheitskult ist keine Erfindung des Patriarchats. Lamu und ihre Freundinnen unterhalten sich endlos übers Abnehmen oder ein Kleidungsstück, das sie in einer der Modezeitschriften entdeckt haben, die sich in den Regalen stapeln. Und dass man bei den Moso dauernd über Beziehungen reden musste, nun, das war eigentlich auch nicht anders zu erwarten gewesen. Es zeigte sich aber, dass die Moso-Art, über Beziehungen zu reden, dem männlichen Hang, die Angelegenheit nicht unnötig kompliziert zu machen, durchaus entgegenkam.

Traditionell empfangen die Frauen ihre Liebhaber bei Nacht in ihren Zimmern. Die Türen haben einen Haken. Daran hängen die Männer ihre Hüte oder Jacken auf, um anderen zu signalisieren, dass schon einer da ist. Ihre Liebhaber bieten den Moso-Frauen den Stoff für endlose Unterhaltungen. Den Männern werden dabei wenige Geheimnisse gelassen, nicht nur was ihre verbalen Verführungstricks betrifft, sondern gerne auch, welche Gefühle ihre männlichen Körperteile zu wecken imstande sind.

Es muss nach einer Woche gewesen sein, ich half in der Küche beim Rüsten der Berge von Gemüse fürs Abendessen. Lamu und drei ihrer Schwestern unterhielten sich gutgelaunt. Irgendwann fingen sie an Gerätschaften hoch zu halten und in ihrer Länge zu vergleichen. Eine Holzkelle, ein Messer, ein Mixer, ein Suppenlöffel. Meine Übersetzerin war nicht da, ich verstand kein Wort. Aber es war auch so einigermaßen klar, um was es ging. Wenn ich alles richtig mitbekommen habe, einigte sich die Frauenrunde schließlich darauf, dass der Suppenlöffel das ideale Maß repräsentierte.

Liebesschmerz, in vielen Kulturen als eines der edelsten Gefühle idealisiert, genießt bei den Moso andererseits minimale soziale Akzeptanz. Liebeskummer kommt auch bei den Moso vor, aber man behält ihn besser für sich. Eines Nachmittags saß vor unserer Pension eine junge Frau und weinte leise. Es war eine Cousine von Lamu. Der Mann, der sie in den letzten zwei Monaten jede Nacht beglückt hatte, hängte seinen Hut neuerdings an eine andere Tür. Das Gesicht der jungen Frau glänzte vor Tränen. Aber Lamu forderte sie in schroffem Ton auf, woanders hinzugehen. Dass die Liebe kommt und geht, ist für die Moso so selbstverständlich wie das Kommen und Gehen der Jahreszeiten. Als entsprechend lächerlich wird es erachtet, darüber Tränen zu vergießen.

Das Diskutieren von Beziehungen ist bei den Moso so beliebt, dass auch Gäste nicht lange davon verschont bleiben, Privates preiszugeben.

Lamu fand, ich sei zu wenig offen. Das hatte ich zwar schon öfter gehört, aber nicht unbedingt so früh. Es war der zweite Abend. Wir gingen barfuß am Strand entlang. Lamus Sohn sammelte Muscheln. Ihr Hund jagte den Möwen nach. Ich dachte angestrengt darüber nach, was sie interessieren könnte. Schließlich fiel mir etwas ein. »Ich war schon einmal verheiratet. Es erwies sich als eine schlechte Idee. Zwei Wochen, nachdem wir hundert Leute zur Hochzeit eingeladen hatten, reichten wir schon die Scheidung ein«. Ich kannte die Reaktionen. Entweder löste diese Geschichte Mitleid oder Entsetzen aus. Es war so etwas wie die Notfall-Geschichte für jede Tischrunde, der der Gesprächsstoff ausgegangen war. Sie zog immer, ganz besonders bei Frauen.

Aber nicht bei Lamu. Für sie gab es nur noch etwas, das normaler war als eine Blitzehe: gar keine Ehe. Sie verstand gar nicht, was an meiner Geschichte spannend sein sollte. »Und wie sind deine anderen Frauen? Haben sie schöne Brüste?«, fragte sie, ohne weiter auf das Scheidungsdebakel einzugehen. Sie stieß mich herausfordernd mit ihrer Hüfte an. Wenn Beziehungsgespräche, dann Moso-Beziehungsgespräche! Trotzdem blieb es für mich fraglich, ob es unter dem Strich eine so gute Idee der Männer war, die Herrschaft gänzlich an die Frauen abzugeben. Denn das mit dem Geld stand nicht nur in den ethnologischen Forschungsberichten über die Moso, es war wirklich so.

Will ein Mann bei den Moso Geld, muss er seine Mutter, Schwester oder Geliebte fragen. Und das war für die Männer in der Regel keine bereichernde Erfahrung. Geke und ich fuhren jeden Morgen auf den Markt. Und jeden Morgen ging zuvor das gleiche Theater los. Geke wollte 60 Yuan. Lamu gab ihm 30. Geke tippte verzweifelt auf seine Einkaufsliste, aber Lamu blieb hart. An den meisten Tagen wurden früher oder später auch noch ein paar Schwestern in die Verhandlungen eingeschaltet, was aber in der Regel nichts brachte, außer eine der Schwestern gab auch noch eine Bestellung auf. Geke rauchte leidenschaftlich gern. Lamu war strikt gegen das Rauchen. Schon deshalb sorgte sie dafür, dass er keinen Yuan mehr in der Tasche hatte, als er für ihre Einkäufe brauchte.

Eine etwas lukrativere Einnahmequelle bildete Gekes Geliebte. Sie gab ihm nicht nur das Geld fürs Rauchen, sie hatte ihm auch ein neues

Handy bezahlt. Und die Goldkette, die er über seinem weißen Rollkragenpullover trug, war auch ein Geschenk der Frau, bei der er seit ein paar Monaten regelmäßig übernachtete. Doch Geke wurde im Oktober 42 Jahre alt. Er sagte es ganz offen, sein Marktwert sank. Früher, meinte er, galt er als schön, jetzt nur noch als erfahren. Früher habe er jeden Abend die Wahl gehabt, heute kommt, es schon einmal zu einer Durststrecke, während der er zu Hause im Stroh übernachte. Letztes Jahr hatte er damit begonnen, sich die Haare zu tönen. Aber das Mittel, das er sich leisten konnte, war billig und die Haare hatten eine unnatürliche Farbe angenommen, weshalb er das Tönen wieder aufgab. Es war für Geke klar: Seine finanzielle Zukunft lag in den Händen von Lamu, und das frustrierte ihn jeden Morgen, an dem sie ihm gerade so viel Geld gab, wie er wirklich brauchte, mehr und mehr.

Eines Morgens war Geke besonders wütend. Wir saßen im Auto und fuhren Richtung Markt. »Jetzt ist Schluss! Ich lass mich nicht länger so behandeln. Ich kann jederzeit nach Lijian gehen oder gleich nach Kunming! Dort behandeln sie Männer wie Männer und nicht wie bei uns! Hier sind wir Männer nicht viel besser als Sklaven!« Ich nickte zustimmend. Ich konnte dem Matriarchat ja mehr abgewinnen als gedacht. Aber ich hatte mein eigenes Geld. Wäre ich Geke gewesen, ich hätte mich auch aufgeregt. »Und weißt du, was ich auch noch tun kann? Ich kann heiraten! Das haben schon einige gemacht, und dann bin ich der Chef im Haus«, sagte er und riss an der Gangschaltung herum, als würden sich damit die Verhältnisse hier und jetzt und sofort zu seinen Gunsten verändern lassen.

Davon, dass es auch bei den Moso neuerdings zu konventionellen Ehen kam, hatte mir schon Lamu erzählt. Mao, der die Ehe auch bei den Moso zur Pflicht erklärt hatte, war daran noch gescheitert. Aber die neueste Kulturrevolution zeigte Wirkung. Der Fernseher lief auch bei den Moso endlos. An den meisten Tagen funktionierte auch das Internet. Und insbesondere chinesische Touristen besuchten den Lugu-See Jahr für Jahr in größerer Zahl und machten mit ihrer Neugier auf die hiesigen Sitten und Gebräuche auch den Moso deutlich, was für ein Kuriosum sie waren. Die Idee, dass der Kern der Gesellschaft eine Familie bildete, die aus einem Mann und einer Frau und ihren Kindern bestand, sickerte auf tausend Kanälen in die matriarchalische Gesell-schaft ein, was Frauen wie Lamu mit größter Besorgnis erfüllte.

Gerne erzählte sie als abschreckendes Beispiel von einem Moso-Paar das sich vor drei Jahren verheiraten ließ. Der Mann hätte schon vorher getrunken, aber nachher wurde es schlimmer. Was Lamu damit begründete, dass er sich nicht mehr bemühen musste. Geld sei bald auch keines mehr da gewesen, weil der Mann mitbestimmte, eine große Dummheit, weil Männer erwiesenermaßen nicht mit Geld umgehen könnten. Und Kinder bekam das verheiratete Paar auch keine, was Lamu ebenfalls nicht in Erklärungsnotstand versetzte: »Wahrschein-lich, weil es ihnen im Bett zu langweilig wurde«, meinte sie dazu nur abschätzig. Seit einem halben Jahr lebt das Paar wieder, wie es sich für anständige Moso-Leute gehört: getrennt. Doch zumindest an diesem Tag musste sich Lamu keine Sorgen machen. An diesem Tag ging der Wettkampf zwischen Tradition und Moderne noch einmal klar für den traditionellen Gang der Dinge aus.

Geke – ich muss zugeben, von mir ein bisschen angestachelt – war als Akt der Rebellion auf die Idee verfallen, das Marktgeld in ein kleines Wettbüro neben der Metzgerei zu tragen. Der revolutionäre Gedanke basierte auf der Überzeugung, im schlechtesten Fall gleich viel, ziemlich sicher aber mehr Geld wieder hinauszutragen, womit für ihn dann auch Vergnügungen in Reichweite lagen, die unter den gegebenen Herr-schaftsverhältnissen missbilligt wurden.

Gewettet wurde auf den Ausgang von Hahnenkämpfen im Fernse-hen. Geke behauptete, ein Experte für Kampfhähne zu sein, was viel-leicht stimmte. Doch der Bildschirm des Fernsehers im Wettbüro hatte die Fläche einer Postkarte und die Qualität der Bilder war so miserabel, dass ihr Informationsgehalt nur wenig sank, wenn sie, wie es alle paar Minuten geschah, ganz ausfielen und der Wettbüroleiter für eine Weile an Kabeln und der Antenne herummontierte, was, mit anderen Worten, unsere Wette auf ein reines Glücksspiel reduzierte. Auf jeden Fall verlie-ßen wir das Wettbüro nicht mit mehr, nicht mit gleich viel, sondern ohne das Geld von Lamu. Natürlich fühlte ich mich verpflichtet, es sofort zu ersetzen. Aber für Geke war der fehlgeschlagene Aufstand gegen die rigide Sparpolitik ein herber Dämpfer. Am nächsten Morgen verzichtete er sogar darauf, wie üblich protestierend auf den Einkaufs-zettel zu klopfen.

Nach vier Tagen Gemüsediät, Liebesliedern von Lionel Richie, auf Suppenlöffel reduziert zu werden und Verhandlungen um Geld, die nir-gendwohin führten, schlug ich zur Erholung einen Männerausflug vor. Monke, den wir am ersten Abend kennengelernt hatten, steuerte ein Auto bei. Der Plan sah vor, zuerst einen Bekannten von Geke zu besu-chen. Anschließend stand eine Beerdigung auf dem Programm. Und dann wollten die zwei auch noch in ein Thermalbad. Schnell wurde aber klar, dass der wahre Zweck unseres Ausflugs die »Wanderehe« war. Sie mochten ja vieles beklagen an ihrer Situation. Aber die »Wanderehe« ist der Aspekt des Matriarchats, den auch die Männer ohne Vorbehalte akzeptieren.

Während Geke um die Schlaglöcher kurvte, erörterten wir die Frage, was einen Mann attraktiv macht, wenn den Frauen nichts gleich-gültiger ist als ihr Geld und ihr Status. Geke war für Komplimente. Monke votierte für die Kunst, insbesondere fürs Singen. Einig war man sich, dass Beerdigungen und das Thermalbad ideal zum Anbändeln sind. Und wie weiß man, wann man eine Moso-Frau rumgekriegt hat? Monke nahm meine Hand und kratzte die Innenfläche mit drei Fingern. »So. Macht sie das, dann steht dir ihre Tür offen.« Poesie und Musik als Schlüssel zu den Herzen der schönsten Frauen. Schöne Vorstellung. Doch wie sich zeigen sollte, klafften Theorie und Praxis ein bisschen auseinander. Auch bei den Moso entscheiden zuweilen die augenfälli-gen Kriterien, was den drei Teilnehmern unserer Liebes-Exkursion nicht zum Vorteil gereichte.

Unsere Abfahrt hatte sich am Morgen verzögert. Zuerst erwies sich das Zusammenstellen von Gekes Garderobe als ein längerer Entschei-dungsprozess. Fünfmal erschien er vor dem Spiegel im Essraum der Pension. Schließlich entschied er sich für das Ensemble, das er ganz am Anfang ausprobiert hatte: schwarze Lederjacke, weinroter Rollkragen-pullover, Hosen und Schuhe, weiß wie Elfenbein. Dann ging das gleiche Hin und Her mit dem Schmuck noch einmal los. Und dann bestand Moke darauf, sich im Dorf rasieren zu lassen, was Geke wiederum genug Zeit gab, über seine Haare in Sorge zu geraten und ebenfalls noch die

Dienste des Frisörs in Anspruch nehmen zu wollen. Und zu guter Letzt galt es, für Geke auch noch eine neue Sonnenbrille zu finden, was natürlich auch nicht in drei Minuten erledigt war. Dann fuhren wir endlich los. Der Duft des Parfums von Geke breitete sich im Wageninnern aus wie eine Druckwelle. Nach fünf Minuten war es allen zu viel und Geke und Monke kurbelten die Fenster runter, eine Maßnahme, die fünf Minuten später aber bereits wieder rückgängig gemacht werden musste, weil die auf dem Rücksitz, also Xing Yan und ich, mit steigender Dringlichkeit auf erste Erfrierungssymptome hinwiesen.

Gegen Mittag hielten wir vor dem Haus von Gekes Bekannten. Der Mann lebte zusammen mit seiner Mutter, drei Brüdern und vier Schwestern. Die Schönheit der Schwestern hatte sich bis nach Lijiang herumgesprochen. Eine von ihnen war in der Tracht der Moso in einem staatlichen Prospekt über die Tourismusregion Lugu-See abgebildet. Die Mutter begrüßte uns freudig. Der Bekannte von Geke nötigte uns Unmengen von Wein auf. Und wie zufällig schauten nacheinander die schönen Schwestern vorbei, verschwanden aber aller ziemlich schnell auch wieder. Drei mittelaltrige Männer, darunter ein Fremder, die ganz offensichtlich aus keinem anderen Grund zu Besuch gekommen waren, als die Töchter des Hauses zu verführen. Und Geke nahm noch nicht mal seine lächerlich angeberische Sonnenbrille ab. Doch das alles wurde von der Matriarchin mit einem wohlwollenden Lächeln verfolgt.

Dann fuhren wir weiter. Die gute Laune von Geke und Monke war im Eimer. »Zwei hatten vielleicht ein bisschen Interesse. Aber den anderen waren wir zu wenig gutaussehend«, fasste Monke die harsche Wirklichkeit zusammen. So viel zu den Hoffnungen der offenbar nicht wenigen chinesischen Touristen, bei den Moso könne jeder landen, es sei hier so wie in Bangkok, nur ohne zu zahlen. Geke schaute mürrisch aus dem Fenster und dürfte gerade wieder darüber nachgedacht haben, ob seine besten Tage schon hinter ihm lagen oder ob er vielleicht nicht doch noch einmal einen Anlauf nehmen sollte im Kampf gegen das Alter. Dann kam die Reifenpanne und damit nach dem Brimborium um Garderobe und Frisur am Morgen eine weitere Gelegenheit, hautnah mitzuerleben, wie es enden kann mit den Männern, in einer Welt, in der die Frauen das Kommando übernommen haben.

Die zwei Jammergestalten waren tatsächlich kein berauschender Anblick; der eine bleich vor Sorge, was wohl seine Mutter zum Schaden sagen würde, der andere in Panik, dass vielleicht seine Hose ein bisschen schmutzig werden könnte. Und mein Gesamteindruck von den Moso-Männern wurde nicht unbedingt besser, als sich herausstellte, dass der Pannendienst doch nicht kommen konnte, weil das Pannenfahrzeug offenbar in der Zwischenzeit selbst eine Panne erlitten hatte. Zweiter halbherziger Versuch mit dem Wagenheber. Geke hatte seine elfenbeinfarbenen Hosen trotz der Kälte ausgezogen und schön zusammengelegt auf dem Beifahrersitz deponiert. Zweiter halbherziger Versuch mit dem Wagenheber wird wieder abgebrochen. Nochmal erwartungsvolles Anschauen des platten Reifens. Doch leider machte der noch immer keine Anstalten, sich von selbst wieder aufzublasen. Dritter Versuch mit dem Wagenheber, diesmal etwas entschlossener. Geke konnte sich sogar dazu aufraffen, unter das Auto zu kriechen. Doch es lag wohl wirklich am Wagenheber. Auch ein Mehr an Motivation führte zu keinem brauchbaren Ergebnis, was die Option fremder Hilfe erneut ins Zentrum der Überlegungen rückte.

Monke glaubte zu wissen, dass es zwei Kilometer weiter ein Dorf gab. Auch die Sonne hatte mittlerweile genug davon, unserem Trauerspiel beizuwohnen, und war hinter einem Bergrücken verschwunden, was die Temperaturen nicht karibischer werden ließ. Unser Atem bildete Wolken. Geke zog seine elfenbeinfarbenen Hosen wieder an, womit das Kapitel Selbsthilfe definitiv als abgeschlossen gelten durfte. Fußmarsch also, aber immerhin stellte sich heraus, dass es das Dorf zwei Kilometer weiter auch wirklich gab, wenn es auch weniger ein Dorf war als eine Tankstelle und ein paar Häuser. Ich ahnte eigentlich schon vorher, wer uns, wenn überhaupt, aus der Patsche helfen würde. An der Tankstelle angekommen, wurde aus meinen Ahnungen schnell Gewissheit. Während Geke an einem Wasserhahn seine weißen Schuhe vorsichtig vom Staub befreite, versuchte Monke zwei Männern eine Spur von Solidarität für unser Problem abzuringen. Die Männer lagen neben der Tankstelle auf einer alten Matratze in der Sonne. Sie waren trotz Monkes eindringlicher Darstellung kaum aus ihrer Lethargie aufzuwecken. Schließlich nahm einer all seine Kraft und seinen Verstand zusammen und zeigte zu einem Gebäude auf der anderen Straßenseite. Und dort stand sie, unsere Rettung. Wer hätte es gedacht? Natürlich war es eine Frau.

Diki trug einen grünen Overall und hatte Wagenschmiere im Gesicht. Sie war die Tankstellenwärterin. Als sie den Wagenheber auf die Ladefläche ihres Pick-ups warf, schreckten nicht nur zwei Hunde auf, sondern auch die Halbtoten auf der Matratze auf der anderen Seite der Straße. Diki redete ohne Anfang und ohne Ende. Es war dieselbe offensive Neugier, die ich schon von Lamu kannte. Xing Yan, meine Übersetzerin, kam kaum nach, alle ihre Fragen zu dem Fremden zu beantworten. Einmal bei unserem Auto angekommen, hatte Diki das Problem schneller gelöst, als wir Männer dazu brauchten, uns zu überwinden, ihr Unterstützung anzubieten. Wobei zu unserer Entschuldigung gesagt werden muss, dass es nicht so aussah, als würde Diki besonderen Wert darauf legen, von ein paar Dilettanten an der zügigen Erledigung ihrer Arbeit gehindert zu werden. Aber auch Diki konnte nichts daran ändern, dass wir dank des platten Reifens die Beerdigung erst erreichten, als der gesellige Teil schon abgeschlossen war.

Buddhisten glauben bekanntlich an die Wiedergeburt. Der Tod ist nicht nur das Ende, sondern auch der Anfang. Eine buddhistische Beerdigung ist keine traurige Veranstaltung. Es wird auch getanzt und gelacht. Aber als wir schließlich eintrafen, waren im Haus des Verstorbenen nur noch betende Mönche. Und als man den Toten am anderen Tag kurz vor Sonnenaufgang auf einem Scheiterhaufen in den Bergen verbrannte, stand selbst Monke und Geke der Sinn vorübergehend nicht nach flüchtigem, irdischem Vergnügen. Man hatte die Leiche wie ein Neugeborenes mit hochgezogenen Knien und angewinkelten Armen auf den Scheiterhaufen gelegt. So wie er in dieses Leben gekommen war, so sollte der Mensch es auch verlassen. Das Feuer war eine gute Idee. Ohne es wären in der Eiseskälte wahrscheinlich noch mehr Leute gestorben.

Nach drei Tagen war der Elan unseres Männerausfluges verpufft. Monke drängte nach einem längeren Telefonat mit seiner Mutter, die ihr Fahrzeug offenbar vor weiterem Schaden bewahren wollte, auf eine zügige Heimkehr. Doch Geke hatte die Hoffnung noch nicht aufgegeben. »Das Thermalbad wird besser«, versicherte er. Doch auch das war zu optimistisch kalkuliert. Die Bademeisterin war zwar nicht im Geringsten schockiert, als Geke sie gleich beim Eintreffen fragte, ob ein paar Frauen für »ein bisschen Wanderehe« da seien. Doch sie konnte uns nicht helfen. Alles, was uns aus dem Wasser anstarrte, waren drei alte Männer mit roten Backen.

Erfolglose Liebes-Exkursion hin oder her: Am Schluss schaffte ich es trotzdem nicht, die erwartete Erleichterung zu empfinden, das Matriarchat wieder zu verlassen. Einige Dinge mögen gewöhnungsbedürftig sein. Wer von einem Mann erwartet, dass er unabhängig und mutig ist, Willensstärke zeigt und eine gesunde Skepsis gegenüber Körperpflege hegt, der muss umdenken. Und das mit dem Geld ist natürlich auch ein Problem. Andererseits: So groß ist das Problem auch wieder nicht. Die besten Dinge im Leben sind auch bei den Moso nicht wirklich gratis, aber ein bisschen günstiger zu haben sind sie unter Umständen schon.

Am letzten Abend vor meiner Abreise veranstaltete Lamu eine kleine Party. Geke, Monke, Lamus Schwestern und ein Dutzend ihrer Freundinnen kamen. Es gab – natürlich – jede Menge Gemüse, und aus den Lautsprechern schallten mongolische Liebeslieder. Doch irgendwann, es war schon spät, drehte Monke die Musikanlage ab, um selbst eine Gesangseinlage zu geben. Geke war der Nächste, und dann – Ausflüchte nützten nichts – war ich an der Reihe. Alle wollten etwas Schweizerisches hören. Weil mir nichts einfiel, sang ich die Schweizer Nationalhymne. Die erste Strophe mit Text, dann noch ein paar ohne. Es war eine katastrophale Vorstellung. Das Publikum war hingerissen, besonders Lamu. Monke hatte doch nicht ganz unrecht. Die Frauenherrschaft mag dazu führen, dass die Männer fünfmal eine andere Garderobe anprobieren, bis sie aus dem Haus gehen, und am Schluss nicht einmal mehr den Reifen eines Autos wechseln können. Aber warum sollten sie? Ein Lied bringt sie weiter als jeder Porsche.

*Das regelmäßige Baden in den Quellen von Ramsar macht
die Bewohner gegen hohe radioaktive Strahlung resistent.*

Unter Mutanten

Iran, November 2011

Der Befehl zur Evakuierung kam Ende Mai. Der älteste Bewohner, ein 102-jähriger Mann, brachte sich daraufhin um. Einige Monate zuvor noch war Litate, 25 Kilometer nordwestlich der Reaktoren von Fukushima gelegen, in die Liste der »100 schönsten Orte Japans« aufgenommen worden. 24 Stunden nach dem Strahlenalarm war Litate eine Geisterstadt.

Die meisten Bewohner von Litate hoffen, in zwei, drei Jahren zurückzukehren. Doch die japanische Regierung deutete schon an, dass der Ort von architekturhistorisch einmaligem Wert sehr viel länger Sperrzone bleiben könnte. Die Strahlenbelastung rund um das Dorf ist so hoch, als wenn jeder, der sich dort aufhält, alle zwölf Stunden einer Röntgenaufnahme unterzogen würde.

In der Umgebung der iranischen Stadt Ramsar am Kaspischen Meer kam es, soweit bekannt, in jüngster Zeit zu keinem Reaktorzwischenfall. Doch die Stadt ist von Natur aus einer radioaktiven Strahlenbelastung ausgesetzt, die so hoch ist, als würde jeder, der dort wohnt, nicht alle zwölf Stunden, sondern alle zwei Stunden einer Röntgenaufnahme unterzogen. Auf der Straße, im Büro, zu Hause beim Fernsehen oder im Bett. Das macht 84 Röntgenbilder pro Woche, 336 Röntgenbilder pro Monat, 4032 Röntgenbilder im Jahr. Doch Ramsar ist, soweit man hört, keine Geisterstadt und wurde bisher auch nicht zum Katastrophengebiet erklärt, sondern preist sich als Kurort an. Mit anderen Worten: ein interessantes Reiseziel.

Die Fahrt von Teheran nach Ramsar dauert fünf Stunden und führt über kurvige Straßen durch das Elburs-Gebirge, dessen höchster Berg der 5671 Meter hohe Damavand ist.

Unser Fahrer hieß Ali. Erstaunlicherweise verzichtete Ali darauf, für den Transport eine Gefahrenzulage geltend zu machen. Ali, ehemaliger Pilot der iranischen Luftwaffe, ist ein glühender Verehrer von

Mohammad Reza Schah Pahlevi, dem letzten Herrscher auf dem Pfauenthron. Das machte seine Begeisterung, ans Kaspische Meer zu kommen, nicht eben kleiner. Der Verdacht, die Mächtigen würden die Einwohner von Ramsar der Radioaktivität überlassen, kann auf jeden Fall nicht aufrechterhalten werden. Der Schah höchstpersönlich, für den es sonst in seinen Ferien nicht unter dem Suvretta-Hang in St. Moritz ging, verlieh Ramsar in den sechziger Jahren den Status eines zentralasiatischen Saint-Tropez, als er es sich zur Gewohnheit machte, dort regelmäßig den Sommer zu verbringen.

Wir stiegen im Palasthotel ab. Das Palasthotel von Ramsar beherbergte 1971 die Konferenz zur Unterzeichnung des internationalen Abkommens zum Schutz der Feuchtgebiete. Minister aus über 120 Ländern reisten an. Doch in der Zwischenzeit hat das Haus etwas an kosmopolitischer Ausstrahlung verloren. An der Rezeption sprach man außer »Passport« kein Wort Englisch. Das Hotel stand so gut wie leer, was aber offenbar keinen beunruhigenderen Grund hatte als das Ende der Sommersaison.

Später machten wir einen Ausflug an den Strand. Niemand schimmerte grün. Niemand hatte zwei Köpfe oder drei Arme. Alle Menschen sahen auf den ersten Blick normal aus. An der Promenade wurden ausgestopfte Kugelfische und Hasen verkauft. Die Leute ließen sich vor dem Sonnenuntergang auf einem Pony fotografieren, im Strandrestaurant erlabte sich die Jugend von Ramsar an Wasserpfeifen. Mit Blick auf die Wellen des Kaspischen Meers tranken wir Tee. Gleich nebenan lag ein kleiner Vergnügungspark. In regelmäßigen Abständen trug der Wind das fröhliche Geschrei der Passagiere der Achterbahn herüber. Ich schaute auf die Uhr und dachte: zwei Röntgenbilder. Aber ich war ganz offensichtlich der Einzige, dem der Aufenthalt in Ramsar ein bisschen Sorgen bereitete.

Am nächsten Morgen besichtigten wir auf Drängen von Ali als Erstes die Sommerresidenz des Schahs. Das weitläufige Anwesen erstreckte sich gleich neben dem Palasthotel. Wie in dem Ferienhaus von Reza Pahlevi in St. Moritz liegt auch in der Residenz in Ramsar die Betonung weniger auf Wohnlichkeit als auf Repräsentanz. Darauf, dass es hier neben steifen Staatsempfängen auch einmal entspannter zugegangen sein könnte, verwies höchstens die riesige, schwarze Badewanne mit Jacuzzi-Funktion, die ganz offensichtlich nicht zur Einzelbenutzung konzipiert worden war.

Persönlich, so entnahm ich Alis hagiografischen Ausführungen, war der Schah asketisch veranlagt. Er soll sich beispielsweise sein Leben lang geweigert haben, in einem Bett zu schlafen, und nahm stattdessen mit dem Boden vorlieb (wenn auch anzunehmen ist, dass zwischen dem Schah und dem Boden noch ein paar sehr teure Perserteppiche lagen). Für warme Bäder hatte er aber ein ausgesprochenes Faible.

Es gibt in und um Ramsar neun heiße Quellen. Drei davon werden als Thermalbad genutzt. Um auch in seiner eigenen Badewanne in den Genuss des Thermalwassers zu kommen, ließ der Herrscher Persiens von einer der Quellen zu seinem Sommerpalast eine vier Kilometer lange Leitung legen. Das Wasser aus den heißen Quellen von Ramsar ist reich an radioaktiven Stoffen und der Hauptgrund für die hohe Strahlenbelastung. Aber das schien schon den Schah nicht weiter zu kümmern.

Man findet auch im Internet leicht detaillierte Karten, die über die genaue Verteilung der Radioaktivität in Ramsar Auskunft geben. Ist die Strahlung allgemein von einem Niveau, das überall sonst auf der Welt die zügige Evakuierung der Bevölkerung zur Folge hätte, erreicht sie in unmittelbarer Umgebung der Thermalbäder ein Ausmaß, bei dem, wie mir ein Schweizer Physiker sagte, »ein Schutzanzug sicher nicht falsch« wäre.

Eine halbe Stunde später saß ich keine zwanzig Meter vom Eingang eines dieser Thermalbäder entfernt in einem Teehaus, von Männern umgeben, die in entspannter Stimmung Wasserpfeife rauchten und Backgammon spielten. Der Älteste von ihnen hieß Akbar, behauptete 91 zu sein, sah aber nicht älter aus als 70.

Akbar war von Beruf einst Sportlehrer gewesen. Dreißig Jahre lang leitete er das örtliche Ringerteam. Noch immer bringt er es auf 25 Liegestütze. Akbars Familie lebt seit Generationen in Ramsar. Von irgendwelchen negativen Auswirkungen der erhöhten Radioaktivität wollte er nichts wissen. Als die Regierung, aufgeschreckt durch eine wissenschaftliche Studie, in den neunziger Jahren einen halbherzigen Versuch unternahm, zumindest die Bewohner der unmittelbaren Umgebung der radioaktiven Quellen in Sicherheit zu bringen und umzusiedeln, war Akbar der Erste, der Widerstand organisierte.

In seiner Familie, so Akbar, würden alle uralt. Seine Mutter sei 97 geworden, der Vater 93. Und auch seine Tante sei erst vor zwei Tagen gestorben. »Wie alt wurde sie?« – »125.« – »125? Nein!« – »Doch.« – »Nein, nein!« – »Doch, doch. Das Beste ist, man verlässt Ramsar überhaupt so selten wie möglich. Bin ich nicht in Ramsar, fühle ich mich immer gleich viel weniger energiegeladen! Das Trinkwasser nehme ich immer von zu Hause mit.«

»Und was ist mit Krebs?« – »Krebs? Gibt es hier so gut wie nicht. Oder kennen wir jemanden, der an Krebs gestorben wäre?« Vehementes Kopfschütteln der Backgammon-Runde. »Und wie oft besuchen Sie das Thermalbad?« – »Jeden Tag. Im Winter, wenn es wirklich kalt ist, manchmal auch zweimal.« Ich dachte an die Anzahl Röntgenbilder, die Akbar im Laufe seines langen Lebens in Ramsar schon abbekommen haben musste, und kam so ungefähr auf 366 000. »Was ist mit Kindern? Haben Sie Kinder?« – »Aber natürlich! Fünf Söhne. Und alle sind auch längst Vater. Ich habe 15 Enkel.«

Zurück im Hotelzimmer las ich mich durch die Papiere, die ich vor der Abreise zum Thema Ramsar ausgedruckt hatte. So überraschend es klingen mag: Episodische Eindrücke über die gute Gesundheit und Langlebigkeit der Bewohner von Ramsar werden mittlerweile auch von der empirischen Wissenschaft gestützt. 2001 unterzog ein Team von Biologen, geleitet von der Universität Kyoto, 2000 Einwohner Ramsars umfangreichen Tests. Dabei stellte man fest, dass in Ramsar weder ein erhöhtes Krebsrisiko besteht noch eine erhöhte Gefahr, an Leukämie zu erkranken. Laborexperimente mit dem Blut der Probanden gaben Hinweise darauf, warum das so sein könnte.

Die Zellen im Blut der Einheimischen sind resistenter gegen die negativen Wirkungen von Radioaktivität als die Zellen von Menschen, die normalerweise keiner erhöhten Strahlung ausgesetzt sind. Die Ramsarer, so stellten die Wissenschaftler verwundert fest, schienen eine Immunität gegen radioaktive Strahlung entwickelt zu haben. Die Veränderung der Zellen lässt sich bis in die Genetik nachweisen. Die Bewohner von Ramsar sind also, wenn man so will, Mutanten.

Aber die Untersuchungen der japanischen Wissenschaftler brachten noch Erstaunlicheres zutage: Die anhaltend hohe Radioaktivität in Ramsar stimuliert auch die Zell-Regeneration und zelleigenen Reparaturmechanismen. Mit anderen Worten: An Radioaktivität kann man sich nicht nur gewöhnen, sie ist auch ein Anti-Aging-Programm.

Im Lichte dieser Erkenntnisse schien es mir geradezu töricht, Ramsar ohne wenigstens einen Besuch in einem seiner Thermalbäder zu verlassen. Ich funktionierte meine Pyjamahose zur Badehose um, und kurze Zeit darauf planschte ich schon im warmen Wasser. Vom Umstand, dass das Wasser blau leuchtete, als hätte jemand eine Wagenladung Brausetabletten hineingekippt, ließ ich mich nicht beunruhigen. Ewig blieb ich aber trotzdem nicht. Der Bademeister hatte mir die therapeutischen Vorzüge seiner radioaktiven Therme doch etwas zu dramatisch angepriesen. »You will have white skin, like snow, in 15 minutes«, meinte er strahlend, als er mir ein Badetuch in die Hände drückte.

Bleibt der Schah von Persien. Er starb bekanntlich mit 61 im ägyptischen Exil. An Krebs.

Ein paar Tage später in Isfahan. Abendessen mit iranischen Bekannten, ein Filmemacher und eine Verlegerin. Beide waren sie überzeugt, dass es ohne die Krebserkrankung des Schahs nicht zur Revolution gekommen wäre. Die Amerikaner hätten ihren langjährigen Verbündeten nur darum fallen lassen, weil sein baldiges Ende unausweichlich war. In dieser Situation war ihnen ein bis dahin unauffällig gebliebener Geistlicher namens Khomeini lieber als die ebenfalls an die Macht drängenden Kommunisten.

Dummerweise dankte der Geistliche die Unterstützung damit, dass er zwei Jahre später die amerikanische Botschaft in Teheran besetzen ließ und den Westen als Feindbild aller Muslime so richtig populär machte. Betrachtet man die Dinge so, stand der Krebs des Schahs von Persien nicht nur am Anfang der iranischen Revolution, sondern auch der Taliban, des Terrors und mindestens zweier Kriege. Und was stand am Anfang des Krebses? Zu viele Bäder in radioaktivem Wasser in einer schwarzen Badewanne mit Jacuzzi-Funktion in Ramsar? Die Segnungen der Radioaktivität bleiben also trotz Bleaching- und Anti-Aging-Effekt vorerst noch umstritten.

Die zwei größten mongolischen Rätsel:
Wo liegt Dschingis Khan begraben?
Und: Wie kommt man auf die Idee,
flambiertes Murmeltier sei eine Delikatesse?

Der Fluch des Dschingis Khan

Mongolei im Herbst 2006

Das mongolische Pferd (mongolisch Morj, gesprochen Mör) war so etwas wie die Atombombe des 13. Jahrhunderts, der entscheidende militärische Vorteil, der dem Verlauf der Geschichte eine neue Richtung gab. Dank ihrer Pferde eroberten die Mongolen das größte Reich, das die Geschichte je gesehen hat, größer als das römische Imperium, größer als die halbe Welt, über die die Briten einst regierten.

Körperlich gesehen ist das mongolische Pferd ein Panzer, geistig ein Buddhist. Selbst Pfeilen soll sein dichtes Fell trotzen. Sogar noch seine Schweifhaare sind robust genug, damit sie bis heute für Violinenbögen auf der ganzen Welt Verwendung finden. Und einem mongolischen Pferd auf die Nerven zu gehen ist ungefähr so schwierig wie dem Dalai Lama. Doch ein des Reitens unkundiger Tourist kann selbst das heroischste Pferd der Weltgeschichte fertigmachen.

Sonne und Horizont bildeten gerade ein perfektes Ensemble der Vergänglichkeit, als mein mongolisches Pferd unter mir zusammenbrach. Zuerst stoppte es, dann ging es mit den Vorderläufen in die Knie. Nicht übertrieben schnell. Buddhisten bleiben auch in der Erschöpfung rücksichtsvoll. Aber die Geste war unmissverständlich. Die mongolische Steppe zoomte auf mich zu wie auf Google Earth. Der aufsteigende Staub färbte die untergehende Sonne noch ein bisschen roter. Das Pferd schnaubte erleichtert. Auf dem Rücken liegend sah ich hinauf zu meinen zwei Begleitern. Sie saßen beide noch im Sattel, wenn auch vor Lachen etwas wacklig. Nicht die Musik, die Slapstick-Komödie ist die universellste Kunstform von allen.

Wir waren zu dritt auf der letzten Etappe einer Mission, deren Ziel es war, das Grab von Dschingis Khan zu finden. Meine zwei Begleiter hießen Ganbold, was »Stahl-Stahl« bedeutet, und Ganbaatar, was man mit »Stahl-Held« übersetzten kann. In der Mongolei gibt es eine breite Übereinkunft darüber, dass Namen da sind, um zu wirken. In diesem

Fall war also klar, wer das Problem sein musste. Leider war ein zusammengebrochenes Pferd nicht der erste Rückschlag, den die archäologische Laienexpedition zu verkraften hatte. Das warme Gras unter und den Abendhimmel über mir, versuchte ich mir Rechenschaft darüber abzulegen, wie viel des Scheiterns persönlichem Unvermögen und wie viel einer unrealistisch hohen Zielsetzung zuzuschreiben war. Und zu meiner Erleichterung fand ich auf der Stelle heraus, dass es Letzteres sein musste.

Die letzte Ruhestätte des Mannes, der 1162 in der hügeligen Steppe im Nordosten der heutigen Mongolei geboren wurde, von seinen Eltern den Namen Temujin erhielt, was so viel wie »Mann aus Stahl« bedeutet, und von seinem Volk den Titel »Dschingis Khan« – sie gibt seit 800 Jahren Rätsel auf. Das nicht nur aus rein historischem Interesse, es gibt auch materielle Anreize. Dschingis Khan war der Bill Gates seiner Zeit. Doch nichts von der mongolischen Welteroberung – weder all die Juwelen aus China, das Gold aus Samarkand noch die Artefakte der russisch-orthodoxen Kirche – ist jemals in einer privaten Sammlung oder in einem Museum aufgetaucht. Viele Archäologen und Historiker glauben, dass die Schätze zusammen mit Dschingis Khan vergraben wurden.

Ziemlich gesichert ist, dass Dschingis Khan 1227 im Alter von 65 Jahren starb, während eines Feldzugs in China: entweder nach einem Sturz vom Pferd oder als Folge einer Verletzung, die ihm eine Geliebte zugefügt hatte. Doch was dann geschah, über das senkt sich schnell der Nebel der Legenden. Dem mongolischen Nationalepos, der »Geheimen Geschichte der Mongolen«, im 13. Jahrhundert verfasst und während Jahrhunderten verschollen, ist das Ableben des Dschingis Khan kaum eine Zeile wert. »Er kam und vernichtete das Tang'ut-Volk, und im Schweine-Jahr (1227) stieg Dschingis Khan zum Himmel auf.«

Andere Quellen wissen zu berichten, dass der Leichnam des Khan zurück in die Gegend seiner Jugend gebracht worden sei, wo man ihn am Fuße eines Berges namens Burkhan Khaldun begraben habe. Wo genau, konnte der Nachwelt niemand überliefern, weil unglücklicherweise niemand das Begräbnis überlebte. Tausend Reiter galoppierten über das Grab, so die Legende, um alle Spuren zu verwischen. Die untergehende Sonne färbte die Staubwolke rot. Darauf töteten die tausend Reiter die zweitausend anwesenden Gefolgsleute. Dann brachten sich die Reiter selbst um. Das Blut und die Tränen sickerten in den Boden der Steppe und sorgten dafür, dass bald ein undurchdringlicher Wald das Grab bedeckte.

Dschingis Khan war erfolgreich vom Erdboden verschwunden. Doch der Mythos des Mannes, der in den Geschichtsbüchern zwischen Schöpfer der modernen Welt und Jahrtausend-Grobian oszilliert, ist so lebendig wie noch nie.

Seit der Unabhängigkeit der Mongolei 1992 hat sich ein Dschingis-Khan-Personenkult entwickelt, der den nordkoreanischen Diktator Kim Il Sung neidisch machen würde. Es gibt Dschingis-Khan-Bier, Dschingis-Khan-Parfums und Dschingis-Khan-Zigaretten. Es gibt ein Dschingis-Khan-Musical. Den Einschaltquotenrekord im Fernsehen hält nicht etwa eine Casting-Show, sondern eine Soap-Adaption der »Geheimen Geschichte der Mongolen«. Und seit 2006, dem 800. Jahrestag der mongolischen Vereinigung, steht auf dem Hauptplatz von Ulaanbaatar auch eine Statue des »Vaters des Volkes«, die es an Monumentalität ohne Weiteres mit dem Lincoln-Memorial in Washington aufnehmen kann.

Nur von seinem Grab fehlt weiterhin jede Spur. Mehrere Expeditionen haben in den letzten Jahren danach gesucht, darunter solche aus Frankreich und Japan. Es gab Geschichten von geheimnisvollen Schriftrollen in abgelegenen Höhlen und über die Standarte von Dschingis Khan, die den Schlüssel zum Rätsel enthalten solle, von den Sowjets aber schon 1937 aus einem buddhistischen Kloster entführt worden sei. Und es gab Gerüchte über einen Fluch, der den Tod von zwei französischen Archäologen verursacht habe. Die Japaner betrieben großen Aufwand, mit Helikoptern und modernstem Infrarot-Gerät. Gefunden haben aber auch sie bisher nicht viel. Und dann gab es noch einen dicken, alten Amerikaner, der auch der Grund war, warum ich, obwohl wenig dafür sprach, ein Glied in der langen Reihe der Grabjäger wurde.

Angefangen hatte alles mit dem Auftrag einer Schweizer Sonntagszeitung. Man habe von einem Mann in Chicago gelesen, der sich seit Jahrzehnten der Suche des Grabes von Dschingis Khan verschrieben habe. Ob ich darüber nicht schreiben wolle. Warum nicht, dachte ich.

Und so fand ich mich einige Tage später in einem noblen Vorort am Lake Michigan wieder.

Highland Hills, manikürte Rasenflächen und Gartenzäune, so weiß, als würden sie täglich gewaschen, lag 20 Flugstunden von Ulaanbaatar, der Hauptstadt der Mongolei, entfernt. Doch im Kopf von Maury Kravitz begannen die wilden, staubigen Steppen Zentralasiens gleich hinter der schweren Tür zu seiner Bibliothek. Es war ein Sonntagmorgen, aber irgendwie sah es schon wieder aus wie Abend. Draußen trieb der Wind Frühlingsregen durch die Gegend. Drinnen waren alle Lichter an. Maury Kravitz wirkte bereits müde. Er saß in einem Sessel und sagte mit matter Stimme: »Die Lösung eines der größten archäologischen Rätsel der Geschichte, sie ist in diesem Raum.«

Dann wurde er so lange von einem heftigen Husten geschüttelt, bis seine Frau Mona in der Tür erschien. »Alles in Ordnung mit dir, Maury?« Kravitz' Kopf war rot angelaufen, und sein Hals schwoll an wie ein Feuerwehrschlauch.

Kravitz war 75 Jahre alt. Er konnte auf das zurückschauen, was man ein erfolgreiches Leben nennt. Der Sohn jüdischer Einwanderer aus Russland, die zu arm waren, um ihm ein Fahrrad zu kaufen, brachte es als Devisenhändler zu einem Vermögen. Er hatte seine Enkelkinder wachsen sehen. Ihre Spielzeuge lagen im ganzen Haus verstreut. Sein Garten war kein Garten, sondern ein Park, und sein Wochenenddomizil war eine 15-Meter-Jacht auf dem Lake Michigan. Kravitz war ein Sieger. Nicht der geborene Sieger, wie er sagte. Aber er hatte schon früh gemerkt, dass jeder ein Sieger werden kann, der hart arbeitet, ein Ziel im Auge behält und sich mit denen identifiziert, die auch immer siegen. Kravitz war noch nie für die Underdogs, die sich freiwillig verprügeln lassen. Seine Helden waren Männer wie die Afrika-Entdecker Livingstone und Stanley, Männer, die ihr Schicksal in die eigenen Hände nahmen, aber auch David Ben Gurion, weil der sich eines Tages entschloss, nie mehr Opfer zu sein.

Aber sein größter Held war der Mann, den Kravitz für so etwas wie den Gott der Sieger hält: Dschingis Khan. Seit vier Jahrzehnten war es Kravitz' Lebenstraum, sein Grab zu finden. Über 5 Millionen Dollar hatte er für die Suche schon ausgegeben. Zwanzigmal ist Kravitz schon in die Mongolei gereist. Zeitweise beschäftigte er fünfzig Leute. Er ließ tonnenweise Ausrüstung rund um den Globus verfrachten. Hollywood hat angeblich auch schon angerufen und sich nach den Filmrechten erkundigt. Man hält ihn dort für so etwas wie die reale Inkarnation von Steven Spielbergs Actionheld Indiana Jones.

Doch jetzt war Kravitz krank. Er legte nach jedem Satz eine Pause ein. Sein Gesicht sah aus wie ein Steinbruch. Er wusste nicht, wie lange er noch die Kraft zum Weitermachen haben würde. Er wirkte nicht wie Indiana Jones – oder wenn, dann höchstens wie ein Indiana Jones im Ruhestand. »Ich habe nicht mehr viel Zeit«, sagte er. Und dann kam wieder dieser Husten. Der Regen am Lake Michigan war jetzt stärker geworden. Er prasselte gegen die Fenster der Bibliothek. Kravitz' Frau hatte das Kaminfeuer angemacht. »Zugegeben, am Anfang haben wir vieles unterschätzt«, sagte Kravitz.

Der dicke Amerikaner war zu Beginn seiner Feldforschung in Zentralasien vollkommen unbelastet von jedem wissenschaftlichen Hintergrund. In einem Zelt übernachtet hatte er das letzte Mal bei den Pfadfindern. Und seine Vorstellung von Wildnis war geprägt von einem Aufenthalt in einer 5-Sterne-Jagd-Lodge in Colorado. Seine erste Expedition in die Mongolei endete dann auch schon 20 Kilometer außerhalb der Hauptstadt, nachdem sein Konvoi im Schlamm stecken geblieben war.

Doch im nächsten Sommer war er zurück, diesmal ausgerüstet. Mit Gummistiefeln, Zelten, die eine Mount-Everest-Expedition überstanden hätten, und mit fünf fabrikneuen Hummer-Jeeps. Doch diesmal stoppte ihn ein PR-Debakel. Sein paramilitärischer Konvoi konnte in Ulaanbaatar natürlich nicht lange unbeachtet bleiben. Und die Begeisterung darüber hielt sich in Grenzen. Der oberste Schamane des Landes geißelte Kravitz als Schänder eines Nationalheiligtums. Und von der wissenschaftlichen Gemeinde konnte er sich auch keinen Beistand erhoffen. Ein Hobby-Archäologe, der es wagte, eine der prestigeträchtigsten Trophäen der Geschichte ins Auge zu fassen – für den war nur noch stumme Verachtung gut genug.

»Hast du es warm genug, Maury?«, fragte seine Frau, die lautlos zur Tür hereingekommen war. Maury bejahte. Seine Frau legte ihm trotzdem eine Decke über die Knie. Kravitz sah jetzt nicht mehr aus wie ein Indiana Jones im Ruhestand, sondern wie ein Indiana Jones im Altersheim. »Damals dachte ich wirklich: Das war's«, sagte er. Doch dann stellte sich Kravitz die Frage, die er sich seit vierzig Jahren immer stellt, wenn das Leben ihn in die Defensive drängt: Was hätte Dschingis Khan getan? Und die Antwort ist seit vierzig Jahren immer dieselbe: »Aufgeben? Niemals!«

Kravitz war angeschlagen, aber nicht ausgezählt. Zuerst einmal setzte er eine Pressekonferenz an. Dort gelobte er hochheilig, nichts von Dschingis Khans Schätzen anzurühren. Er wolle nur wissen, wo der größte Mann der mongolischen Geschichte begraben liege. Dann bat er um eine Audienz beim Premierminister. Und anschließend machte er seine Aufwartung bei der mongolischen Akademie der Wissenschaften. Das wirkte. Und so begann er endlich zu graben.

Näher an die Lösung des Geheimnisses kam er deshalb nicht. Nach zehn Jahren und fünf verschiedenen Grabungsorten musste er sich eingestehen, noch immer keine große Ahnung zu haben, wo sich das Grab von Dschingis Khan befand. Kravitz kannte die Quellenlage. Er konnte ganze Passagen der »Geheimen Geschichte der Mongolen« frei rezitieren. Er hatte in griechischen Klöstern Bücher studiert, die so alt waren, dass das Papier sich aufzulösen begann. Und im Palast eines indischen Moguls will er Schriftstücke gesehen haben, die vor ihm noch kein Mensch aus dem Westen gesehen hat.

Alles vergebens. »Es lief immer wieder auf diesen Berg hinaus, den Burkhan Khaldun«, sagte Kravitz. »Doch damit hat man allerhöchstens den Heuhaufen und nicht einmal annähernd die Nadel.« Es war eine stürmische Nacht im letzten Winter, als der Heuhaufen schlagartig kleiner wurde.

Kravitz konnte wieder einmal nicht schlafen, und er tat, was er in solchen Fällen meistens tat – er ging in die Bibliothek. Dort nahm er wahllos ein Buch aus dem Regal. Es waren die Notizen eines französischen Jesuiten, der im 15. Jahrhundert die Mongolei bereiste. Er schlug das Buch irgendwo auf und las. Die Stelle beschrieb, wie der junge Temujin eines Morgens nach einem Ort suchte, an dem er den Feind in eine Schlacht verwickeln wollte. Dem Feind sollte die Sonne ins Gesicht scheinen. Und er selbst wollte den Burkhan Khaldun über der rechten Schulter wissen.

Schließlich fand er einen geeigneten Ort, und es sollte eine seiner glorreichsten Schlachten werden – die, die aus Temujin Dschingis Khan machte. Nach dem Kampf sagte Temujin, dass dieser Platz für immer sein Lieblingsplatz bleibe. Das Schlachtfeld befindet sich an der Stelle, wo ein Fluss namens Herlen in einen Fluss namens Burchi fließt. Von mehr war da nicht die Rede. Doch als Kravitz, stehend im Pyjama, die Stelle wieder und wieder las, war ihm, als wäre in der Dunkelheit von 800 Jahren Geschichte eine Flutlichtanlage angegangen. Er musste sich mit einer Hand am Bücherregal festhalten. Der Pathos des Augenblicks ließ ihn schwindlig werden. »Das war's! Ich wusste mit aller Gewissheit, das war der Ort, wo er begraben lag.«

Es war spät geworden. Das Feuer im Kamin in Kravitz' Bibliothek war längst zu Glut zerfallen. Kravitz schwieg. Ich hörte nichts als seinen rasselnden Atem. Nach einer halben Ewigkeit sagte er: »Tja, und jetzt bin ich wohl zu alt und zu krank für eine weitere Expedition«. Die Monate, die seit seiner Erleuchtung vergangen waren, hatten seine Gewissheit zwar wieder etwas aufgeweicht, aber keineswegs zerstören können.

Tja, und dann, ich weiß bis heute nicht wirklich warum, hatte Kravitz die Idee, ich könnte ja vielleicht für ihn nachschauen gehen, zumindest ob die Sache mit dem Berg und der Sonne im Rücken einigermaßen stimmen könnte. Für eine archäologische Expedition prädestinierte mich ungefähr so viel wie für eine Reise zum Mond, und über die Mongolei wusste ich nicht mehr als das, was Kravitz mir in den letzten Stunden erzählt hatte. Außerdem war ich mir ziemlich sicher, dass Reiten – eine Form der Fortbewegung, mit der ich nur rudimentär vertraut war – auf einem Abstecher in die mongolische Wildnis eine tragende Rolle spielen würde. Aber wer kann einem kranken, alten Mann schon einen Wunsch abschlagen?

Auf dem Kommunismus und seinem Erbe herumzutrampeln ist mittlerweile ja nicht mehr besonders originell. Was dem real existierenden Sozialismus neben der Aushöhlung der Freiheit aber gar nicht lange genug angekreidet werden kann, sind die ästhetischen Verbrechen, die in seinem Namen begangen wurden. Denn im Gegensatz zu den stalinistischen Gulags existiert die sowjetische Verschandelung der Welt noch immer.

Ulaanbaatar, die Hauptstadt der Mongolei und bis vor 20 Jahren ebenfalls noch dem kommunistischen Architektur-Despotismus unterworfen, ist dafür ein gutes Beispiel. Endlose Reihen von Plattenbauten, die so lieblich in der Gegend stehen wie überdimensionierte Grabsteine. Und dazwischen schnurgerade Straßenschneisen und überdimensionierte Plätze, auf denen alles andere als Militärparaden vollkommen lächerlich aussieht. Ulaanbaatar ist eine Stadt, in der einen sofort das Gefühl von tiefer Verlorenheit überfällt. Es trifft sich daher gut, dass die Mongolen nicht nur die Architektur, sondern auch den Hang zum exzessiven Trinken von den Russen übernommen haben.

Nach dem vierten Bier in einer der schätzungsweise hundert Kneipen, die auf die eine oder andere Art Dschings Khan in ihrem Namen würdigten (»Zum goldenen Dschings«, »Zum lachenden Dschings«, »Die Dschings Khan Taverne« usw.), hellte sich meine Stimmung langsam wieder auf. Ich saß mit Gantulga (»Herz aus Stahl«), einem Fahrer, den ich im Hotel aufgabelt hatte, über eine Karte gebeugt und zeigte ihm, wo es hingehen sollte.

Was der Grund des Ausflugs war, ließ ich im Dunkeln. Ich hatte Kravitz versprochen, die Sache diskret zu behandeln. Nicht, weil Gantulga danach gefragt hätte. Ihn interessierte mehr, dass es auf dem Weg zu meinem Ziel nur bis zur Hälfte eine Straße gab, deren Darstellung auf der Karte als »Autobahn« zudem weitgehend als Fiktion zu verstehen war oder allenfalls gewisse Absichtserklärungen der Straßenbaubehörde widerspiegelte. Gantulga schlug daher vor, in die andere Richtung zu fahren.

»This way, very comfortabe road.« Und: »Mongolia, everywhere the same.«

Ich schüttelte den Kopf und klopfte mit dem Finger noch einmal auf mein Ziel. Gantulga schaute mich gequält an. Dann hatte er eine Idee. Er verdoppelte den Preis. Ich hatte nichts dagegen. Gantulga strahlte. Es ist wirklich eine Schande, dass die Mongolei die freie Marktwirtschaft erst seit zwanzig Jahren kennt. Auch die Marktwirtschaft garantiert kein

Glück, aber es ist mit ihr wahrscheinlicher, dass man es früher oder später zumindest einmal streift.

Am nächsten Morgen fuhren wir los. Hat man die sozialistische Imponierkulisse von Ulaanbaatar einmal hinter sich gelassen, wird es besser. Doch Gantulga hatte recht: Die Mongolei ist tatsächlich überall dasselbe, zumindest in dem Überall, das wir in den nächsten Tagen durchfahren sollten. Die Mongolei sieht im Grunde aus wie ein endloser Golfplatz. Kurzes Gras und sanfte Hügel in alle Richtungen. Man hält unweigerlich immer wieder nach irgendwelchen Fahnen Ausschau, die Greens und die Löcher markieren. Besonders spannend ist die Gegend in dem Sinne nicht. Aber Gantulga hatte vorgesorgt und zur Unterhaltung einen ganzen Stapel Musikkassetten eingepackt. Leider erwiesen sich diese als die erste Herausforderung bei der Begegnung mit der mongolischen Folklore.

Mongolische Musik ist für den ungeübten Zuhörer Folter. Das tragende Element ist eine Singstimme, die sich anhört wie die Aufnahme einer Katze, die einer sehr qualvollen Behandlung unterzogen wird, sodass sie endlos quietscht oder kreischt, nur rückwärts abgespielt und in halber Geschwindigkeit. Ich hielt fünf Kassetten durch. Dann war mein Gleichmut aufgebraucht und ich erhob auf möglichst diplomatische Weise Einspruch.

Gantulgas Antwort war das Lied »Dschingis Khan«, der deutsche Beitrag zum Eurovision Song Contest von 1979. Das Musikstück der gleichnamigen Band erfreut sich, wenig erstaunlich, in der Mongolei bis heute anhaltender Beliebtheit. Der Refrain ging: »Ha! Ho! Ha!«. Das verstand auch in der Mongolei jeder und auch Gantulga stimmte sofort begeistert mit ein. Der Rest des deutschen Textes schien an den Zuhörern aber vorbeizugehen.

Eine Zeile lautet: »Und er zeugte sieben Kinder in einer Nacht«. Als ich das übersetzte, war Gantulga empört. »Das singen die da?!«, rief er und stellte den Kassettenrekorder aus Protest gleich einmal ab. »Das waren viel mehr! Es waren hundert in einer Nacht!« – »Wirklich?«, fragte ich nachsichtig, immerhin ging es hier um ein Nationalheiligtum. »Aber wie hat er das denn geschafft?« – »Fleisch, viel Murmeltierfleisch«, sagte Gantulga. Womit wir nach der Musik bei der nächsten mongolischen Vorliebe waren, die zwischen mir und Gantulga in den nächsten Tagen zu Friktionen führen sollte.

Dass Mongolen nicht die gleiche emotionale Bindung zu Murmeltieren pflegen wie Schweizer, dämmerte mir bereits im Supermarkt in Ulaanbaatar. In der Schweizer Psyche sind Murmeltiere ungefähr in derselben Kategorie angesiedelt wie Heidi. Murmeltiere werden in der Schweiz auch »Murmeli« genannt. Sie sind die gewitzten Protagonisten einer idealtypischen Alpenwelt und werden, wenn man ihrer beim Nationalsport Wandern tatsächlich ansichtig wird, mit Bekundungen des Entzückens begrüßt und mit entsprechender Schonung behandelt. In der Mongolei behandelt man Murmeltiere so, dass sie nachher in eine Tube, Dose oder Schachtel passen. Es gibt ganze Regale voll mit Murmeltier-Produkten, von Öl bis Leder. Und damit ist noch nichts über die prominente Rolle der Murmeltiere in der mongolischen Küche gesagt.

Den ersten Stopp zur Murmeltierjagd legte Gantulga nach drei Stunden ein. Mit dem Gewehr in der Hand stürmte er über den nächsten Hügel. Es waren Schüsse zu hören und fünf Minuten später war er wieder da, in der einen Hand ein ganzes Bündel Murmeltiere. In der Schweiz lernt jedes Schulkind, dass Murmeltiere ein ausgeklügeltes Frühwarnsystem unterhalten und Meister des Versteckens sind. Aber zumindest der mongolische Zweig schien mir so ausgeklügelt nicht zu sein. Die fünf toten Murmeltiere landeten auf dem Rücksitz. »Lunch«, sagte Gantulga vergnügt, während er den Motor wieder anließ.

Ich beschloss, die Murmeltierjagd zu tolerieren. Den Verzehr wollte ich mir aber nach Möglichkeit ersparen, weniger aus Sentimentalität, mehr aus gesundheitlichen Gründen. Aus Rache dafür, dass man sie nicht in Ruhe lässt, übertragen die mongolischen Murmeltiere die Pest. Laut dem Lonely Planet ist die Chance dafür zwischen August und Oktober am geringsten. Jetzt war Juni. Doch leider ließ sich der Vorsatz nicht lange durchhalten.

Die Mongolei ist ein einsames Land. Auf einen Quadratkilometer kommen zwei Einwohner. (In Paris sind es 10 000 Mal so viele.) Das heißt: Will man zur Abwechslung einmal jemandem über den Weg laufen, ist ein Fernglas nicht die schlechteste Idee. Besucher werden andererseits geradezu euphorisch empfangen, seien sie einem auch vollkommen unbekannt und der Landessprache nicht mächtig. Als wir an der ersten einsamen Nomadensiedlung vorbeifuhren, stürmten die Bewohner aus der Jurte, als wäre Gantulgas verbeulter Suzuki-Jeep die Arche Noah. Gantulga versuchte zwar zu entkommen. »This people too much friendly«, sagte er, leichte Panik mit einem Lächeln überspielend, den Fuß energisch auf dem Gaspedal. Doch da die »Autobahn« bereits nur noch auf der Karte existierte, die auf meinen Knien lag, und der Suzuki sich gerade über einen sehr holprigen Feldweg quälte, war der Fluchtversuch zu Ende, als die ersten Kinder lachend auf die Kühlerhaube stiegen.

Und so saßen wir kurz Zeit darauf, umringt von rotbackigen Nomaden, in Geiselhaft, die gar nicht so schlecht zu ertragen gewesen wäre, hätte die Begeisterung über die unerwarteten Besucher das Familienoberhaupt nicht dazu animiert, den ganzen Vorrat an Murmeltierfleisch auf den Grill zu werfen. Das heißt: Grill war etwas übertrieben. Das Murmeltier-Barbecue, muss man wissen, ist ein noch abenteuerlicherer Genuss als eh schon befürchtet, weil die Murmeltiere à la Mongolia nicht gegrillt, sondern mit einem Lötkolben zubereitet werden. Als dem Gast, der offensichtlich die größten Mühen auf sich genommen hatte, um den Weg hierher zu finden, war es an mir, mit dem Essen zu beginnen.

Ich schaute auf das Stück, das auf meinem Blechteller lag. Es war auf der einen Seite schwarz verkohlt und bestand auf der anderen Seite aus grünlich schimmerndem Fett. Murmeltier schmeckt grauenhaft. Ich nickte begeistert in die Runde und versuchte angestrengt an etwas anderes als Murmeltierfleisch zu denken, während ich das Stück Murmeltierfleisch im Mund hin- und herschob. Immerhin Juni, dachte ich. Ende Juni. Nur 30 Tage bis August. Sicher schon weniger riskant als Januar. Doch auf der Weiterfahrt erzählte Gantulga, dass Murmeltierfleisch leicht vergammelt am besten schmeckte, weshalb man es vor dem Essen ein paar Monate lagerte.

Inspiriert von den nomadischen Wurzeln der mongolischen Bevölkerung, hatte ich für die Reise ein geräumiges Zelt gekauft und wollte es, in einem Anflug von Naturromantik, auch zum Einsatz kommen lassen. Gantulga, der sonst keine Gelegenheit ausließ, auf seine direkte

Abstammung von den genügsamen Reitern der Steppe zu verweisen, hatte das Zelt von Anfang an mit Argwohn beäugt. »Das brauchen wir nicht. In der Mongolei gibt es überall moderne Hotels«, meinte er, als ich es ins Auto lud. Aber ich blieb dabei.

Die Mongolei wird auch als »Land des ewigen blauen Himmels« bezeichnet. Und genau unter so einem Himmel stand unser Zelt am ersten Abend. Rollende, grüne Hügel in alle Richtungen. Das Gelb des Zeltes machte sich wunderbar. »Ah, ist das nicht schön«, sagte ich, nachdem wir es ohne größere Probleme aufgestellt hatten. Das Bier aus der Kühltasche war richtig kalt. Erstmals schien mir der Ausflug in die Mongolei gar keine so schlechte Idee gewesen zu sein. Sogar Gantulga murmelte etwas Beipflichtendes, während er sich am Motor zu schaffen machte. Doch allzu lange dauerte unsere Freude über das freie und ungebundene Nomadenleben nicht.

Es war, als hätten die Wolken alle hinter der nächsten Anhöhe gelauert, um einen Überraschungsangriff zu lancieren. Ein Windstoß aus dem Nichts riss das halbe Zelt weg. Okay, bei der Verankerung mussten beim Aufstellen wegen des sehr harten und trockenen Bodens einige Kompromisse eingegangen werden. Ich versuchte die Lage in den Griff zu bekommen. Doch zwei Minuten später prasselten Hagelkörner in der Größe von Handgranaten nieder, was einen Rückzug ins Auto leider unausweichlich machte. Gantulga stellte die Scheibenwischer an. Meinetwegen wäre das nicht nötig gewesen. So genau musste ich auch nicht mitansehen, wie der Hagel mein schönes, neues Zelt auseinandernahm.

Nach einer ziemlich langen Irrfahrt, von einer Straße war nun leider gar nichts mehr zu sehen, trafen wir im letzten Licht des Tages auf eine Jurte. Wieder wurden wir von den Bewohnern frenetisch empfangen. Es war ein Wunder, dass nicht auf der Stelle ein Hausaltar für uns errichtet wurde. Das Murmeltier-Festmenü konnte Gantulga mit vielen Worten und Gesten zwar ganz knapp noch abwenden. Doch ohne Übernachtung von hier wieder wegzukommen war illusorisch.

Mongolen, offenbar als Reaktion auf ein Zuviel an sozialer Distanziertheit im täglichen Leben, schlafen gerne auf engem Raum zusammen. Der Familienclan bestand ungefähr aus einem Dutzend Leuten, deren Schlafzimmer für alle dieselbe Jurte war. Gantulga wurde, nachdem auch der Letzte des Zuprostens mit Airak, der vergorenen Stutenmilch, endlich müde geworden war, auf der Männerseite der Jurte eingequetscht. Mir wurde als Ehrengast als Einzigem ein Stück Privatheit aufgedrängt: eine verrostete Blechkiste vor dem Eingang. Der Regen trommelte die ganze Nacht hämisch darauf herum. Offenbar ist auch die Natur nicht davor gefeit, beim Ausschlachten ihrer Triumphe manchmal ein bisschen zu übertreiben.

Am anderen Morgen regnete es noch immer, wenn auch weniger stark. Die Landschaft sah jetzt nur noch entfernt wie ein Golfplatz aus. Gantulga wirkte etwas übernächtigt. Seine Frisur, ansonsten in Stein gemeißelt, wirkte, als hätte er in eine Steckdose gefasst. Im Rückspiegel des Autos versuchte er sie zu ordnen. »Too much friendly, this family«, sagte er. Als wir losfuhren, versammelte sich die freundliche Nomadenfamilie winkend vor dem Zelt, und die Kinder rannten in gelben Gummistiefeln neben dem Suzuki her, bis wir vor der ersten Flussüberquerung standen.

Flüsse waren bisher kein Thema gewesen, und ich hätte in der Steppe auch nicht unbedingt damit gerechnet. Doch was wusste ich schon. Wie ich jetzt erfuhr, konnte eine Nacht Regen den schönen Golfplatz in eine Schlammwüste verwandeln, durch den sich plötzlich tosende Flüsse wanden. Gantulga blieb vorerst gelassen und vertraute im Kampf gegen die Naturgewalten auf die japanische Technologie. Mit dem Suzuki hätten wir nichts zu befürchten, versicherte er. Doch noch mehr als auf den Suzuki vertraute er auf seine Fahrkünste. Seine Strategie bei der Durchquerung der zahllosen Wasseradern hieß: möglichst hohes Tempo. Verschwand die Straße vor uns unter einem Fluss oder einem kleinen See, war das für Gantulga das Signal, einen Gang runterzuschalten und wie blöd aufs Gaspedal zu treten. Die Tempo-Strategie ging eine ganze Weile gut. Dann nicht mehr.

Das Problem bestand vor allem darin, dass sich vor den Flussüberquerungen die flächenmäßige Ausdehnung der Gewässer, nicht aber ihre Tiefe abschätzen ließ. Gantulga war zwar offensichtlich davon überzeugt, dass unser Suzuki auch als U-Boot verwendet werden könnte. Die Gelegenheit, diese Annahme auch dem Praxistest zu unterziehen, hatten wir hingegen nicht. Denn unsere Trans-Mongolian-Ralley kam

157

schon vorher zum Stillstand. Und bedauerlicherweise nicht vor oder nach einem Fluss, sondern mittendrin.

Mindestens zwanzig Flüsse von zum Teil amazonasmäßigen Ausmaßen hatten wir an diesem Tag schon erfolgreich durchquert. Doch dieser war definitiv zu tief. Wir blieben stecken. Gantulga drückte nochmal voll aufs Gas. Doch der Motor antwortete nur mit einem tiefen Gurgeln, um seinen Dienst dann ganz aufzugeben.

Gantulga reagierte wie jeder, dessen Weltbild gerade in den Grundfesten erschüttert wurde, zuerst einmal mit Unglauben. »Not possible«, stammelte er und drehte den Zündschlüssel hin und her. Die Geräusche aus dem Getriebe hörten sich wie Lacher an. Ich schaute seitwärts zum Fenster hinaus. Das Wasser stand einen Zentimeter unter der Scheibe. Es hatte die Farbe von Zement.

Wie Flüsse so sind, nahm auch dieser Fluss den neuen Gegenstand mit großer Selbstverständlichkeit auf. Eine ganze Weile saßen Gantulga und ich schweigend nebeneinander und hörten zu, wie die Wassermassen den Suzuki umflossen, als hätten sie das schon seit 1000 Jahren so gemacht. Und es war klar, dass sie das auch noch weitere 1000 Jahre so tun würden, ohne zu murren.

Doch nach einer kurzen Phase der Lethargie beschlossen wir, es nicht so weit kommen zu lassen. Der weiteren Motivation dazu bedurfte es kaum. Das leichte, aber deutliche Kippen unseres Fahrzeugs, begleitet von einem quietschenden Geräusch der Karosserie, verlieh dem Rettungsversuch dann doch noch etwas mehr Dynamik. In null Komma nichts waren wir durch die Seitenfenster aufs Dach geklettert. Dort berieten wir über Optionen. Aber auch die optimistischste Lagebeurteilung förderte leider nur eine einzige Option zu Tage: schwimmen. Da tauchten Hans und Ulrich auf.

Hans und Ulrich kamen aus der Schweiz. Sie hatten die ganze Strecke von Luzern in die Mongolei auf dem Landweg bewältigt. Und es ist schwer zu sagen, was das Schicksal dazu bewogen hatte, sie genau jetzt am Ufer eines Flusses erscheinen zu lassen, in dessen Mitte sich zwei schlotternde Gestalten an eine kleine Insel aus Blech klammerten, auf der sie mit wachsender Beunruhigung darüber nachdachten, wie sich ihre Leben wieder aus dieser Sackgasse manövrieren ließe. Es wurde aber ziemlich schnell klar, dass das Schicksal, wie meistens, das nicht ganz gratis organisiert hatte.

Hans und Ulrich waren nicht in einem verbeulten Suzuki-Jeep unterwegs. Ihr Fahrzeug war eine Art vollgeländegängiger Reisebus. Die Reifen waren groß wie Rettungsboote. Auf dem Dach gab es Sonnenreflektoren und eine Satellitenschüssel. Und am mächtigen Kühlergrill war eine Seilwinde befestigt. Mit der halfen uns Hans und Ulrich im Nu aus dem Fluss. Sogar einen Taucheranzug, der über den Kleidern getragen werden konnte, hatte Hans sofort zur Hand, um damit, ohne nass zu werden, in den Fluss zu steigen und das Drahtseil am Suzuki zu befestigen. Die zwei wollten bis zum Baikalsee, wo der touristische Eroberungsfeldzug dann auch unter Wasser weitergehen sollte.

Doch die Rettung hatte, wie gesagt, ein Preisschild. Kaum wieder auf festem Boden, wurde unserem Selbstwertgefühl die Rechnung ausgestellt. »Das ist doch fahrlässig, mit so einem Spielzeugauto hier herumzufahren. Dumm ist das«, meinte Hans. Und Ulrich schüttelte, um uns die Sache noch ein bisschen länger aufs Brot zu schmieren, nur wortlos den Kopf, um dann dem Suzuki, der neben dem Monstrum von Geländewagen tatsächlich wie ein Spielzeug aussah, einen sarkastischen Blick zuzuwerfen. »Das hier ist nicht die Schweiz«, sagte Hans vorwurfsvoll, »das ist die Wildnis. Da sollte man schon wissen, was man macht.«

Vor lauter Scham getraute sich Gantulga nicht mehr von der Stelle. Und ich wusste auch nicht genau, was ich sagen sollte. In einer Steppe als Schiffbrüchige zu enden, war sicher keine Meisterleistung. Es blieb die Hoffnung, die zwei tugendhaften Schweizer schnell wieder loszuwerden. Doch diese Hoffnung erfüllte sich leider nicht. Nachdem sie mit ihrer Standpauke fertig waren, luden sie uns zu einem Bier ein. Eine Geste, die wir, nachdem wir von ihnen gerade aus den reißenden Fluten gerettet worden waren, kaum ausschlagen konnten. Das Wohnzimmer im Allzweck-Bus war schön warm. Doch das Zusammensein wurde dadurch nicht angenehmer.

Zuerst mussten sich Gantulga und ich die gesammelten Heldentaten anhören, die unsere Schweizer auf dem Weg hierher begangen hatten und die in erster Linie darin bestanden, schließlich nur die Hälfte der ursprünglich geforderten Preise gezahlt zu haben. »Nicht mit uns!«, rief Ulrich in Erinnerung an einen Teppichhändler im Iran, den man offenbar vor einem größeren Betrugsversuch bewahrt hatte. Und dann nahm das Gespräch eine noch quälendere Wendung. Es folgte eine Litanei von Abenteuertouristen über Abenteuertouristen. »In Taschkent war ich ja schon, als das noch kein Mensch kannte«, meinte Hans zum Beispiel. »Aber heute? Ach, heute ist das ja ein richtiges Touristennest. Überall diese ultrateuren Wahnsinns-Geländewagen. Ich weiß nicht, ob ich das gut finde.« Doch weil die Schweizer kein zweites Bier herausrücken wollten, fand das Zusammensitzen zum Glück irgendwann ein Ende. Wir schauten zu, wie Hans und Ulrich den Fluss passierten. Es sah aus, als fahre ihr Geländewagen durch eine Pfütze.

Als wir zwei Tage später in einem Dorf aus einstöckigen Holzhütten namens Dadal eintrafen, trennten sich die Wege von Gantulga und mir. Die Straße war hier zu Ende. Der Rest konnte offenbar nur mit dem Pferd bewältigt werden. Gantulga Adieu sagen zu müssen war einerseits traurig, andererseits nicht so schlimm. Das Klima im Suzuki war am Schluss nur noch bei offenem Fester zu ertragen gewesen. Gantulga war ein geübter Schütze. Nach regelmäßigen Jagdausflügen nahm das Murmeltierlager den ganzen Rücksitz und Teile des Fußraums in Beschlag. Und dank der Temperaturen, die während des Tages durchaus sommerlich hoch werden konnten, war der Prozess der Verwesung in vollem Gange. In den Tagen darauf gab es dann jede Menge frische Luft zum Atmen. Trotzdem waren die Erinnerungen an den Transport im Suzuki bald von Wehmut geprägt.

Dadal und seine Umgebung gelten als die Heimat von Dschingis Khan. Hier soll er geboren worden sein. Eigentlich hätte man nach dem Dschingis-Khan-Hype von Ulaanbaatar ja erwartet, dass dieser Umstand sich in einer gewissen Ahnenverehrung niederschlagen würde, den kommerziellen Gedanken inklusive. Mich hätte es auf jeden Fall nicht überrascht, hier gleich die Ankündigung für Freilichtspiele zu lesen, bei denen die großen Schlachten nachgespielt wurden, oder von Gantulga als Erstes auf das Karussell im Dschingis-Khan-Themenpark oder wenigstens zu den verstauben Vitrinen im Dschingis-Khan-Museum geschleppt zu werden.

Aber in Dadal zeugte nichts von dem berühmten Sohn. Es war nicht mal ein Denkmal für ihn zu finden. Doch dann kam mir in den Sinn: Nachdem es schon keinen Grabstein gab, war das womöglich Ausdruck einzig wahrer Traditionsverbundenheit. »Wir brauchen kein Denkmal für Dschingis Khan. Dschingis Khans Denkmal steht in unseren Herzen« – dies oder so etwas in der Art hätten die edlen Nachkommen des Welteroberers mit geblähter Brust womöglich verkündet. Und es befielen mich für ein paar Augenblicke fast ein bisschen Skrupel, wenn ich an den Auftrag meiner Reise dachte. Doch die Skrupel wurden bald von praktischen Überlegungen über das Weiterkommen verdrängt.

Ich bin schon geritten. Aber das war eher so die Art Reiten, die das Ergebnis von zu viel Langeweile in Badeferien ist. Mit Mongolen zu reiten ist allerdings ungefähr so, wie mit Äthiopiern joggen zu gehen oder mit Sherpas zum Wandern. Die Strecke von Dadal bis zu dem Ort, den mir Kravitz auf einer Karte von Kümmerly und Frey angezeichnet hatte, betrug nach meiner Schätzung ungefähr 200 Kilometer. Ganbold und Ganbaatar meinten, das seien zwei Tagesritte.

Die Gnade der Unwissenheit verschonte mich davor, dass mich diese Einschätzung alarmierte. Was mich für den restlichen Verlauf unserer Dschingis-Khan-Expedition aber auf der Stelle skeptisch stimmte, war das, was als mein Sattel vorgesehen war. Er bestand aus einem Drahtgestänge, das aussah, als hätte es seinen früheren Verwendungszweck im Innern eines Sofas gefunden, und zwar seit den Zeiten, als Marco Polo hier vorbeikam, denn es war ziemlich rostig. Ohne Stoff und Polster sah das Ganze ausgesprochen feindselig aus.

»Nein, nein, das ist noch nicht der ganze Sattel«, sagte der Mann, der mir ein Pferd vermietete. »Das wäre natürlich viel zu hart«, meinte er mit einem verständnisvollen Gesicht. Dann schaffte er die Polsterung herbei. Ein zusammengefalteter Regenmantel aus alten russischen Armeebeständen. Der Regenmantel war offensichtlich mit dem Ziel entwickelt worden, beim Packen maximalen Platz zu sparen. Spätestens jetzt wurde mir klar: Das könnte entbehrungsreicher werden. Und die dunkle Ahnung wurde schnell zur Gewissheit.

Die Möglichkeiten des verbalen Austausches zwischen Ganbold, Ganbaatar und mir waren limitiert. Unser gemeinsamer Wortschatz beschränkte sich auf drei Worte. »Usan« für Wasser, »uguy« für Nein und »Morj« für Pferd. Unser Ritt vollzog sich daher größtenteils in Schweigen, was ich nicht nur als angenehm männlich, sondern der weiten, leeren Landschaft und dem pathetischen Ziel der Unternehmung angemessen empfand.

Nach fünf Stunden musste ich das Drehbuch, das selbst den Western-Großmeister Sergio Leone ins Schwärmen gebracht hätte, aber leider unterbrechen. Um mein Leiden zum Ausdruck zu bringen, mobilisierte ich nahezu mein gesamtes Vokabular. »Uguy morj«, sagte ich und ließ mich vom Pferd fallen. Eine kurze Untersuchung der entsprechenden Körperteile ergab, dass die Bestandteile des Sofas aus dem 12. Jahrhundert bereits Blut gefordert hatten. Ich polsterte den Sattel mit einem Pullover auf. Das brachte etwas Linderung, wenn auch nicht viel, aber bis zum Abend schafften wir tatsächlich die Hälfte des Weges.

Am Schluss war ich so weit, dass ich in den Steigbügeln stand. Sitzen war nicht mehr möglich. Was ich an diesem Tag lernte: 100 Kilometer auf dem Pferd sind sehr viel. Und es stimmt nicht, dass Anfänger nicht gleich die beste Ausrüstung brauchen. Wer nicht reiten kann, der sollte zumindest für einen sehr guten Sattel sorgen.

Fairerweise muss man sagen, dass mein Pferd ein Teil des Leidens trug. So wie ich das sehe, basiert Reiten auf denselben Regeln wie jede Beziehung. Sie setzt eine Harmonie des Rhythmus voraus. Die war in unserem Fall aber nicht gegeben. Ganbold und Ganbaatar bemühten sich zwar mit allen pantomimischen Mitteln, aus mir einen geschmeidigeren Reiter zu machen. Und mein Pferd trug den 80 Kilo schweren Kartoffelsack mit Fassung. Aber kurz vor dem Ziel war es genug, und der Kartoffelsack wurde in der Steppe abgeladen. Auch das Pferd blieb zur Entspannung eine Weile am Boden liegen. Es war nicht nachtragend. Es überließ mir seinen Rücken als Kopfkissen. Aber ich hielt es trotzdem für besser, jetzt erst einmal zu Fuß zu gehen.

Am anderen Morgen erreichten wir den Ort, an dem Dschingis Khan begraben liegen sollte. Die Sonne ging gerade auf, und es war schnell klar, dass Kravitz' Vermutung nicht stimmte. Der Berg war am falschen Ort, und von zwei Flüssen war nichts zu sehen, nicht mal von einem. Zurück in Ulaanbaatar rief ich Kravitz an. »Hallo Maury, war leider nichts.« – »Ich weiß, ich weiß, ich habe einen Hinweis vergessen«, erwiderte er gutgelaunt. Er hörte sich auch nicht mehr besonders krank an. »Aber danke fürs Nachschauen. Ich habe jetzt eine andere Idee. Wie sage ich doch immer: Siegen ist, von Niederlage zu Niederlage zu gehen, ohne dabei den Enthusiasmus zu verlieren.« Das war zwar streng genommen nicht von Kravitz, sondern von Churchill, aber trotzdem gut.

Blut, Schweiß und Tränen

*Mit geringfügiger Unterstützung erreichte auch der Autor
das Ziel der zweiten Etappe des »Jungle Marathons«.*

Den Letzten holt der Jaguar

Brasilien, November 2009

Über den mächtigen Bäumen entlang des Rio Tapajós, eines Neben-
flusses des Amazonas, ging gerade rot die Sonne unter, als ich eine
neue Erfahrung machte: Ich fiel in Ohnmacht. Ich hatte Glück. Ich saß
im Sand. Ich kippte nur zur Seite. Aber als ich wieder aufwachte, floss
der Rio Tapajós in der Vertikalen, und ich hatte keine Ahnung, wer ich
war und wo auf der Weltkarte ich mich befand. Dann fiel es mir wieder
ein.

Ich war Teilnehmer an einem Ultra-Marathon. Es war der Abend
nach der ersten Etappe. Ultra-Marathons sind Laufwettbewerbe über
epische Distanzen durch möglichst ungemütliche Weltgegenden. Es
gibt Läufe durch die Arktis und die Sahara. Der bekannteste Ultra-Marathon ist der »Marathon du Sable«, 230 Kilometer durch die marokka-
nische Wüste. Doch keiner gilt als so abenteuerlich wie der »Jungle
Marathon« in Brasilien. In Marokko beträgt die Ausfallquote 10 Prozent, beim »Jungle Marathon« kommt selten mehr als die Hälfte ins
Ziel.

Der Lauf führt über 220 Kilometer quer durch den Regenwald des
Amazonas. Hängematte, Moskitonetz und Essen für sechs Tage muss
man selbst tragen. Die Strecke ist markiert, trotzdem verirrt sich immer
wieder einer, weshalb eine Trillerpfeife im Gepäck vorgeschrieben ist.
Die erste Etappe war die kürzeste und tatsächlich auch für mich zu
bewältigen. Doch jetzt, Stunden später, gab ich den Geist auf. Ich nahm
den Vorfall eher amüsiert als alarmiert zur Kenntnis. Im Nachhinein
betrachtet, ein Fehler.

Ich hatte ja keine Ahnung. Ich würde mich allenfalls als ambitio-
nierten Jogger bezeichnen. Andererseits: Die Chancen, rechtzeitig
gewarnt zu werden, sind minimal. Ultra-Marathon mag die Trenddiszi-
plin der Extremsportarten sein. Gab es in den USA vor zehn Jahren noch
ein Dutzend Läufe über hundert Kilometer und mehr, sind es mittler-

weile 270 im Jahr. Aber in Europa sind erfahrene Ultra-Marathonläufer ungefähr so zahlreich wie professionelle Sumo-Ringer.

Und so meldete ich mich unbelastet von Fachkenntnissen an, dehnte meine Jogging-Route trainingshalber um zwei Kurven aus und machte mich psychologisch auf etwas gefasst, das ich mir als eine Mischung aus »Dschungelcamp« und Volkslauf ausmalte. Und hey! Das Ganze fand immerhin in Brasilien statt! Das Wissen, dass die nächste Caipirinha-Bar mit ein paar lebenslustigen Schwestern von Gisele Bündchen niemals weit sein konnte, würde sicher zur mentalen Stärke beitragen. So stellte ich mir das vor. Als die Realität einzusickern begann, war es bereits ein bisschen spät.

Es war der Tag vor dem Rennen. Ein Schiff brachte die 120 Teilnehmer von Santarém, einer Ortschaft 600 Kilometer von Manaus entfernt, an einen Uferstreifen des Rio Tapajós. Die Fahrt dauerte 12 Stunden. Außer Urwald gab es auf der Fahrt nichts zu sehen. Die Veranstaltung fand in etwas größerer Abgeschiedenheit statt als erwartet.

Erste Gespräche trugen ebenfalls nicht zu meiner Beruhigung bei. Einige Läufer hatten bereits letztes Jahr teilgenommen. In der Regel mit üblen Folgen. Da war Gery, Bergführer aus Wales. Er war schon auf dem Everest. Doch den Jungle-Marathon schaffte er nicht. Er bekam Halluzinationen. Er sah Lianen, die ihn erwürgen wollten. Roy, Feuerwehrmann aus Kanada, erwischte es noch heftiger. Er blieb letztes Jahr auf der Flucht vor Killerbienen im Schlamm stecken. Bis er sich befreien konnte, hatten ihn die Bienen 300-mal in Brust und Hals gestochen. Roy blieb die Luft weg, und er verlor das Bewusstsein. Und dann gab es noch den Anwalt aus Denver mit dem Kreislaufkollaps und einer Woche im Koma. Die Rennleitung ließ ihn nur mit einer Zusatzversicherung noch einmal mitmachen. Seine Frau weiß von nichts. Ihr erzählte er, er habe bloß allergisch auf einen Wespenstich reagiert.

Schließlich legte das Schiff an. Alle erhielten eine Startnummer und wurden zu einem letzten Briefing versammelt. Es brachte mich auf andere Gedanken, wenn auch nicht unbedingt auf angenehmere. Entgegen der landläufigen Vorstellung sind im Amazonasgebiet eine ganze Reihe von Tieren nämlich noch nicht ausgestorben. Vor allem die gefährlichen halten sich gut. Der Vortrag des Biologen und einer

Ärztin dauerte eine Stunde. Danach war auch dem Letzten klar, warum vom »Jungle Marathon« auch abgebrühte »Ultras« nur mit Ehrfurcht sprechen. Es war nicht nur die Distanz. Der »Jungle Marathon« ist ein Dauerlauf durch einen Zoo, bei geöffneten Käfigtüren. Auch die der Raubtiere. Und jener Arten, die im Reptilienhaus normalerweise hinter bruchsicherem Glas gehalten werden. Durch den Zoo einer sehr heißen Stadt. Am heißesten Tag des Jahres.

Da war einmal der Jaguar. Keine der 36 Raubkatzenarten hat ein kräftigeres Gebiss. Der Jaguar kommt in der Regel von oben. Sieht man ihn, ist es zu spät, vorher war er unsichtbar. Im Gegensatz zu den anderen Großkatzen tötet der Jaguar nicht durch einen Biss in die Kehle, sondern beißt seinen Opfern den Schädel auf. Und die Chancen, eine Demonstration dieser Kiefermuskulatur hautnah miterleben zu dürfen, waren durchaus gegeben.

Das Gebiet, durch das das Rennen führte, wies die größte Jaguar-Dichte im Umkreis von 2000 Kilometern auf. Und: Im Oktober bringen die Mütter den Jungen das Jagen bei. »Aber keine Angst. Die Lager sind bewacht. Und vor der Dämmerung greift ein Jaguar normalerweise nicht an«, sagte der Biologe, um dann ohne erkennbare Ironie anzufügen: »Dann sollte man aber schon im Ziel sein.«

Ein weiterer Ansporn, nicht unnötig herumzutrödeln, war das Thema Schlangen. Offenbar gab es sogar ein Exemplar, das einem nachrennt. Immerhin: Mit Klapperschlangen war erst auf der letzten Etappe zu rechnen. Die zahlreichen Gewässer und Sümpfe entlang der Strecke waren hingegen von Beginn an tückisch.

Von Piranhas einmal abgesehen, wirkte vor allem der Zitteraal respekteinflößend. Der Zitteraal ist eine lebende Batterie, die Stromschläge austeilt, die einem Pferd den Rest geben können. Im Umgang mit Zitteraalen lohnte es sich, nicht zu drängeln. »Angegriffen wird meist der Zweite im Wasser, der Erste weckt ihn nur auf«, meinte der Biologe.

Anschließend gab uns Mona, eine 33-jährige Notfallärztin aus Chicago, einen Überblick über gesundheitliche Probleme, die auftreten könnten, wenn man durch glückliche Fügung in den nächsten Tagen allen Reiß- und Giftzähnen und den Stromanlagen in Schlangenform

169

entgehen sollte. Nicht zu spaßen war mit den Temperaturen. 40 Grad bei einer Luftfeuchtigkeit von an die 100 Prozent sind im Amazonasgebiet normal. Eine solche Hitze kann nicht nur Klimaanlagen, sondern auch Menschen erledigen. Insbesondere jene, die wahnsinnig genug sind, sich darauf einzulassen, zu erproben, wer am schnellsten 220 Kilometer durch den Urwald rennen kann.

Eine sehr reale Möglichkeit sind Dehydration und Hitzschlag. Dehydration ist so etwas wie verdursten, ohne dass man es merkt. Bei zu starkem Schwitzen und entsprechendem Salzverlust verliert man paradoxerweise sein natürliches Durstgefühl. Der Dschungel kann dem Körper 10 Liter Flüssigkeit pro Tag entziehen. Wird diese nicht ersetzt, drohen Ohnmacht, Muskelkrämpfe, Delirium, Kreislaufzusammenbruch und Nierenversagen. Doch noch unangenehmer hörte sich die Variante Hitzschlag an.

Eine Dehydration, okay, aber bitte keinen Hitzschlag. Dann noch lieber den Jaguar. Mona machte klar, dass sich ein Hitzschlag nur durch eine »rektale Messung« diagnostizieren ließe. Eine »rektale Messung« durch Mona wollte ich auf jeden Fall vermeiden.

Dann war der Vortrag zu Ende. Jemand gab seine Startnummer wieder ab. Der Rest legte sich in die Hängematte.

Der Mann neben mir hieß Paddy. Paddy stammte aus Irland und war beim Militär gewesen. Jetzt arbeitete er als Leibwächter amerikanischer Diplomaten in Uganda. Vorher war er im Irak, wo er zur Leibwache höchster US-Generalität gehörte. Paddy schlief sofort wie ein Stein. Ich schlief weniger gut. Die Hitze ließ nicht nach. In meinem Bauchnabel sammelte sich der Schweiß. Ich tat noch nichts Anstrengenderes als Liegen.

Und dann ging es los. 100 Läufer, die sich im Morgengrauen in einen schlammigen Fluss stürzten, in dem in der Nacht zuvor im Licht der Taschenlampen noch ein Dutzend Krokodilaugen geleuchtet hatten. Das Ganze glich weniger einer Sportveranstaltung als dem kollektiven Ausbruch aus einer tropischen Irrenanstalt. Es gab Geschrei und Gejohle. Doch jenseits des Flusses wartete der Dschungel dunkel und still und verschluckte das Feld der Läufer sofort, als wären sie hinter der grünen Wand in einer anderen Dimension verschwunden.

Schnell zeigte sich, warum das Laufen nicht im Urwald, sondern in der Steppe erfunden wurde. Der Urwald ist zum Laufen ungeeignet. Von oben kommt kaum Licht, von der Seite drohen Blätter scharf wie Taschenmesser. Von unten trachten Lianen, einen zu Fall zu bringen. Und vorne, dort schneidet einem garantiert schon die nächste Bestie den Weg ab.

Andererseits dürfen bei einem Lauf im Dschungel auch sportliche Flaschen damit rechnen, unverhofft Plätze gutzumachen. Als Erstes erwischte es Mister Kong, einen Immobilienhändler aus Hongkong, der in sieben Tagen schon sieben Marathons gelaufen war. Vor Schreck über eine Boa constrictor, die sich über ihm durchs Geäst bewegte, fiel er hin und renkte sich die Schulter aus. Und der ersten Attacke von Killerbienen wussten sich drei Börsianer aus London nur durch Ausharren in einem Wasserloch zu entziehen.

Eine Stunde später überholte ich vier Läufer aus Südafrika, die gerade im Begriff waren, sich Rucksack und Kleider vom Leib zu reißen. Bedauerlicherweise hatten sie die Aufmerksamkeit einer Kolonie Feuerameisen auf sich gezogen. Ich machte eine Grimasse des Mitgefühls und flitzte vorbei. Wieder vier hinter mir! Am Ziel fühlte ich mich gut. Prima sogar. Ich wusch im Fluss den Schlamm aus meinen Turnschuhen und Kleidern und setzte mich in den Sand. »Haben wir doch voll im Griff«, dachte ich. Dann fiel ich, wie gesagt, in Ohnmacht.

Einer der Ärzte diagnostizierte milde Dehydration, entließ mich mit einem Schulterklopfen und dem Rat, mehr zu trinken. Seine Zeit war knapp. Die Ärzte hatten zu tun. Es gab Leute, denen bekam das tropische Klima noch etwas schlechter als mir. In kurzer Zeit brachen am Ziel vier Läufer bewusstlos zusammen. Einer bekam einen epileptischen Anfall. Seine Beine und Arme wühlten durch den Sand. Ein anderer musste künstlich beatmet werden.

Auf zwei Ambulanzbooten wurden die Bewusstlosen ins 200 Kilometer entfernte Krankenhaus gebracht. Über Funk kam die Meldung, dass zwei der vier ins Koma gefallen seien. Bei einem war die Rede von einem Hirnschlag. In der Dämmerung trafen die letzten Läufer am Ziel ein. Sie wurden von Soldaten mit umgehängten Gewehren eskortiert. Jemand hatte einen Jaguar gesichtet.

»Das fängt ja gut an«, meinte Gery. Wir hatten uns etwas abseits hingesetzt, sodass man uns nicht sehen konnte. Im klaren Verstoß gegen das Wettkampfreglement, das eine strikte Selbstversorgung vorschrieb, genossen wir ein Sechserpack Bier, das wir einem Fischer abgekauft hatten, der vom Betrieb an einem sonst menschenleeren Ufer angezogen worden war. »Das kann man wohl sagen«, erwiderte ich und riss zur Beruhigung gleich die nächste Dose auf.

Später gesellte sich Roy zu uns und zauberte eine Flasche Whisky aus dem Rucksack. »Damit bleibt der Kopf klar«, sagte er und reichte die Flasche herum. »Denn passt nur auf: Der Dschungel springt dir nicht nur an die Gurgel, er bohrt sich auch in deinen Kopf!« Gery, der letztes Jahr Killer-Lianen zu sehen gemeint hatte, nickte stumm. Doch Roy hatte auch eine Geschichte zu erzählen. Er beugte sich nach vorn.

Großstädter würden im Dschungel nicht selten von einer Art Sexwahn ergriffen. Ganz besonders Großstädterinnen! Die Bienen waren nicht das Einzige, was Roy letztes Jahr belästigte. Vorher gab es eine Steueranwältin aus Seattle. Viermal lauerte sie ihm im Dickicht auf und machte unzweideutige Annäherungsversuche. Einmal versuchte sie sich sogar nackt in seine Hängematte zu drängen. »Kommt immer wieder vor. Der Sexwahn. Wartet nur ab«, meinte Roy. Gery und ich nickten und gingen mal das Feld der Teilnehmer durch. Ein Dutzend waren Frauen. Die zwei aus Rio waren super. »Was meinst du? Können wir die Brasilianerinnen auch der Risikogruppe zuschlagen?«, fragte Gery. »Hm, wahrscheinlich nicht«, meinte ich und verteilte zum Trost die letzten Dosen Bier. »Auf die zweite Etappe«, sagte ich. Gnädigerweise, ohne zu wissen, was die zweite Etappe für Torturen auf Lager haben sollte.

Bis Kilometer 20 ging alles gut. Es galt, einen endlosen Sumpf zu durchqueren, der einem bei jedem Schritt die Schuhe von den Füßen zog, und drei Zitteraal-Habitate zu überleben. Und die Hitze erreichte auch an diesem Tag spielend Hamam-Niveau. Doch das Gelände war flacher als am ersten Tag. Aber kurz nach einem Schlammloch, das einen bis zur Brust verschluckte, schien es dem Urwald an der Zeit, meine Teilnahme an einem der härtesten Ultra-Marathons der Welt als die Anmaßung zu entlarven, die sie war.

Paddy hatte mich am Morgen noch mit extra Salz versorgt. Und ich hatte auch das Gefühl, genug zu trinken, was aber offenbar ein Irrtum war. Er begann mit einem plötzlichen Anstieg des Pulses. Ich setzte mich auf einen Baumstamm und wartete eine Minute: noch immer 180. Als ich wieder aufstand, ging es mit den Krämpfen los.

Erst in den Waden und den Oberschenkeln. Dann am Bauch, am Hals, in Armen und Fingern und schließlich in Muskeln, von denen ich gar nicht wusste, dass es sie gibt. Mit dem Elan eines Zombies schwankte ich noch ein, zwei Kilometer weiter. Doch beim nächsten sanften Anstieg war schon aus motorischen Gründen Schluss. Ganz abgesehen von den nicht ganz vernachlässigbaren Schmerzen.

Gery fand mich ausgestreckt auf dem Rücken liegend. Das war die einzige Position, um die Krämpfe einigermaßen in Schach zu halten. Gery sah selbst ziemlich mitgenommen aus. Trotzdem bemühte er sich, mich aufzurichten. In diesem Augenblick kam ein Tier vorbei, das aussah wie ein Nasenbär. Als es uns erblickte, machte es große Augen wie ein Tier aus einem Kinderbuch. Wahrscheinlich hatte es seit Tarzan kein solches Geschrei mehr gehört. »Ahhhhhhh!«, schrie ich vor Schmerzen und ließ mich zu Boden fallen. »Okay, ich hole Hilfe«, sagte Gery und machte sich davon.

Krämpfe sind anstrengend. Mein Puls raste. Dann verlor ich die Übersicht. Die Fehlfunktionen meines Körpers summierten sich nun rasch. Nicht nur meine Muskeln, auch mein Gehirn wurde zunehmend unbrauchbar. Auf die Idee, zu trinken, kam ich schon lange nicht mehr. Irgendwann tauchten drei Soldaten auf. Einer gab mir Schokolade, einer massierte mir mit Öl die Beine. Dann ging ich, glaub ich, sogar noch ein Stück selbst. Aber nachdem ich wiederholt gegen einen Baum gelaufen und ein Dutzend Mal jammernd zu Boden gesunken war, sahen es die Soldaten ein. Aus zwei Baumstämmen und einer Plane bastelten sie eine Trage.

Einmal in der Horizontalen, versank ich in intergalaktische Finsternis. Doch dann erschien Monas Gesicht wie eine Supernova über dem Rand der Trage, und ich war wieder im Dschungel. Mona fragte mich nach meinem Namen. Diesen Test bestand ich. Dann nach meinem Geburtsdatum. Ich dachte nach. Aber das war mir zu schwer.

Meine Stimme war zu einem Krächzen verkommen. Mona nahm meinen Puls, dann sagte sie: »Also, sterben wirst du wahrscheinlich nicht.« Das fand ich gut. Weniger gefiel mir die Hektik, mit der die Soldaten die Trage wieder in die Höhe hoben, nachdem Mona sie zur Eile gemahnt hatte. Der Himmel über den Bäumen leuchtete rot. Als die Krämpfe kamen, war es Mittag gewesen. Dann war ich wieder im Weltall.

Als Nächstes hing ich am Ziel an einer Infusion. Und nachdem 4 Liter von irgendwas in meinen Arm geflossen waren, schaltete mein Bewusstsein wieder auf durchgehenden Betrieb. Als ich probehalber aufstand, waren die Krämpfe weg. Dafür wurde mir jetzt schlecht. Die zweite Etappe endete in einem kleinen Dorf. Eine ganze Familie schaute lachend zu, wie ich mich übergab, mit einem Arm die Infusion hochhaltend. Darauf verabreichte mir Mona noch 2 Liter. Anschließend war ich wieder so weit in Ordnung.

So wie es aussah, hatten 48 Stunden im Dschungel ausgereicht, aus mir Dörrobst zu machen. Verliert der Körper 10 Prozent seines Gewichts an Flüssigkeit, wird es kritisch. Mona meinte, dass es in meinem Fall 6, 7 Liter im Minus waren. »1, 2 Liter mehr, und das wäre es dann gewesen«, sagte sie, während sie mir die Nadel aus der Vene zog. »Ist das schlimm genug, um morgen nicht mehr teilnehmen zu dürfen?«, fragte ich. »Ja«, sagte Mona. Es war mir schon schwerer gefallen, dem Rat zu folgen, Frauen niemals zu widersprechen.

*Der Ama Dablam gilt als Matterhorn des Himalaya.
Leider fehlt es in der Gegend an einer der Schweiz
vergleichbaren Hotellerie. Außerdem sind die Verhältnisse
am Berg auch deutlich kälter.*

Zu viel Schnee am Ama Dablam

Nepal, September 2009

Ich muss mich im Leben zweifellos schon auf größeren Blödsinn einge-
lassen haben. Ich weiß im Augenblick nur nicht wann.

Es ist nachts um drei Uhr, und ich sitze auf 6000 Metern Höhe in
einem Zelt, umgeben von Bergen, die die Hälfte des Weges in den Welt-
raum ragen, auf einem Zeltplatz, der zum Campieren ungefähr so ideal
ist wie das Dach eines Kirchturms, und denke angestrengt darüber nach,
was ich unternehmen könnte, um meine Chance zu verbessern, den
Morgen doch noch zu erleben.

Ich bin Teilnehmer einer Expedition, deren Ziel es ist, einen Berg
namens Ama Dablam zu besteigen. Ob wir es schaffen, ist ungewiss.
Unser Können wie auch die Verhältnisse sprechen eher dagegen. Doch
jetzt habe ich drängendere Sorgen.

Mindestens zwei Aspekte meiner Lage scheinen mir besonders pro-
blematisch. Erstens: Ich bin offensichtlich dabei, zu erfrieren. Meine
Zähne klappern, als Nächstes fliegt mir todsicher die erste Füllung raus.
Zweitens: In meinem Kopf tobt ein Schmerz, der mir von der Intensität
her vollkommen neu ist und selbst einen Folterknecht des übelsten
Schurkenstaates noch mit Berufsstolz erfüllen würde. Gegen das Erfrieren habe ich leider bereits alles mobilisiert, was in meiner Macht steht.
Und mich mehr als hundert Mal dafür zu verfluchen, dass ich aus rein
ästhetischen Beweggründen nicht den wärmsten Schlafsack gekauft
habe, bringt wohl auch nichts. Also konzentriere ich mich auf den
Kampf gegen die Kopfschmerzen.

Jetzt muss man wissen, dass es wenig gibt, was einen mehr beunruhigen sollte als brüllende Kopfschmerzen auf 6000 Metern Höhe. Die
Chancen stehen nämlich gut, dass man es in diesem Fall mit einem
Hirnödem zu tun hat. Bei einem Hirnödem schwillt das Gehirn an,
drückt gegen die Schädeldecke, gegen Sehnerven und Hirnstamm, was
zuerst zu Schwindel und Übelkeit, dann zu Erblinden und zu Atemstill-

stand führt. Neben Abstürzen und Lawinen sind Hirnödeme die dritthäufigste Todesursache beim Bergsteigen im Himalaja.

Drei Ponstan 600 habe ich schon intus. Ich nehme noch eine vierte und lege mich wieder hin. Doch für Ponstan hat mein Folterknecht nur ein müdes Lächeln übrig. Zehn Minuten später hat sich das Kopfweh so gesteigert, dass mir nun tatsächlich schwindlig ist und so schlecht, dass ich das Zelt vorsorglich schon einmal öffne, was an der Kältefront die Sache natürlich nicht besser macht, wenn nicht real, so zumindest psychologisch. Nebenan sehe ich das Zelt meines Kumpels Mitch. Seine Stirnlampe ist an. Immerhin. Wenigstens schläft der nicht friedlich, während ich gerade die Statistik der Hirnödem-Toten nach oben treibe.

Aufrecht sitzend, fühle ich mich aber in Kürze deutlich besser. Ich will mich schon wieder hinlegen, da fällt mir ein entscheidendes Detail auf. Meine Wasserflasche rollt Richtung Kopfende der Matte. Ich lag die ganze Zeit mit dem Kopf nach unten! Ein schwerer Fehler in dieser Höhe, in der das Blut zähflüssig wird wie Öl. »Wollt ihr euch umbringen, legt ihr euch hangabwärts hin«, meinte unser Expeditionsleiter vor ein paar Tagen. Ups, da haben wir ja gerade noch mal Schwein gehabt. Erleichtert, meine Lebenserwartung zumindest kurzfristig gesteigert zu haben, schlafe ich sogar ein bisschen. Als es hell wird, hat sich mein Zelt in eine Eisgrotte verwandelt. Alles ist von einer weißen Schicht bedeckt. Ich unterziehe meine Gliedmaßen einem Beweglichkeitstest. So weit funktioniert noch alles, ohne abzubrechen.

Vom Sofa aus schien das Ganze keine schlechte Idee: Nach dem Matterhorn den Ama Dablam besteigen, den Berg in Nepal, der wegen seiner ähnlichen Form als das Matterhorn Asiens gilt. Der Ama Dablam ist zwar mit fast 7000 Metern zweieinhalb Kilometer höher als das Schweizer Wahrzeichen. Das Unternehmen schien trotzdem nicht ganz außer Reichweite zu sein. Bettina, die heroische Zermatter Bergführerin, die mich auf das Original hinaufbrachte, meinte zumindest: »Wenn du nicht krank wirst und das Wetter hält, kannst du es schaffen.« Um ehrlich zu sein, hätten mir aber schon dort Bedenken kommen müssen. Denn Bettina brachte ihre Einschätzung mit unüberhörbarer Zurückhaltung vor. Es war klar, dass sie mir zum Wohle meiner längerfristigen

Gesundheit von Herzen wünschte, spätestens im Basislager durch eine Lungenentzündung – und sollte das nicht reichen, mich zur Vernunft zu bringen: durch einen Monsun-Sturm – gestoppt zu werden.

Und es blieb nicht bei einer einzigen Warnung. Ein Bekannter malte mir die Schrecken der Höhenkrankheit aus, die bei ihm in Peru die Verdauung in so schlagartiger Weise beschleunigte, dass er es nicht mehr rechtzeitig aus dem Schlafsack schaffte. Und ein anderer Bergführer, der den Ama Dablam schon bezwungen hatte, wirkte ebenfalls nicht sehr ermutigend. In einer italienischen Berghütte skizzierte er mir eines Abends die Route. Besonderen Wert legte er darauf, klarzumachen, ab wo mit keiner Hilfe mehr zu rechnen sei. »Höher als von hier holt dich kein Helikopter mehr. Und über diese Felswand bringt dich auch sonst keiner mehr runter, außer du selbst. Hier musst du überlegen: weiter oder zurück?« Er klopfte mit dem Kugelschreiber aufs Papier. Dann markierte er die Stelle mit einem Grabkreuz. Der Mann hat den Übernamen »Stein«. Er macht kein Drama, wenn es keines gibt. Dann stieß ich auf der Homepage eines Schweizer Expeditions-Veranstalters zufällig noch auf eine Bewertungsskala. Nach Schwierigkeitsgrad bewertet wurden dort nicht nur der Ama Dablam, sondern auch die zwei höchsten Berge der Welt, der K 2 und der Mount Everest. Der K 2 war Schwierigkeitsgrad 21, der Everest 13. Und der Ama Dablam – 15! Aber da hatte ich mich leider schon angemeldet.

Die Tragweite dieser Entscheidung war nicht sofort zu erkennen. Bereut habe ich sie trotzdem bald. Nepal sieht ja im Grunde nicht viel anders aus als die Schweiz. Nur etwa so anders, als hätte man die Schweiz gründlich ausgeschüttelt, sodass alle Bergbahnen herausgefallen sind. Das hat die unangenehme Folge, dass man in Nepal beim Bergsteigen wirklich jeden Höhenmeter zu Fuß erobern muss. Und bedauerlicherweise sind beim Ausschütteln auch all die gemütlichen Berghotels herausgefallen – man ist gezwungen, in engen Bruchbuden zu nächtigen, die man hier schönfärberisch »Tea-House« nennt, oder noch öfter in Zelten, in denen es dann entweder unangenehm kalt oder lebensgefährlich kalt wird.

Vom letzten Flughafen ging es in sechs Tagesmärschen bis ins Basislager. Die Piste des Flughafens in Lukla gleicht dem Anlauf einer

Sprungschanze, was für den Start einigermaßen einleuchtet, bei der Landung aber verständlicherweise immer wieder zu Problemen führt. Die Überreste der letzten Propellermaschine, deren Pilot an der Landung bergauf gescheitert war, lagen noch neben der Piste. Die Bruchlandung war vier Tage her. Aus den schwarzen Metallteilen stieg noch immer Rauch auf. Das Flugzeug war in einem Feuerball aufgegangen, in dem sämtliche Insassen ihr Ende fanden. Einer Verschiebung der Fragestellung ins grundsätzlich Existenzielle, etwas, das Alpinisten ja gerne als die zentrale Bergerfahrung preisen, war also schon beim Warten auf unsere Berge an Gepäck am Förderband von Lukla nicht mehr zu entrinnen.

Nach drei Tagen Wandern erreichten wir die Ortschaft Namche Bazaar. Namche Bazaar gilt als so etwas wie das Chamonix von Nepal. Was den Anlass für diesen Vergleich gegeben haben könnte, ist etwas rätselhaft, einmal abgesehen davon, dass die Basis des Erwerbslebens in beiden Ortschaften der Bergtourismus bildet. Immerhin gab es in Namche aber eine größere Auswahl von Unterkünften, von denen einige einen Standard erreichten, der den Namen »Hotel« auch durchaus verdiente. Mitch und ich checkten sofort im teuersten ein. Mitch, ein Fonds-Manager aus Salt Lake City, war mir ans Herz gewachsen, als ihm in Kathmandu erst am letzten Nachmittag vor unserer Weiterreise ins höchste Gebirge der Welt einfiel, sich vielleicht langsam nach Bergschuhen und Steigeisen umzusehen. Und definitiv mein Freund war er seit der Orientierungsveranstaltung am selben Abend.

Im Anschluss an die Ausführungen, die noch einmal klarmachten, dass mit dem Ama Dablam nicht zu spaßen war, stellten sich die 16 Teilnehmer unserer Expedition einander vor. Die meisten nutzten die Gelegenheit, ihre alpinistischen Leistungen herauszustreichen. Einige hatten schon einen Achttausender bestiegen. Um im Vergleich dazu nicht ganz jämmerlich abzuschneiden, beschränkte ich meine Ausführungen auf ein absolutes Minimum. Dann war noch Zeit für Fragen. Einer wollte wissen, wie es um die Schneeverhältnisse stehe, ein anderer erkundigte sich nach dem Schwierigkeitsgrad einer spezifischen Kletterstelle, die »Gelbe Wand« genannt wurde. Schließlich stand auch Mitch auf. Er fragte, ob es möglich sei, sich den Rucksack von einem Sherpa auf den

Gipfel tragen zu lassen, gegen Bezahlung natürlich. Auch ich lachte, aber aus Erleichterung. Ich war nicht alleine. Es gab noch einen, der ahnte, dass er hoffnungslos überfordert war.

Mit der Wahl für das beste Haus von Namche Bazaar hofften Mitch und ich weniger auf eine letzte Nacht in relativem Luxus. Das konnte sich im Kontrast zu den Entbehrungen, die wir uns für die nächsten Wochen ausmalten, kaum auszahlen. Es ging uns eher darum, unsere Expeditionskollegen noch einmal etwas auf Distanz zu halten, die sich in bergsteigerischer Genügsamkeit, wie erwartet, mit den einfachsten Pensionen zufriedengaben oder gleich auf dem Campingplatz am Rande des Dorfes ausharrten. Drei Tage waren sicher nicht genug, um ein abschließendes Urteil zu fällen. Andererseits zeichnete sich schon ab, dass gewisse weltanschauliche Gräben in unserer Gruppe nur schwer zu überbrücken waren.

Unsere Expeditionskollegen gehörten allesamt zur Kategorie Disziplin- und Durchhalte-Enthusiasten, die zwar einen Rucksack in 1,5 Minuten packen können und wohl auch nicht murren, wenn ihnen schon der halbe Arm abgefroren ist. Allerdings scheinen diese Vorzüge sehr auf Kosten des Humors zu gehen. Und die Bandbreite der intellektuellen Interessen profitiert davon auch nicht gerade. Über nichts schien diese Sorte Mensch lieber zu reden als über die momentane Funktionsfähigkeit verschiedener Körperregionen, wobei dem Verdauungstrakt ihr ganz besonderes Interesse galt.

Außerdem war unsere Expedition bestes Anschauungsmaterial dafür, wie sehr die modische Seite des Bergsports seit den glorreichen Tagen der Everest-Bergsteiger George Mallory und Andy Irvine gelitten hat. Einverstanden, Mallory und Irvine kamen 1924 von ihrem Ausflug in die Todeszone, tipptopp gestylt in edlem Tweed und dazu ausgewählten Wollpullovern, nicht lebend wieder. Nur: Ist ein heroischer Tod dem Weiterleben in einem violett-hellgelben Anorak nicht vorzuziehen? Was auch immer: Das alles war nichts gegen die größte Zumutung von allen. Und die hieß Zacharias.

Zacharias war Chirurg und kam aus Athen, was mich bei erster Gelegenheit zu einer fünfminütigen Lobeshymne auf Griechenland verleitete. Ganz zum Schluss erlaubte ich mir dann leider noch anzufügen, dass die Athener Taxifahrer aber womöglich nicht das Highlight einer Griechenland-Reise seien, worauf Zacharias unsere Unterhaltung mit der Bemerkung beendete: »Dann bleib doch zu Hause, wenn es dir nicht passt, du Idiot!« Die Besteigung eines Berges wie des Ama Dablam dauert vier Wochen. Vier Wochen in der Gesellschaft dieser Leute! Ja dann mal viel Vergnügen, dachte ich.

Zum Glück war da noch Dan. Dan war der Leiter der ganzen Truppe und war zwar auch ein Durchhaltesportler, zweifellos sogar der durchhaltendste von allen. Aus Gründen, die vermutlich damit zusammenhingen, dass er Engländer war, schien es ihm aber praktisch unmöglich, auch die grimmigsten Umstände nicht mit Humor zu nehmen. Dan stand schon auf dem Gipfel jeder Menge Achttausender, und dass er ein richtiger Himalaja-Bergsteiger war, zeigte sich daran, dass ihm ein Zeh fehlte. Der war ihm am Lhotse auf 7500 Metern abgefroren, was auch so eine Geschichte war, die Dan über alle Maßen amüsierte.

2000 Dollar koste es, den Zeh abzunehmen, meinte der Arzt. Geld, das Dan lieber für anderes ausgeben wollte, also ließ er den schwarzblauen Zeh erst einmal dran und reiste zu den nächsten Abenteuern nach Pakistan. Schmerzen bereitete ihm der Zeh nicht. Das Problem war nur, er begann unangenehm zu riechen.

So entschloss sich Dan in einem Hotelzimmer in Islamabad schließlich zur Do-it-yourself-Methode. Er organisierte sich eine Flasche Whisky (nicht einfach in Pakistan!) und ein höllisch scharfes Messer (sehr einfach in Pakistan!) und setzte sich damit auf sein Hotelbett. Er leerte den Whisky und setzte das Messer an. Begreiflicherweise war er mittlerweile ernsthaft beduselt. Die Klinge war schon ziemlich weit drin, als er merkte, dass er den falschen Zeh erwischt hatte. Der richtige fiel dann fast von selbst ab.

Einen halben Tagesmarsch nach Namche Bazaar kamen wir zu einem Kloster. Dan machte sich auf die Suche nach einem Lama, der eine Durga Puja durchführen konnte. Ohne die Durga Puja, so etwas wie die Himalaja-Version des Alpsegens, übernachtet kein Sherpa auf dem Berg. Doch einen Lama aufzutreiben erwies sich schwieriger als erwartet. Ein junger Mönch, der selbst wirkte, als wäre er gerade erst aufgestanden, ließ ausrichten, dass der Lama schlafe. Um vier Uhr erkundigte sich Dan erneut, aber der Lama schlief noch immer. Dann nahmen die Ereignisse eine unerwartete Wendung.

Um sechs Uhr, wir hatten uns bereits darauf eingestellt, in der angrenzenden Pension zu übernachten, war plötzlich nicht mehr die Rede von einem schlafenden Lama, sondern von einem toten. Die Miene des jungen Mönches hatte sich durch die neuen Umstände kein bisschen verändert. Sein Ausdruck war weiterhin von heiterer Gelassenheit geprägt, was, wie ich fand, einmal mehr ein sehr positives Licht auf den Buddhismus warf, aber zuerst sogar bei Dan für Unglauben sorgte. »Gestorben, richtig gestorben, nicht sehr tief schlafend?«, fragte er. »Ja, gestorben«, sagte der Mönch, ohne sein seliges Lächeln auch nur für eine Sekunde zu verlieren.

Die Stelle des lokalen Lamas eben vakant geworden, prüfte Dan weitere Optionen. Doch offenbar schien in diesem Teil der buddhistischen Welt gerade ein größerer Generationswechsel im Gang. Nicht nur in dem Kloster, in dem wir uns befanden, sondern auch in den drei anderen in der Nähe hatten die Lamas in den letzten Tagen gerade eine weitere Stufe der Reinkarnation erklommen oder waren so nahe daran, dass sie für jede andere Art der Fortbewegung außer der Seelenwanderung nicht mehr in Frage kamen. Erst nach etlichen Telefonaten gelang es Dan, einen Lama aufzutreiben, der sich einer Durga Puja noch gewachsen sah.

Das Problem war nur, dass der Geistliche sich in einem Tal befand, das von unserem zu Fuß ungefähr eine Woche entfernt lag. Doch Dan, bestens vernetzt, brachte es fertig, einen Helikopterpiloten zu einem kleinen Umweg zu überreden, und so sank am nächsten Tag ein Lama vom Himmel, um uns den Segen zu erteilen. Als er ausstieg, zerrte der Wind der Rotorblätter am dunkelroten Mönchsgewand. Der Lama las denselben Text immer wieder. Dann drehte er an einer Gebetsmühle. Dann kehrte er zurück zum Text und las ihn nochmal ungefähr hundert Mal. Zum Schluss der Zeremonie erhielt jeder ein rotes Armband und ein gelbes Halstuch aus Seide. Auch ein Pluspunkt für den Buddhismus: sein unverkrampftes Verhältnis zu Geld. Nachdem der Lama jedem ein gelbes Tuch um den Hals gelegt und ein paar Augenblicke Stirn an Stirn mit jedem von uns verharrt hatte, streckte er seine Hand für die Bezah-

183

lung aus. Dan machte es vor, wir anderen machten es ihm nach. Außer natürlich der Grieche. Zacharias nahm die Hand des Lamas und schüttelte sie, was dieser ihm mit einem strahlenden Lachen heimzahlte.

Am nächsten Tag erreichten wir das Basislager. Zum ersten Mal sahen wir den Ama Dablam nun aus der Nähe. Und hätte es nicht schon vorher genügend Anlass zur Beunruhigung gegeben, wäre spätestens jetzt der Zeitpunkt dafür gekommen. Der Plan, den Ama Dablam zu besteigen, wirkte nun endgültig wie ein besonders unüberlegter Versuch, das Schicksal herauszufordern. Der Berg sah nicht aus, als wolle er einen bloß daran hindern, ihn zu besteigen. Er sah aus, als würde er nur darauf warten, einen zu töten. Besonders furchteinflößend wirkte ein überhängender Gletscher unterhalb des Gipfels. »Versuch mal hier vorbeizukommen«, schien er jedem höhnisch zu sagen, der auch nur mit dem Gedanken spielte, den Berg zu bezwingen. »Um Himmels willen, wo kommt man denn da rauf?«, fragte ich Dan, nachdem wir die Zelte aufgestellt hatten. Ich versuchte meine leichte Panik hinter einer demonstrativ abgeklärten Miene zu verbergen. »Na, das werdet ihr dann schon sehen. Halb so wild«, meinte er und drückte mir eine Dose Bier in die Hand. Das Bier machte den Ama Dablam natürlich nicht weniger bedrohlich. Aber weil ihm noch eins und dann noch eins folgte, half es zumindest, die Zeit zu überbrücken, bis es Gelegenheit gab, sich anderen Herausforderungen zu stellen, wenn auch deutlich weniger heroischen.

»I can't do this!«, sagte Mitch, und ich konnte mich dem ohne Einschränkungen anschließen. Es war morgens um sechs Uhr, und wir hatten uns nach der ersten Nacht im Basislager gerade aus unseren Zelten befreit. Das Basislager am Ama Dablam liegt auf einer Höhe, auf der das richtige Matterhorn gerade aufhört. Draußen war alles gefroren. Drinnen in den Zelten war es etwas wärmer, was die Sache aber nicht angenehmer machte. Die Zelt-Industrie hat physikalische Gesetze, von denen man annehmen würde, dass sie in ihre Kernkompetenz fallen, offensichtlich noch immer nicht gemeistert. So ist es beispielsweise in einem Zelt, das zwar kalt ist, aber nicht gerade so kalt, dass der ganze Inhalt gefriert, am Morgen nicht nur kalt, sondern vor allem nass. Wer immer dieses Gerümpel entworfen hat, vielen Dank! Sich von eiskaltem Wasser, das aus dem Dach tropft, noch den letzten Rest Schlaf rauben zu lassen ist definitiv die 1000 Franken wert, die einem für ein Himalaja-Zelt abgeknöpft werden. Mitch und ich stapften, die Arme um uns werfend, leise fluchend auf und ab.

Unser Angriff auf den Ama Dablam begann nicht optimal und ging suboptimal weiter. Zuerst bewahrheitete sich, was Dan schon vermutet hatte, dass für Ende Oktober nämlich noch viel zu viel Schnee lag. Dann fiel ein Yak, der mit Nachschub unterwegs war, in den Fluss. Mitch und ich waren zufälligerweise gerade zur Stelle. Das Bad kam auch für das Lasttier überraschend. Seine gattungspezifisch schläfrigen Augen waren auf einmal weit aufgerissen, woran aber in erste Linie die Temperatur des Wassers schuld gewesen sein dürfte. Das Schwimmen bereitete ihm keine Schwierigkeiten, und es erreichte unbeschadet das andere Ufer. Doch einiges Küchenmaterial und große Mengen Nahrung wurden auf eine Reise Richtung indischer Subkontinent geschickt, was sich länger als eine Woche spürbar auf die Vielfalt des Menüs auswirkte.

Und dann erlitt ein Expeditionsteilnehmer, während er an einem Nachmittag gerade in der Sonne saß, einen Herzinfarkt und wurde noch am gleichen Tag per Helikopter ausgeflogen. Es gibt wenig, was so verlässlich das Gefühl von Sicherheit vermitteln kann wie ein landender und startender Helikopter, ganz besonders an Orten, wo es durchaus Anlass zur Vermutung gibt, nicht mehr uneingeschränkt auf alle Leistungen der Zivilisation zählen zu dürfen. Trotzdem wirkte sich die Evakuierung auf die allgemeine Moral nicht positiv aus. Der Mann war kaum vierzig und war bis zu seinem Ausscheiden vor allem dadurch aufgefallen, dass er, während wir anderen uns am Morgen aus unseren nasskalten Zelten Richtung Essenszelt schleppten, schon barfuß seine Joggingrunden ums Basislager zog und, als wäre das nicht schon genug der Demütigung gewesen, zum Abschluss jeweils noch 50 Liegestütze zum Besten gab. Aber als das Schlüsselproblem einer Expedition wie der unseren erwies sich etwas anderes.

»Hast du noch ein Buch für mich?«, fragte Mitch eines Morgens. »Hab schon alles gelesen.« – »Klar, ich bin auch schon durch alle durch, kannst sie haben«, sagte ich. Wir waren nun schon zehn Tage am Berg und hatten einen weiteren Tag im Basislager totzuschlagen. Man hört ja zuweilen, dass im Basislager des Mount Everest das Laster Einzug gehalten habe. Sogar ein Bordell-Zelt soll es dort in der Hochsaison mittlerweile geben. Nun, mich würde das überhaupt nicht wundern. Himalaja-Bergsteigen ist nämlich vor allem eines: ziemlich langweilig.

Nicht nur dass einem, einmal abgesehen von allen anderen Zerstreuungen des urbanen Lebens, mit großer Wahrscheinlichkeit interessante Gesprächspartner fehlen. Es ist vor allem die nötige Akklimatisation an den niedrigeren Sauerstoffgehalt und den Druck in der Höhe, die einem ein ausgesprochen ödes Programm aufzwingt.

An einem Berg in der Größenordnung des Ama Dablam heißt das: Man geht wochenlang vom Basislager ins vorgeschobene Basislager, dann wieder runter. Dann ins Camp 1, dann wieder runter. Dann ins Camp 2 (wo man schon einmal probeweise ein bisschen erfrieren darf), dann wieder runter. Bis nach drei Wochen endlich die Zeit für den sogenannten »Summit Push« gekommen ist. Und dazwischen werden immer wieder Ruhetage eingelegt.

Okay, zwischen Camp 1 und Camp 2 kam die berühmte »Gelbe Wand«, und weiter oben warteten ein ausgesetzter Grat und der überhängende Gletscher, der schon nur durch das Fernglas betrachtet Adrenalinschübe auslösen konnte. Zudem sind die atmosphärischen Verhältnisse in Höhen über 6000 Meter spektakulär genug, um Mars-Packungen platzen zu lassen und der Festplatte eines iPods den Rest zu geben. Aber so über die Dauer von drei Wochen gesehen stellte sich das trotzdem als ziemlich wenig Action heraus.

Dass man in den ewig kalten, nassen Zelten garantiert sofort krank wird, ist insofern nur von Vorteil. Immerhin gibt einem die Behandlung etwas zu tun. Außerdem ergeben sich über die Medikamente auch Berührungspunkte mit anderen. Sie mochten alle unerträgliche Leistungs-Fetischisten sein: Was Doping anbelangt, gab es in unserem Lager hingegen niemanden, der allzu streberhafte Ansichten pflegte. Ja, man kann sagen: Im Vergleich zu einer Himalaja-Expedition ist die Tour de France ein Teetrinker-Verein.

Jeder nahm irgendetwas. Antibiotika wurden konsumiert wie Hals-Tabletten. Praktisch alle nahmen Diamox, ein Medikament, mit dem, so mein Hausarzt, nicht zu spaßen ist, das einem aber ein paar langweilige Akklimatisationstage ersparen soll. Wir hatten schachtel-weise Dexamethason dabei, auch »Dex« genannt, ein Steroid, das auch Rennpferden gespritzt wird. Ebenfalls im Umlauf war EPO. Und auch alternative Behandlungsmethoden kamen zum Zuge. Einer hatte aus Kathmandu Hasch mitgebracht, von dem es ebenfalls hieß, es sei gut gegen die Höhe. Unsere Sherpas erwiesen sich als erfreulich unbuddhistisch und steuerten flaschenweise Reisschnaps bei (wobei die Wirkung auf den Akklimatisationsprozess in dem Fall nicht weiter erörtert wurde). Und sogar Zacharias wurde einem im Zusammenhang mit Doping schon fast wieder sympathisch.

»What are you on?«, fragte er eines Nachmittags. Es war ein Tag, an dem die Langeweile noch drückender war, da tief liegende Wolken auch noch das ganze schöne Bergpanorama wegradiert hatten. Wir saßen zusammengedrängt rund um das Feuer im Küchenzelt. Ein Gespräch ließ sich fast nicht vermeiden. Trotzdem war ich erstaunt. Zacharias war bisher nicht gerade aufgefallen, weil er für andere Interesse zeigte. Bis jetzt hatte er eigentlich nur den Mund aufgemacht, um mit den Amerikanern in unserem Team über die Hintergründe von 9/11 Streit anzuzetteln. Zacharias war noch immer überzeugt, dass die CIA dahintersteckte. Oder er hackte auf den Sherpas rum, die ihm die Fixseile nicht schnell genug montierten. Als wären Griechen weltberühmt für ihren Arbeitseifer!

Doch ich konnte mir mein Erstaunen über Zacharias' Interesse sparen. Er war nicht auf eine Antwort aus. Immerhin: Er grinste verschwörerisch. »Willst du wissen, was ich nehme? Viagra! Bringt dich doppelt so schnell den Berg rauf. Und: Es hat die besten Nebeneffekte der Welt!« Gerne würde er mir und Mitch ein paar Tabletten geben, meinte er, was wir aber dankend ablehnten, allein schon deshalb, weil wir nicht wussten, was wir an einem freudlosen Ort wie unserem Basislager mit den »besten Nebeneffekten der Welt« anfangen sollten.

Belebende Substanzen hin oder her: Nach drei Wochen war Mitchs und mein Bedarf an Natur vollständig befriedigt, und wir schauten auf der Karte nach, wo in Fußdistanz mit Ausläufern der Zivilisation zu rechnen wäre. Es lag noch immer zu viel Schnee. Die Zeit für eine erfolgreiche Besteigung des Ama Dablam wurde knapp, wir mussten trotzdem warten, was man ja aber auch an einem behaglicheren Ort tun könnte, dachten wir. Unsere Wahl fiel auf den Ort Pamboche, drei Stunden entfernt, wo es auch ein Hotel zu geben schien.

Gegen das Himalaja-Hotel in Pamboche gab es dann tatsächlich wenig einzuwenden, wobei unser Anspruch natürlich mittlerweile auch tief gesunken war. Es kam uns schon wie Wellness vor, in einer Räumlichkeit, die größer als ein Schlafsack war, ohne Daunenjacke und Handschuhe herumsitzen zu können. Aber das Himalaja-Hotel hellte unsere Stimmung auch deshalb schlagartig auf, weil man hier zur Abwechslung einmal nicht nur Trekker und Bergsteiger treffen konnte, sondern auch französische und schwedische Medizinstudentinnen, die in der Klinik nebenan Forschung zur Höhenkrankheit betrieben.

Mitch und ich machten im Badezimmer, wo es tatsächlich eine Dusche mit warmem Wasser gab, das Beste aus dem, was drei Wochen Camping, die Höhensonne, der Wind und die trockene Luft von uns übrig gelassen hatten. Dann setzten wir uns an den großen Tisch im Essraum. Doch statt der Medizinstudentinnen leisteten uns schon bald die Teilnehmer eine Trekkergruppe aus Hamburg Gesellschaft, die während des ganzen Abendessens die Beipackzettel irgendwelcher Medikamente herumreichten und über Schuheinlagen redeten, was nicht die Abwechslung war, die wir uns mit unserer Flucht aus dem Basislager erhofft hatten. Die Medizinstudentinnen waren leider an einem Tisch am anderen Ende des Raumes platziert. Aber dann – unsere Hamburger Freunde hatten der Tag und die falschen Schuheinlagen zum Glück so erledigt, dass sie sich frühzeitig in ihre Zimmer zurückzogen – kam eine von ihnen zu uns herüber.

Ihr Name war Valerie. Die Klinik, erklärte sie uns, führe mit den Gästen des Hotels eine Studie durch. Die Ergebnisse seien für die Forschung sehr wertvoll und würden helfen, in Zukunft die berüchtigte Höhenkrankheit besser behandeln zu können und vielleicht sogar auch Leben zu retten. Es gebe drei Tests zur Auswahl. Einer dauere zehn Minuten, einer eine Stunde und der umfangreichste einen halben Tag. Ob wir Interesse hätten, daran teilzunehmen? Valeries Kugelschreiber schwebte über dem Formular, während sich einer ihrer Mundwinkel auf die anmutigste Art nach oben verschob. »Aber natürlich!«, sagte ich.

Und für welchen der Tests würden wir uns denn zur Verfügung stellen? Der Kugelschreiber wanderte jetzt vom Formular zu Valeries Lippen. »Alle!«, sagte Mitch in gravitätischem Tonfall. In der Zwischenzeit war neben Valerie noch eine Blondine aufgetaucht, die uns ebenfalls einladend anschaute, was unsere Bereitschaft, einen Beitrag zum wissenschaftlichen Fortschritt zu leisten, in keiner Weise schmälerte. »Das ist das Mindeste, was wir für unsere in Not geratenen Bergkameraden tun können«, sagte ich. »Sehr gut«, erwiderte Valerie und schrieb unsere Namen in das Formular.

Unser Dienst an der Höhenmedizin begann am nächsten Tag um acht Uhr. Nach Valerie lernten wir noch ihre nicht minder bezaubernden Kolleginnen Emma, Charlotte, Corinne, Frida und Sophia kennen. An der Versuchsreihe erschöpfte sich unser Interesse hingegen rasch. Erst waren endlose Fragebogen auszufüllen. Dann gab es Tests auf einem Laufband, bei denen weder ich noch Mitch uns vorteilhaft in Szene setzen konnten, wir landeten mit unseren Leistungen gerade so im Mittelfeld. Und schließlich erwiesen sich auch die körperlichen Untersuchungen, die uns am Vorabend noch als sehr verheißungsvoll erschienen und Gegenstand von mindestens einer halben Stunde Witzereißen waren, als eher langweilig. Ein Teil davon – Höhenkrankheit scheint ein komplexes Phänomen zu sein – bezog sich aber immerhin auf so intime Körperteile, dass ich noch einmal froh war, nicht auf Zacharias Dopingprogramm eingestiegen zu sein.

Unsere Bekanntschaft mit den Wissenschaftlerinnen auf eine neue Ebene zu heben erwies sich auch im Anschluss an die Tests als schwierig. Zwar hatten wir die Sitzordnung im Esssaal schon am zweiten Abend im Griff. Wir setzten uns nun nicht mehr an einen großen, sondern an einen kleinen Tisch, sodass wir nicht mehr Gefahr liefen, beim Abendessen in die Fänge der nächsten Magen-Darm-Selbsthilfegruppe zu geraten. Der Tisch der Medizinstudentinnen blieb für uns aber uneinnehmbar. Und als wir spätabends dann doch noch mit drei der Studentinnen ins Gespräch kamen, war schnell einmal klar, dass wir uns keine Hoffnungen zu machen brauchten. Es stellte sich heraus, dass die Studentinnen alle zu der Sorte Frau gehörten, die man in Nepal »Everest-Groupies« nennt. Ohne zumindest eine hirnamputierte Winter-solo-Achttausender-Besteigung auf dem Konto brauchte man es bei denen gar nicht zu versuchen. Mitch und mich, die wir lediglich eine kühlere Nacht in 6000 Metern Höhe vorzuweisen hatten, hielten sie für totale Nieten.

Trotzdem fiel uns der Abschied vom Himalaja-Hotel nach drei Tagen schwer. Er wäre auch nicht nötig gewesen. Denn im Basislager zeigte sich, dass der Schnee nicht die geringste Absicht hatte, zu schmelzen. Er stürzte sich lieber den Berg herab. Die erste Eislawine aus dem Gletscher unterhalb des Gipfels, dem ich schon am ersten Tag intuitiv das Schlimmste zugetraut hatte, kam mitten in der Nacht und hörte sich an, als seien zwei Güterzüge zusammengekracht. Die zweite kam am Morgen darauf. Und die dritte am Nachmittag, sie verfehlte zwei unserer Sherpas nur knapp. Darauf blies Dan die Übung ab, was Zacharias zu einem kleineren Tobsuchtsanfall verleitete. Mitch und ich aber hatten in zehn Minuten gepackt und malten uns schon aus, wie es sein würde, im »Garden of Dreams« in Kathmandu unter den Palmen barfuß über das sonnenwarme Gras zu gehen.

*Die Paläo-Bewegung orientiert sich in Essgewohnheiten
und Leibesübungen an den Höhlenbewohnern.
Regelmäßiges Felsenstemmen ist fester Bestandteil
ihres täglichen Fitness-Regimes.*

Zurück in die Steinzeit

West Virginia, Juli 2010

Der Erste übergab sich nach 20 Minuten. Blut war schon vorher geflossen. Es war der Morgen der Abschlussprüfung, der fünfte Kurstag. Der Name des Kurses: »Die Wiedererweckung«. Das Motto: »Befreie dich vom Dasein im menschlichen Zoo«. Das Ziel: fit wie ein Höhlenbewohner zu werden. Wenn es noch Zweifel gegeben haben sollte am hoffnungslos zivilisationsgeschädigten Zustand der zehn Kursteilnehmer, dann wurden sie spätestens jetzt ausgeräumt.

Richard, 45, Headhunter aus Kanada, verstauchte sich beim Barfuß-Sprung von einem Felsen den Knöchel. Derek, 38, Personal-Trainer aus London, schlug seiner Freundin Diana im Nahkampf die Nase blutig. David, 26, Jura-Student aus Washington D. C. wurde in der Hitze schwindlig und dann schlecht. Und ich, ich war praktisch taub, seit ich zwei Tage zuvor zu lange getaucht hatte.

Nach einer Stunde ließ der Kursleiter Gnade walten und brach die Übung ab. Die Truppe fiel im Kollektiv wie erschossen zu Boden. Von da und dort war Röcheln zu hören. Die Bestätigung des Abschlusses des Workshops, eigens für den Steinzeit-Sport entwickelte Shorts, gab es trotzdem für alle. In Fitness-Kreisen sind die Steinzeit-Shorts das neueste Statussymbol, so etwas wie die neue Yogamatte.

Vor drei Jahr waren sie noch zehn, jetzt zählt der Höhlenbewohner-Klub New Yorks bereits Hunderte von Mitgliedern. Doch nicht nur in den USA, auch in Europa orientiert sich eine wachsende Anzahl Menschen, um gesünder und fitter zu werden, am Lebensstil ihrer Vorfahren aus dem Paläolithikum, der Altsteinzeit. Ein berühmter Anhänger der Steinzeit-Fitness ist Nassim Taleb, Autor des Weltbestsellers »Der schwarze Schwan«. Und auch General David Petraeus, unter anderem schon Oberbefehlshaber der amerikanischen Truppen in Afghanistan, soll Gefallen am archaischen Gesundheitsprogramm gefunden haben.

Die Paläos glauben, dass das Dasein als Jäger und Sammler der wahren Natur des Menschen entspricht. Immerhin lebten unsere Urahnen fast 3 Millionen Jahre so, bevor sie vor wenigen tausend Jahren sesshaft wurden. Ihr Fitness-Regime und ihr Ernährungsplan sind ultra-retro, der Albtraum jedes Chiropraktikers und politisch korrekten Essers. Die Paläos joggen barfuß, sie trainieren das Sprinten und Springen, um die Flucht vor dem Säbelzahntiger zu simulieren. Sie stählen ihre Muskeln, indem sie im Wald durchs Dickicht robben, auf Bäume klettern und Felsen herumwuchten. Manche Paläos schwören auch auf regelmäßiges Blutspenden, so wie das unsere Urahnen taten, wenn das Mammut zum Gegenangriff blies.

Grundpfeiler der Diät der neuen Jäger und Sammler ist das Essen großer Mengen Fleisch, auch von Innereien und Fett, das zu verschmähen sich der Steinzeitmensch nicht leisten konnte. Manche schlingen das Fleisch nur roh und möglichst schnell hinunter, in Anlehnung an eine archaische Tischkultur.

Dazwischen wird tagelang gefastet, um das wechselnde Jagdglück der Steinzeitmenschen nachzuempfinden. Außer Fleisch sind nur Nüsse, Früchte und Gemüse erlaubt. Verpönt ist alles, was erst in den letzten 10 000 Jahren auf die Speisekarte kam: Brot, Pasta, Kartoffeln. Und natürlich Schokolade und Alkohol. Auch ein eingefleischter Grill-Fan tut also gut daran, sich vor Steinzeit-Fitnessferien auf schmerzhafte Einschnitte gefasst zu machen.

Treffpunkt war ein Campingplatz im waldigen Nirgendwo von West Virginia. Kursleiter Erwan Le Corre schwang sich gerade von einem Baum herunter. An einem Arm. Der Franzose Le Corre ist für die Steinzeit-Fitness das, was Jane Fonda für die Aerobic-Bewegung und Arnold Schwarzenegger fürs Bodybuilding war: ihre größte Ikone. Die Zeitschrift »Men's Health« bezeichnete ihn als den »fittesten Menschen der Welt«. Und tatsächlich dachte man in den folgenden Tagen bei seinen scheinbar schwerelosen Sprüngen von einem Ast zum anderen unweigerlich an Kino-Spezialeffekte. Tarzan konnte nicht fitter gewesen sein.

Das Teilnehmerfeld präsentierte sich ähnlich einschüchternd. Oswald war ein regionaler Boxmeister, Ben der Sprint-Champion seines Colleges. Sogleich hingezogen fühlte ich mich zu Nick, einem gemütlichen Sportjournalisten aus Santa Fe, der sich schon nach einer halben Stunde nach dem Weg zur nächsten Bar erkundigte, und zu Richard. Richards Frau ist Food-Fotografin. Kuchen sind ihre Spezialität. Sie arbeitet zu Hause. Richard achtet auf seine Linie, aber die Versuchungen, mit denen er täglich zu kämpfen hat, sind übermächtig.

Die Grenze zwischen dem Paläolithikum und dem 21. Jahrhundert verlief entlang des Weges zum Häuschen mit den Duschkabinen. Links davon hatte eine Familie ihr Wohnmobil geparkt, rechts davon waren wir. Der Kurs war ein Anfängerkurs, wir wohnten rücksichtsvollerweise in Zelten, nicht in Höhlen. Es gab auch Besteck, und das Essen kam nicht aus dem Wald, sondern von Wal-Mart. Trotzdem fing ich an die Familie auf der anderen Seite des Weges auf der Stelle zu beneiden. Das hatte unter anderem damit zu tun, dass der Kurs gleich einmal mit Fasten begann. Die erste Mahlzeit gab es erst am nächsten Morgen. Sie bestand aus einem Berg gebratenen Specks für jeden. Das Mittagessen war dann das Gegenteil: nur Salat und Nüsse.

Auch das Fitnessprogramm wurde schnell unangenehm. Steinzeit-Fitness ist Abenteuerspielplatz, betrieben mit dem Ernst einer Grenadierschule. Der erste Tag war mehrheitlich der Übung von Dingen gewidmet, die man das letzte Mal als Zehnjähriger getan hatte: sich anschleichen, auf Bäume klettern und einander verprügeln. Mit dem Unterschied, dass man all diese Dinge heute nicht mehr konnte und Gefahr lief, sich dabei ernsthaft zu verletzen. Für das Verprügeln wurden wechselnde Paare gebildet. Es war nur erlaubt, mit der offenen Hand zuzuschlagen. Trotzdem passte ich auf, bei der Zuteilung nicht in die Nähe von Oswald, dem regionalen Boxmeister, zu geraten. Richard schien mir die vernünftigste Wahl. Schläge mit der flachen Hand schmerzen erstaunlich. Nach der ersten Runde strebte ich ein Stillhalteabkommen an. Richard war ohne Zögern dafür. Anschließend demonstrierten wir, wie viele Millionen von Jahren es schon her ist, seit der Mensch sein Habitat in den Bäumen verlassen hat. Meine Darbietung im Klettern war in dieser Beziehung besonders erhellend. Ich schaffte es noch nicht einmal, ein Bein über den untersten Ast des Baumes zu schwingen. Das schaffte sogar Richard.

Abendessen: Berge von Schweinerippchen. Neben mir saß Melissa, Biologin aus New York und Anhängerin der Paläo-Diät der ersten Stunde. Sie erzählte vom Mann, den sie alle nur »den Bären« nennen. Der Bär ernährt sich seit dreißig Jahren von rohem Fleisch. Ausschließlich rohem Fleisch. Seine Bekehrung ist so etwas wie die bekannteste Erlösungsgeschichte der Paläos.

Der Bär war früher ein strikter Veganer gewesen. Im Laufe der Jahre machte ihn das ewige Gemüse-Essen aber so depressiv, dass er lebensmüde wurde. Entschlossen, zu sterben, setzte er sich in Nevada in die Wüste. Da tauchten drei Kojoten auf. Sie brachten ihm Fleisch. Seither isst er nichts anderes mehr. Außer einem Herzinfarkt hat er sich noch keine größeren Schäden zugezogen.

Nach der Paläo-Fitness wollte Melissa in den nächsten Ferien unbedingt das Jagen lernen. Im Stadtgebiet von New York war das Jagen zum Bedauern des Höhlenbewohner-Klubs verboten. Manche hatten sich trotzdem schon auf die Lauer gelegt, um im Central Park ein Eichhörnchen oder eine Wildgans zu erlegen. Einige der Großstadtjäger gerieten deshalb schon mit den Gesetzeshütern in Konflikt. Wie jeder Stamm definiert sich auch der Stamm der Paläos durch Abgrenzung. Besonders leidenschaftlich grenzt man sich von den Vegetariern und von Yogis ab. Beide Lebensweisen halten Paläos für unnatürlich. Um zu verdeutlichen, wie unnatürlich Yoga ist, pflegt Le Corre zu sagen: »Es gibt Rennen um dein Leben. Es gibt Klettern um dein Leben. Aber hat schon mal jemand von Yoga um dein Leben gehört?«

Am nächsten Morgen konnte ich mich vor Muskelkater kaum mehr erheben. Zum Frühstück gab es Salat. Sehnsüchtig schaute ich ins 21. Jahrhundert hinüber. Die schönste amerikanische Idylle: TV an, Cola auf dem Tisch und stapelweise Pancakes für alle.

Als Nächstes auf unserem Auswilderungs-Programm: Fang den Ball mit Felsbrocken und Baumstämme-Heben. Im Baumstämme-Heben war ich zur Abwechslung sogar halbwegs zu gebrauchen. Le Corre vermutete bei Schweizern ein Morgarten-Gen. Dann folgte der Ausflug zum See. Barfuß durch den Wald. Mit feierlicher Stimme verkündete Le Corre: »Der Wald ist eine Kathedrale. In einer Kathedrale schweigt man.« Der Weg war sehr steinig, unsere leidverzerrten Gesichter hätten jedes Passionsspiel aufgewertet. Aber keiner machte einen Mucks – bis auf dem See ein Jetski vorbeidonnerte und der urzeitlichen Stille ein Ende setzte.

Obwohl wissenschaftlich alles andere als bewiesen ist, dass unsere Vorfahren in der Steinzeit schon des Schwimmens mächtig waren, üben sich die Paläos auch ausgiebig im Wassersport. Nick und ich dachten schon: endlich eine Disziplin, in der auch wir nicht zu modern sind. Doch auch das war ein Trugschluss. Weil die Paläos Fitness grob gesagt nur als Fitness gelten lassen, wenn sie den Überlebenskampf simuliert, artete auch das Schwimmen zwangsläufig in Unannehmlichkeiten aus, die Schönschwimmer-Qualitäten nicht zur Geltung kommen ließen. Zuerst ging es darum, einen Baumstamm zu verteidigen. Nick hielt sich erstaunlich lange oben, obwohl ihn zwei Angreifer zuerst mit vereinten Kräften an den Beinen in die Tiefe rissen und, als das nicht funktionierte, es mit Würgen von hinten versuchten. Nicks Kopf lief dunkelrot an, was Le Corre lobend kommentierte – als Zeichen wilder Entschlossenheit jenseits von allem, was der Verstand nahelegte. Doch dann wendete sich auch noch der Baumstamm gegen Nick und rammte einen Splitter in seine Achselhöhle, was ihn dazu veranlasste, kurzzeitig aus seiner Rolle als Steinzeitmensch zu fallen, ein bisschen Vernunft anzuwenden und den Baumstamm aufzugeben. Meine Darbietung konnte mit seiner in keiner Weise mithalten, wobei es gar nicht so weit kam, meine körperlichen Abwehrkräfte unter Beweis zu stellen, weil schon der Kopf versagte. Als ich Oswald mit kräftigen Schlägen seiner Boxerarme auf mich zuschwimmen sah, eine Bugwelle vor sich herschiebend wie ein Ozeanriese, entschlüpfte mir der Baumstamm und landete genau vor Oswald im Wasser, der nur noch seine Hände danach ausstrecken musste, was im Gedächtnis der Zuschauer am Ufer leider als die unrühmlichste Niederlage des Tages haften blieb. Und dann wurden die Handgreiflichkeiten unter die Wasseroberfläche verlegt.

Zwei hatten immer gleichzeitig nach einem Stein zu tauchen, um den Le Corre ein rotes Tuch gebunden hatte. Das Steinzeit-Fitnesstraining zeigte auch psychologische Effekte. Während der ersten Tage hatten Nick und ich ja noch versucht, unser Versagen mit Humor zu nehmen. Doch Humor, auch Humor, der auf sich selbst zielt, stellt die Werte und Normen in Frage. Und nach drei Tagen lief unsere Zeit, die Normen zu hinterfragen, langsam aus, umso mehr, als sich hier die Steinzeit niemand als einen besonders amüsanten Ort vorstellte. Le Corre ging das Sprücheklopfen über unsere Unzulänglichkeiten zunehmend auf die Nerven. Und so waren Nick und ich mittlerweile nicht mehr Versager, die ihr Versagen nicht so ernst nahmen, sondern einfach nur noch Versager. Besonders ich hatte beim Tauchen eine Scharte auszuwetzen.

Die Demonstration der Kampftaucher vor uns war nicht ermutigend. Die Zeit, die es dauerte, bis sie wieder an der Wasseroberfläche erschienen, hätte vermutlich sogar für Steinzeitmenschen ausgereicht, den Liegestuhl zu erfinden. Umso mehr schien mir auch das Ertrinken eine durchaus realistische Möglichkeit, eine Vermutung, die durch den Anblick jener nicht entkräftet wurde, die es, nachdem minutenlang nur noch kleine Luftblasen einen vagen Hinweis auf ihrer Existenz gegeben hatten, wider Erwarten doch noch einmal zurück ins Leben schafften, wo sie dann erst einmal minutenlang nach Luft schnappten. Dann kamen wir an die Reihe. Mein Gegner war David, der Jura-Student, was hätte schlimmer werden können. Doch einmal im Wasser war klar, dass ich – alleine auf meine Muskelkraft vertrauend – auch im Zweikampf mit ihm keine Chance haben würde, den Stein als Erster an die Wasseroberfläche zu bringen. Seine Hand war bereits in Griffnähe des roten Tuches auf dem schlammigen Grund des Sees, als ich zu einem kleinen Trick greifen musste. Es war lächerlich, aber es wirkte. Ich zog David von hinten die Badehose aus.

Ungläubig drehte er sich mit aufgerissenen Augen zu mir um, was mir den entscheidenden Vorteil verschaffte, als Erster an den Stein zu kommen. Das hätte dem Kampf natürlich noch nicht die entscheidende Wendung geben müssen. Doch Davids Schamgefühl hinderte ihn daran, ab sofort an etwas anderes als seine Badehose zu denken. Sehr steinzeitmäßig war das nicht, wie ich fand. Einmal am Ufer, versuchte ich meinen Sieg dann auch wortreich als Sieg über Jahrtausende der sittlichen Verweichlichung darzustellen. Aber leider wurde diese Darstellung bei der Beurteilung des Ausgangs unseres Kampfes nicht gewürdigt.

Le Corre sprang die ganze Woche nur mit Shorts bekleidet herum. Und von Tag zu Tag wurden auch alle anderen immer nackter. Außer

Richard, Nick und mir. Wir behielten das T-Shirt an. Wir erachteten es für besser, zur Wahrung des letzten Restes unserer Würde auf einen direkten Vergleich mit dem wie gemeißelten Torso von Le Corre zu verzichten. Nach fünf Tagen Steinzeit fühlte ich mich nicht unbedingt besser, aber ich war leichter. Erstaunt nahm ich zur Kenntnis, dass ich trotz der täglichen Speckration vier Kilo weniger wog. Das kam mir gelegen.

Für die folgenden Tage verschlug es mich in die Hamptons. Und wenn es etwas gibt, das noch erbarmungsloser ist als der Überlebenskampf in der Steinzeit, dann ist es bekanntlich der Schönheitswettbewerb in einem Ferienort für Milliardäre.

Wer Mexiko-Stadt, zweitgrößte Metropole der Welt, zu Fuß durchqueren will,
der sollte sich auch vor der Polizei in Acht nehmen.
Stadtwanderer verhaftet man gerne auch zu ihrer eigenen Sicherheit.

Durch den Asphaltdschungel

Mexiko-Stadt, Mai 2009

Laurence Gonzales beschreibt in seinem Buch »Deep Survival« die psychologische Entwicklung von Leuten, die sich in der Wildnis verirren, in fünf Stufen: Nicht-wahrhaben-Wollen, Ärger, Verhandeln, Depression, Resignation. Ich musste mich demzufolge auf Stufe drei befinden. Verhandeln.

Ich hatte vor, Mexiko-Stadt, nach Tokio die zweitgrößte Stadt der Welt und nicht erst seit dem Ausbruch der Schweinegrippe auch mit dem Ruf behaftet, eine der gefährlichsten zu sein, zu Fuß zu durchqueren. Vor drei Stunden war ich gestartet. Doch wenn mir jetzt nicht schnell ein gutes Argument einfiel, wäre das Vorhaben bereits beendet. Der Polizist, der sich vor mir aufgebaut hatte, war nicht größer als ein Hydrant. Er war aber auch ähnlich entschlossen wie ein Hydrant, sich nicht von der Stelle zu rühren.

Die Illusion, im beinahe endlosen Häusermeer noch zu wissen, wo ich war, hatte mich bereits vor Längerem verlassen. Spätestens in dem Augenblick, in dem ich zum zweiten Mal vor derselben Bar stand. Besonders auffällig war sie nicht. Aber sie hatte einen einprägsamen Namen. Die Bar hieß »Infernito«, kleine Hölle.

Die zweite Phase, die des Ärgers, folgte auf dem Fuß. Sie war geprägt vom nur knapp zu unterdrückenden Impuls, meinem iPhone und meinem Kartenmaterial großen Schaden zuzufügen. Natürlich hatte die GPS-Funktion meines Handys rechtzeitig den Geist aufgegeben. Und die Straßenkarte aus dem Tourismusbüro schürte den Verdacht, dass es für Entdecker in Amerika auch 500 Jahre nach Kolumbus noch viel zu tun gibt. Weite Teile von Mexiko-Stadt sind für offizielle Stellen offenbar nach wie vor Terra incognita.

Der Stadtplan in meinen Händen sah aus wie von Miró gezeichnet. Ein paar Linien und da und dort ein roter Punkt. Die roten Punkte bezeichneten Tankstellen. Der Stadtplan war in fahrlässiger Weise nutzlos. Der Stadtplan war eine Katastrophe. Und vermutlich hätte ich mich noch lange darüber aufgeregt. Doch da erschien Polizist Rodríguez auf der Bildfläche.

Die letzte halbe Stunde war ich einer vierspurigen Straße gefolgt. Nun stand ich am Rand einer vierspurigen Straße, die meine Straße kreuzte. Abgesehen von den Straßen und den riesigen Werbeplakaten für Bier und Dessous, die in gutem Zustand waren, sah die Gegend aus, als wäre hier gerade eine feindliche Armee durchgekommen. Auf einem Parkplatz Autowracks und Häuser, von denen man nicht sagen konnte, ob sie sich im Stadium des Aufbaus oder des Verfalls befanden. Auf einem brachliegenden Grundstück hinter einem Maschendrahtzaun standen ein paar Jugendliche. Sie schauten gespannt herüber. Mir war die Gesellschaft eines Polizisten gar nicht so unwillkommen.

Umso mehr, als Rodríguez sich als sympathisch inkompetent erwies. Er hatte mich aus dem Auto heraus freundlich angesprochen. Als er aussteigen wollte, bekam er zuerst die Tür nicht auf. Das Polizeiauto hatte eine tiefe Delle. Jemand musste es von der Seite gerammt haben. Und endlich auf der Straße, rutschte Rodríguez fast die Dienstwaffe aus dem Halfter. Doch jetzt wollte er keinen weiteren Autoritätsverlust riskieren. Er schaute mir mit einer Ernsthaftigkeit ins Gesicht, als hätte ihn gerade eine schreckliche Wahrheit heimgesucht. »Sie haben sich verlaufen«, meinte er. »Das ist keine Touristenzone.« Seine Daumen hatte er in die Seitenausschnitte seiner schusssicheren Weste gehängt.

Ich erklärte ihm mein Vorhaben, was zur Folge hatte, dass Rodríguez noch ernster blickte. »Das geht nicht«, sagte er. »Ich bringe Sie zurück zum Hotel, vamos.« Ich dachte schon, das war's, da fing das Funkgerät im Polizeiwagen an zu knattern. Rodríguez stieg ein, und ich versuchte, herauszufinden, wie weit ich käme, bis Rodríguez mir wieder seine volle Aufmerksamkeit schenken konnte. Aus einiger Entfernung sah ich das Polizeiauto losfahren. Aber nicht in meine Richtung. Vermutlich sollte man sich wirklich ein bisschen Sorgen machen, ob man nicht vom Weg abgekommen ist, wenn einen die mexikanische Polizei vorsorglich verhaften will. Aber einen Kilometer weiter traf ich auf einen Mann, der Luftballons verkaufte, was das Quartier gleich freundlicher erscheinen ließ. Ich hatte zwar keinen Schimmer, wo ich mich befand, aber wo Norden lag, wusste ich wegen des Sonnenstandes. Und so ging ich weiter.

Ist New York das Rom der Moderne, so ist Mexiko-Stadt Neapel. Auch der Vulkan fehlt nicht. Nur ist alles ein paar Nummern größer. Bloß 50 Länder haben mehr Einwohner als Mexiko-Stadt allein. Mexiko-Stadt hat mehr Einwohner als ganz Australien. Und jährlich wird es eine Million mehr. Mittlerweile sind es über 20 Millionen. Im Vergleich dazu ist die Fläche der Stadt geradezu bescheiden. Mexiko-Stadt ist so groß wie der Kanton Zürich. Andererseits, man stelle sich einmal vor: der Kanton Zürich ohne Wald, ohne Wiesen, ohne Äcker, ohne Seen, vom Rhein bis nach Rapperswil, abgesehen von ein paar kleinen Parks mit Springbrunnen, aus denen meistens nur braunes Wasser kommt, alles zubetoniert.

Mein Plan war einfach. Er sah vor, mich von der U-Bahn-Endstation Xochimilco auf der einen Seite der Stadt bis zur Basílica de Guadalupe auf der anderen Seite durchzuschlagen. Die Distanz schien machbar. Ein paar Umwege einkalkuliert, vielleicht 50, 60 Kilometer. Nur leider hat sich ein Stadtwanderer in Mexiko-Stadt neben den Distanzen noch ein paar anderen Herausforderungen zu stellen. Eine davon ist die Luft. Mexiko-Stadt liegt auf über 2000 Metern Höhe, es gibt hier Industrie und 8 Millionen Autos. 24 Stunden lang die Luft von Mexiko-Stadt zu atmen tut den Lungen ähnlich gut wie drei Päckchen Zigaretten. Und ein wissenschaftlicher Report hatte noch beunruhigendere Erkenntnisse parat. Die Luftverschmutzung in Mexiko-Stadt schädigt demnach nicht nur die Lungen, sondern auch das Gehirn. Bei Straßenhunden wurden Hirnläsionen festgestellt, wie man sie sonst nur bei Patienten mit fortgeschrittenem Alzheimer findet. Bei Hunden! Hunde sind der schlechten Luft allerhöchstens fünfzehn Jahre ausgesetzt. 4000 Menschen sollen laut einer Studie wegen der schlechten Luft jedes Jahr vorzeitig aus dem Leben scheiden.

Meine Wanderlust bekam einen ersten Dämpfer. Aber okay, dachte ich, einen Tag würde ich das schon überleben. Weniger sicher war ich mir da bei der Begegnung mit der Bevölkerung. Die Kriminalitätsrate von Mexiko-Stadt ist außer Rand und Band. Sogar Rudy Giuliani, ehemaliger Bürgermeister von New York und in dieser Funktion mit dem Motto »No tolerance« als erbarmungsloser Crime-Fighter bekannt geworden, musste als Berater in Mexiko-Stadt kapitulieren.

3000 Verbrechen werden hier begangen. Überfälle, Einbrüche, Vergewaltigungen, Schießereien, Bandenkriege. Nicht im Jahr, nicht im Monat, am Tag. Und in vier Fällen gibt es Tote. Aber das Erschreckendste: 120 Tote im Monat sind nicht das wahre Problem der Polizei. Das wahre Problem sind die Entführungen. Statistisch gesehen wird jeder Einwohner von Mexiko-Stadt irgendwann in seinem Leben entführt, mit etwas Pech sogar mehr als ein Mal.

Im mexikanischen Verbrechermilieu zurzeit besonders populär sind Express-Kidnappings. Dabei werden die Opfer mit vorgehaltener Waffe zum nächsten Bankautomaten chauffiert, um dort ihr Konto abzuräumen. Die Express-Kidnapper strafen alle Mexiko-Klischees über die Faulheit Lügen. Es gibt Banden, die bringen es auf fünf Entführungen pro Tag. Bei dieser Effizienz ist Blutvergießen Zeitverschwendung. Aber verlassen sollte man sich nicht darauf. Vor einem Monat sah eine Familie den Kopf ihres zahlungsunwilligen Sohnes in einem Einmachglas wieder.

Ein Bericht des US State Department gibt Tipps, damit man in Mexiko-Stadt nicht Opfer von Verbrechen wird. Tipp eins: Treten Sie immer möglichst selbstsicher auf. Diesen Rat beherzigend, übersprang ich sofort das Kapitel zu Problemquartieren. Zu wissen, dass ich mich auf meiner Wanderung gerade auf extrem gefährlichem statt nur gefährlichem Territorium befand, konnte meinem selbstsicheren Auftreten nur abträglich sein. Nicht nachhelfen musste ich meiner Ignoranz, was die Schweinegrippe betraf. Dass die Stadt gerade im Begriff war, sich in eine Brutstätte einer tödlichen Seuche zu verwandeln, wurde erst eine Woche später bekannt und konnte mich daher nicht weiter belasten. Und so warf ich mich gewarnt, aber nicht vollkommen entmutigt in den Asphaltdschungel.

Der Rückführung ins Hotel knapp entwischt, legte ich in einem kleinen Park eine Pause ein. Stadtwandern schlägt Wandern in der Natur ja auch in einigen Punkten. Man braucht beispielsweise keinen Proviant. Und das Unterhaltungsangebot ist auch besser. Ich kaufte mir an einem Kiosk zwei Zeitungen und setzte mich auf eine Bank. Eins muss man den mexikanischen Kollegen lassen: Der Förderung der Realitätsflucht machen sie sich definitiv nicht schuldig.

Mexikanische Zeitungen sind ein einziges Horrorkabinett aus Bildern von Verkehrsopfern, Drogentoten und jenen, die die Entschlossenheit ihrer Entführer falsch eingeschätzt haben. Eine Zeitung trumpfte mit dem Foto einer mumifizierten Leiche auf. Die andere köderte das Publikum mit Körperteilen, die offenbar mit einer Kettensäge aus ihrem von der Natur vorgesehenen Zusammenhang gebracht worden waren. Ich fand es erstaunlich, dass eine Leserschaft, die in einem doch recht blutigen Alltag lebt, nach so blutrünstiger Lektüre lechzt, legte die Blätter zur Seite und wanderte weiter.

Nach drei Stunden vierspuriger Straße folgte auf der nächsten Etappe nochmals zwei Stunden lang das Gleiche. Mit dem Unterschied, dass die Straße jetzt sechsspurig war. Genügend Platz für alle Autos gab es trotzdem kaum. Passanten waren rarer. Die wenigen, die es gab, drückten sich an den Häusern entlang, als suchten sie Schutz vor einer Naturgewalt. Einige trugen hellblaue Atemschutzmasken. Schließlich traf ich auf eine noch größere Straße. Wollte ich weiter Richtung Norden, musste ich sie überqueren.

Die Fahrbahnen waren durch Leitplanken getrennt. Ich hielt nach einem Fußgängerübergang Ausschau, konnte aber auch nach langem Suchen keinen finden. Den Versuch, die Straße zu überqueren, brach ich schnell wieder ab. Die Autofahrer sind zweifellos nicht die kriminellsten Elemente von Mexiko-Stadt. Doch sie bremsen nur im Notfall. Und ein einzelner Fußgänger drei Meter vor der Kühlerhaube ist kein Notfall. Ein Sprung zurück auf den Gehweg rettete mich vor 40 Tonnen Gummi und Stahl. Als ich mich aufrappelte, sah ich einen Straßenhund, der aussah, als wüsste er das eine oder andere über die Härten des Lebens, genau in die Augen. Er legte den Kopf schief und meinte: Amigo, das war aber knapp.

Okay, Zeit für Plan B. Eigentlich wollte ich Mexiko-Stadt zu Fuß durchqueren. Ich hatte mir aber die Möglichkeit offengelassen, wenn es zu übel würde, auch mal ein Taxi zu nehmen. Es gab allerdings einen kleinen Haken. Denn das Geschäftsmodell, das Taxifahrer weltweit pflegen, nämlich dem Fahrgast durch möglichst ungünstige Routenwahl möglichst viel Geld abzuknöpfen, treiben die Taxifahrer von Mexiko-Stadt auf die Spitze. Sie entführen einen nicht nur im Ansatz, sie entführen einen wirklich. Vor nichts wird ein Besucher so sehr gewarnt wie vor Taxis. Ein Großteil der Logistik des florierenden Kidnapping-Geschäfts soll auf ihnen basieren. Der Gast steigt ein, die Türen machen »klick«, der Fahrer telefoniert seine Komplizen herbei, und an der nächsten Straßenecke wird es eng im Taxi. Doch vor die Alternative gestellt, wahrscheinlich überfahren zu werden oder wahrscheinlich entführt, entschloss ich mich für das Zweite und hob den Arm, um einen der grünweißen VW-Käfer heranzuwinken.

Der Fahrer hieß Platon. Und er war tatsächlich ein Idealist. Sein Hemd war so weiß, die Idee von einem weißen Hemd kann nicht weißer sein. Als ich Platz nahm, tippte Platon mit den Fingerspitzen an seine Schläfe, als wolle er einen Dreisternegeneral begrüßen, und sagte in perfektem Englisch: »Hello Sir, where do we go today?« Und fünf Minuten später lud Platon mich ein paar hundert Meter nördlich wieder ab – nicht ohne mir noch die Warnung mit auf den Weg zu geben, in Mexiko-Stadt nie mehr ein Taxi von der Straße herbeizuwinken.

Riesenstädte sind anders als Städte. Es fängt schon damit an, dass sie nicht wie Städte, sondern mit ihrem Geflecht aus Straßen, Auf-, Ab- und Zufahrten, Parkplätzen, Lagerhallen, Einkaufszentren und Tankstellen wie eine endlose Vorstadt aussehen. Doch nach ungefähr fünf Stunden wurde es langsam besser. Auch Mexiko-Stadt hat ein Zentrum, Fassaden aus der Kolonialzeit, sogar ein paar Straßen mit Kopfsteinpflaster. Hübsch, einmal abgesehen davon, dass der Verkehr in der Innenstadt noch ein bisschen wahnsinniger ist als überall sonst.

Die Farbe des Himmels, am Morgen noch blau, war einem gelblichen Weiß gewichen. Ich hatte einen eigenartig metallischen Geschmack auf der Zunge. Und gelegentlich überkam mich nun ein leichtes Schwindelgefühl, etwas, das aber vermutlich nicht nur mit den problematischen Emissionswerten zusammenhing. Im historischen Zentrum von Mexiko-Stadt kann einen auch die Architektur leicht aus dem Gleichgewicht bringen. Jede zweite Kirche, jeder zweite Palast scheint in eine andere Richtung zu kippen. Andere Gebäude, wie der Palacio de Bellas

Artes, sind im Begriff, im Boden zu verschwinden. Und der Eindruck täuscht nicht. Das Zentrum der Stadt ist alleine in den letzten hundert Jahren zehn Meter abgesunken.

Die Spanier waren geniale Seefahrer. Als Stadtplaner waren sie weniger in ihrem Element. Der Ort, wo sie die Hauptstadt von Nueva España errichteten, war von Anfang an ungeeignet, und er wurde für eine 20-Millionen-Metropole nicht besser. Der gigantische Wasserbedarf zwingt die Stadt, unterirdische Reservoirs schneller leer zu pumpen, als diese sich wieder füllen, selbst auf die Gefahr hin, dadurch Häuser zum Einsturz zu bringen. Doch sogar das reicht nicht. Jeder vierte Einwohner hat keinen Zugang zu einem Abwassersystem. Und immer öfter bleiben ganze Quartiere tagelang ohne fließendes Wasser.

Ich ging über den Zócalo, den Hauptplatz vor dem Regierungsgebäude, und befand mich bald wieder auf einer Ausfallstraße. Um fünf Uhr kam das andere Ende der Stadt in Sicht. Ich sah die Kuppel der Basílica de Guadalupe. Die Basilika ist der berühmteste Wallfahrtsort Mexikos. 1531 war die Jungfrau von Guadalupe hier einem Bauern erschienen und hat unter Leuten, die ein Wunder brauchen, in der Zwischenzeit einen soliden Ruf. Ich bin nicht katholisch, nicht einmal abergläubisch. Trotzdem kaufte ich auf dem Markt vor der Kirche eine Kerze. Es gab solche, die umgerechnet 20 Franken kosteten. Ich nahm eine für zwei. Ich trat in das Dämmerlicht der Kirche und zündete sie an. Fünf Minuten später, ich schwör's, geschah das Wunder. Mexiko-Stadt wurde schön.

Plötzlich stand sie vor mir. Sie hieß Angelica Cavillo, war 28 und wollte mit mir »Englisch üben«. Ich blickte ungläubig zur Kirche zurück, dann wieder auf die Frau. Aber sie war immer noch da. Und, wenn das überhaupt möglich war, gerade noch hübscher geworden. Sie lächelte und offenbarte dabei eine Reihe perfekter Zähne. Ihre Augen leuchteten wie die Millionen-Kombination an einem Spielautomaten. Die Jungfrau von Guadalupe hatte ganze Arbeit geleistet. Ich brachte das Wort »sure« nicht ohne Stottern über die Lippen.

Und das Wunder dauerte, wenn auch nicht ewig. Der Englischunterricht wurde in einer nahe gelegenen Bar abgehalten. Es zeigte sich, dass Angelica weniger an neuen Vokabeln als an einem neuen Leben interessiert war. Sie wollte weg, nach Kalifornien, bekam aber kein Visum. Ich zögerte lange, schließlich sagte ich es ihr. Leider weckte die Schweiz bei Angelica nicht annähernd so leidenschaftliche Assoziationen. »Oh«, sagte sie, »ich dachte, du bist Amerikaner«, und schob den Träger ihres leichten Kleides, der ihr über die Schulter gerutscht war, wieder nach oben. Auf ihrer Stirn hatten sich jetzt bezaubernde Wellen gebildet. Ich dachte: Mist. Man darf bei den Frauen einfach niemals sparen. Nicht einmal bei den heiligen Frauen. Ich hätte doch die teure Kerze kaufen sollen.

Start zum ersten bekannten Skirennen in der Geschichte Afghanistans.
Noch einen Tag zuvor schien eine Durchführung eher unwahrscheinlich.

First Afghan Ski Challenge

Afghanistan, Februar 2011

Es gibt Dinge, die sind nicht vernünftig, aber in Afghanistan trotzdem überaus beliebt. Dazu gehört das folkloristische Vergnügen, dem Stamm im nächsten Tal routinemäßig die Schuld für alles Übel in die Schuhe zu schieben, Konflikte beharrlich lieber mit Waffen statt mit Worten auszutragen und nicht einsehen zu wollen, warum man ohne Schmiergeld auch nur einen Finger rühren soll. Außerdem hält es so ziemlich jeder Afghane für eine der größten Tugenden überhaupt, sich niemals etwas von einer Frau sagen zu lassen. Ein Wesenszug, der uns im Augenblick besonders auf Trab hielt.

Es war zwei Tage vor dem Skirennen. Material im Wert von mehreren 10 000 Franken war eingeflogen worden. Alles war längst teurer als geplant. Aus Zürich war ein Filmteam angereist. Das Siegerpodest stand fertig beim Schreiner im Basar, die Banner für Start und Ziel mit den Flaggen der Schweiz und Afghanistans waren bemalt. Aber dass es tatsächlich zu einem Skirennen kommen würde, war gerade wieder einmal eher unwahrscheinlich.

Nicht, dass die letzten Wochen ein ungebrochener Siegeszug des Skisports gewesen wären. Aber diesmal schien die Lage wirklich ernst. Wir waren ins Hotel zurückgekommen, als Jawad, so etwas wie der Captain unseres zehnköpfigen afghanischen Alpinteams, seine Ski in die Ecke warf und verkündete: »Ich mach nicht mehr mit!« Und in einem für afghanische Verhältnisse eher selten gesehenen Akt der Solidarität schlossen sich ihm alle anderen Skifahrer an.

Angefangen hatte alles am Morgen mit einer Bemerkung der Fotografin. Im Genderdiskurs noch weitgehend traditionell sozialisiert, hatte Jawad eine ihrer Anweisungen über die beste Art, Mannschaft und Material in unserem Geländewagen unterzubringen, in den falschen Hals gekriegt. Und bis zum Abend hatte sich bei ihm die Meinung verfestigt, durch die Anweisungen einer Frau in seiner Ehre verletzt worden zu sein.

211

Die Fotografin versuchte es mit Entschuldigen. Sie war sonst die Geschlechterhierarchie der Londoner Bohemia gewohnt. Sie war die Sorte Frau, die einem bei jeder Gelegenheit Sätze wie »Hör auf mit diesem Chauvinisten-Scheiß!« um die Ohren schlug. Ihre Entschuldigungen waren eindeutig jenseits der Grenze zur Selbstverleugnung. Doch sie brachten uns nicht weiter. Im Gegenteil: Die Nachwuchsskifahrer schauten uns nur noch verachtungsvoller an. Ich dachte: Okay, das war's. Da fiel mir ein, dass wir noch einen Trumpf hatten. Ich griff zum Handy, um Razak anzurufen. Lösen wir die Sache eben im Afghan-Style.

Das Vorhaben war durchaus idealistisch: ein friedlicher Wettkampf im Rahmen des Sports statt Terror und Krieg. Wir wollten ein Skirennen mit Afghanen in Afghanistan veranstalten. Die Idee war mir im Sommer zuvor gekommen. Nach einem nicht besonders weit gediehenen Versuch, Afghanistan als Tourist zu bereisen, war ich damals in Bamian gestrandet. Ich war auf der Straße von Kabul gekommen. Razak, der Besitzer des Hotels, in dem ich unterkam, meinte: »Eben. Alle sagen, die Straße sei gefährlich. Entführungen, Bomben, was weiß ich. Aber ich sage: Sie ist kein Problem.« Doch als ich die Absicht äußerte, auf der Straße auch wieder nach Kabul zurückzufahren, meinte er: »Better by plane«. Doch das verzögerte sich, was mir unter anderem das Vergnügen verschaffte, tagelang schneebedeckte Berge anschauen zu dürfen und die Bekanntschaft von Jawad zu machen. »Ich bin der erste Skifahrer von Bamian«, verkündete Jawad. Das stellte sich zwar eher als Absichtserklärung heraus. Doch auch aus einer Absichtserklärung kann schließlich etwas werden.

Bamian, in Zentralafghanistan gelegen, wurde dadurch weltberühmt, dass die Taliban dort Buddhastatuen zerstörten. Für afghanische Verhältnisse gilt die Provinz Bamian als sicher. Die Provinz ist zwar von Gebieten umzingelt, in denen es regelmäßig zu Zwischenfällen mit den Taliban kommt. In Bamian hat sich aber schon seit Jahren kein Taliban mehr blicken lassen, weshalb zumindest von dieser Front nicht mit Schwierigkeiten zu rechnen war. Das war auch gut so. Denn es erwarteten uns genügend andere. Angefangen beim Umstand, dass in Bamian niemand Ski fahren konnte, Jawad so wenig wie alle anderen.

Als Folge einer Reihe von Kriegen, die nun schon 30 Jahre dauern, ist Afghanistan von allen Ländern, deren Topografie mehrheitlich aus Bergen besteht, skitouristisch zweifellos das unerschlossenste. In den siebziger Jahren gab es in der Nähe von Kabul für ein paar Jahre einen kurzen Skilift. In der Zwischenzeit ist der Wintersport aber wieder vollkommen in Vergessenheit geraten.

Unser Plan sah vor, dass ich mit dem ersten Teil des Gepäcks, 15 Paar Ski und Skischuhen, Stöcken, Steigfellen, Skijacken usw., über 230 Kilo, vorausreiste. Die anderen, die Fotografin, der Bergführer und Filmemacher und ein Journalistenkollege würden später folgen.

Meine Aufgabe war es, Teilnehmer für das Rennen zu rekrutieren und ihnen erste technische Grundlagen zu vermitteln. Ich war zuversichtlich. Ski fahren! Spaß und Zerstreuung! Das Equipment gratis! Als Teil einer Bewegung des Aufbruchs und der Hoffnung! Was konnte leichter sein, als die Menschen in einem kriegsversehrten Land für so etwas zu begeistern? Nun, wie sich herausstellte: ziemlich vieles. Jawad holte mich vom Flughafen ab. Jawad war von der ersten Minute an schlechter Laune. Meiner Ankunft war ein monatelanger E-Mail-Verkehr vorausgegangen. Ich hatte angenommen, dass schon einiges in die Wege geleitet worden sei. Doch wie ich feststellte, hatte sich Jawad noch keine Sekunde mit dem Skirennen beschäftigt. Nach dem Computer, den mitzubringen ich ihm versprochen hatte, erkundigte er sich interessiert. Doch dann herrschte Schweigen für den Rest der Fahrt.

Von ähnlicher Wiedersehensfreude war der Empfang im Hotel geprägt. Razak schaute auf den Berg an Gepäck, der unversehens auf dem Vorplatz seines Hotels gelandet war, mit Staunen, das schnell in wirtschaftliches Interesse kippte. Der Winter ließ das Hotel nicht einladender aussehen als der Sommer. Razak meinte: »Viel Gepäck! Das sind zwei Zimmer!« – »Niemals!« – »Okay, eineinhalb Zimmer!« – »Auch nicht!«, sagte ich, worauf für Razak das Begrüßungszeremoniell beendet zu sein schien und er es mir überließ, die 230 Kilo Gepäck ins Hotel zu schleppen.

Und dann geriet der Aufbau der afghanischen Skiindustrie erst einmal ins Stocken. Zwei Tage lang passierte nichts. Jawad ließ sich gelegentlich blicken, um von denkbaren Teilnehmern für das Skirennen zu erzählen. Sie weigerten sich aber beharrlich, im Hotel zu erscheinen. Einmal machten wir eine Ausfahrt zur Besichtigung möglicher Pisten. Überall lungerten junge Männer herum. Sie hatten ganz offensichtlich nichts anderes zu tun, als den ganzen Tag vorbeikommenden Autos zuzusehen. Und ich vermutete, dass auch ihre Angewohnheit, sich die Fingernägel zu lackieren und händchenhaltend spazieren zu gehen, von der drückenden Langeweile inspiriert sein musste. Aber als ich fragte, ob sie Ski fahren lernen wollten, hielt sich ihre Begeisterung sehr in Grenzen.

Am dritten Tag schien es mir an der Zeit, meine Kommunikationsstrategie zu überdenken. Das Versprechen auf kostenloses Vergnügen im Schnee allein vermochte die Bevölkerung offensichtlich nicht zu magnetisieren. Ich dachte, schauen wir mal, ob kruder Materialismus besser funktioniert. Die Idee war, dass mit den Ski, den Tourenbindungen und den Schuhen, alles von der Schweizer Firma Fritschi zur Verfügung gestellt, nach dem Rennen in Bamian ein Skiverleih entstehen sollte. Zum Verteilen gedacht waren Skijacken, die die Outdoor-Firma Mammut extra für das Skirennen in Afghanistan hatte herstellen lassen. Außerdem hatten wir Schweizer Uhren zu bieten. Die Swatch Group spendierte für die ersten drei des Rennens je eine »Tissot T-Touch«. Ich wies Jawad an, dafür zu sorgen, dass das die Runde machte. Er schlenderte einmal den Basar rauf und runter. Anderntags wollten acht Afghanen Ski fahren lernen.

Der Hügel am ersten Übungstag war so flach – man musste mit den Stöcken angeben. Doch auch das war noch steil genug. In weniger als einer Stunde war der legendäre afghanische Durchhaltewille gebrochen. Nach drei, vier Stürzen hatten die Ski-Neulinge genug und zogen sich zum Zigarettenrauchen in die Lehmhütte einer Bauernfamilie zurück. Als ich fragte, wie ihnen Skifahren gefalle, meinten alle: nicht besonders. Der Bauer inspizierte einen der Skischuhe, als wären in seiner Hütte Außerirdische gelandet. Zum zweiten Skitag erschienen noch drei.

»Also, wie bringen wir die Sache in Schwung?«, fragte ich Razak mit wachsender Beunruhigung. »Hm. Gratis Essen wäre keine schlechte Idee. Kann ich liefern.« – »Wie viel kostet uns das pro Tag?« – »10 Dollar.« – »Für alle?« – »Nein, jeden«, meinte Razak. »Und sie zu

Hause abholen und zur Piste bringen, das solltest du auch bezahlen. Lässt sich für 150 pro Tag machen«, sagte Razak und setzte die gleichgültige Miene auf, die er immer dann aufsetzte, wenn er glaubte, gerade ein besonders gutes Geschäft abzuschließen.

Am anderen Morgen waren zehn Skifahrer da. Einige von ihnen begannen ihre Lunchbox bereits beim Anziehen der Skischuhe zu leeren. Drei Tage hielt die Motivation, dann fing sie neuerlich an zu bröckeln, was auch damit zusammenhing, dass sich die Verletzungen häuften. Wir hatten uns in der Zwischenzeit in steileres Gelände gewagt. Auf den Ski stehen, ohne umzukippen, konnte mittlerweile jeder. Doch bremsen blieb ein Problem. Umfallen war das probateste Mittel, um zum Stillstand zu kommen, ganz zur Freude des verlässlich aufmarschierenden Publikums, das auch noch den harmlosesten Sturz mit schallendem Gelächter quittierte, auch wenn es der 300. des Tages war.

Insbesondere einer stoppte nie, bis ihm ein Graben, ein Felsen oder ein Strauch dabei behilflich war. Meine Schachtel mit Schmerztabletten leerte sich. Einer schaute für ein paar Stiche im Krankenhaus vorbei. Ich vergaß nie, an die Uhren zu erinnern, bevor ich die Skischüler entließ. Doch je schmerzverzerrter die Gesichter wurden, während sich die Fahrer abends aus den Skischuhen wanden, je mehr verblasste ihr Glanz. Zeit für Razaks Rat.

»Gib ihnen Cash. 10 Dollar pro Tag«, meinte er. Einen Augenblick lang ließ ich den Gedanken wirken. Dann bekam ich einen kleinen Tobsuchtsanfall. »Wie bitte?! Wir bringen ihnen dieses teure Equipment. Wir unterrichten sie. Wir ernähren sie. Wir fahren sie gratis in der Gegend umher. Und jetzt soll ich diesen faulen, unmotivierten Haufen auch noch bezahlen? Bist du übergeschnappt?« Razak verzog keine Miene. »Sorry, man, this is Afghanistan«, sagte er. »This is Afghanistan«, sagen die Leute so oft, es ist schon als Abkürzung gebräuchlich. »TIA« ist die Universal-Erklärung für alles Ungemach. Vermutlich ist das auch das Erste, was man zu hören bekommt, wenn man von den Taliban entführt worden ist. »Sorry man, this is Afghanistan.«

Dann erinnerte mich Razak daran, dem lokalen Funktionär des Olympischen Komitees meine Aufwartung zu machen. Der Mann sei mächtig. Er könne ein Skirennen verhindern. Er habe auch von den

Schweizer Uhren gehört. »Es wäre eine gute Idee, ihm auch eine Uhr zu geben.« Ich verbrachte den Abend in misanthropischer Stimmung. Doch dann nahte Rettung.

Mit welchen Motivationsproblemen wir auch zu kämpfen hatten, mit der Ankunft der Fotografin waren sie wie weggefegt. Gut, man hätte es sich denken können, in einem Land, dessen berühmtester Beitrag zur Frauenmode nicht wie ein Kleid, sondern wie ein Zelt aussieht. Aber lange, blonde Haare und ein Pulli, unter dem eine Frau erkennbar ist, schlugen das Gratisessen und die Aussicht auf eine »Tissot T-Touch« anytime. Plötzlich hatten wir eine Warteliste. Und der Elan, mit dem sich die Skifahrer die Piste runterstürzten, verdoppelte sich über Nacht. Legten die Nachwuchsfahrer überhaupt noch Trainingspausen ein, dann nur, um sich mit der Fotografin auf einem Foto verewigen zu lassen oder um diskrete Nachforschungen über ihren Zivilstand zu betreiben.

Gegenstand anhaltender Faszination waren auch ihre lockeren Ansichten in Beziehungsfragen. Frauen ohne Mann? Warum nicht? Eine Frau mit mehreren Männern? Auch möglich! Die Skifahrer bekamen ihren Mund vor Erstaunen über den plötzlichen Einbruch der Frauenbefreiung in Zentralafghanistan gar nicht mehr zu. Schließlich meinte einer: »Do you know what the main problem in Afghanistan is?« – »Nein«, sagte ich und erwartete die üblichen Bemerkungen zu Stammesrivalitäten oder fremden Mächten. Doch er meinte, ohne den geringsten Anflug von Ironie: »We don't have blond women.«

Das Eintreffen der restlichen Schweizer verlieh dem Unternehmen dann erst einmal weniger positive Impulse. Den Bergführer hatten die apokalyptischen Verhältnisse in Kabul so deprimiert, dass er sich erst wieder fing, als er in den Bergen seine Ski anziehen konnte. Und mein Journalistenkollege, sein Fachgebiet war die Wirtschaft, nahm mit Entsetzen zur Kenntnis, welche frivole Richtung die Finanzpolitik unseres kleinen Entwicklungsprojekts unter meiner Führung eingeschlagen hatte. Der Kollege hatte einen großen Beitrag bei der Beschaffung der Skiausrüstung geleistet. Er war der Ansicht, dass die Afghanen uns dafür eine Gegenleistung und wenigstens ein bisschen Dankbarkeit schuldeten. Er konnte es nicht fassen, dass wir nun auch noch für Essen und

Transport aufkamen, Budgetposten, die sich nicht zuletzt durch Razaks für ihn höchst profitable Lunchpakete pro Tag auf annähernd 300 Dollar summierten.

»Und mit welchen Ausgaben haben wir noch zu rechnen?«, fragte er mit einem Argwohn, den ich ihm nicht verübeln konnte. »Keine größeren«, sagte ich, was je nachdem nicht ganz stimmte, weil ich Jawad für das Zusammentrommeln der Skifahrer auch schon so um die 1500 versprochen hatte und sich die Ausgaben für Startnummern, Torfahnen, Stangen, Siegerpodest, Trophäen usw. auch langsam zusammenläpperten. Ganz zu schweigen von der Uhr für den Mann vom Olympischen Komitee, eine Transaktion, die ja auch noch anhängig war.

Positiv war, dass mit dem Bergführer Professionalität in den bisher improvisierten Skiunterricht kam. Die Lernkurve entwickelte sich exponentiell. Fünf Tage vor dem Rennen unternahmen wir die erste kleinere Skitour. Alle kamen heil wieder runter, wenn auch einer, angesichts des steilen Hangs, zur Temporeduktion die Steigfelle auch für die Abfahrt partout nicht ausziehen wollte. Als positives Zeichen wertete ich auch den Umstand, dass sich die Konkurrenz unter den Fahrern verschärfte, je näher das Rennen kam. Es wurde Psychokrieg mit dem Aufbauschen der Lawinengefahr betrieben. Und einer hegte gar den Verdacht der Sabotage. Er war nicht von der Meinung abzubringen, jemand verstelle ihm am Abend jeweils mutwillig die Bindung.

Völlig aussichtslos blieben hingegen unsere Fitnessbemühungen. Eigentlich hatten wir geplant, ein Skitourenrennen abzuhalten, bei dem auch der Aufstieg Teil der Zeitmessung sein würde. Doch das konnten wir vergessen. Unsere Skifahrer quälten sich zwar wohl oder übel die Hänge hoch. Doch warum sie dabei auf das Zigarettenrauchen verzichten oder sich gar beeilen sollten, leuchtete ihnen überhaupt nicht ein. Also wurde aus dem Skitourenrennen kurzerhand ein Abfahrtsrennen.

Und dann kam der Tag, an dem den Afghanen die Frauenpower doch etwas zu weit ging, das Rennen so gut wie abgesagt war und ich Razak anrief. Er war gerade im Basar. Was ich ihm zu sagen hatte, war nicht mehr ganz im Geiste hochtrabender Ziele. Aber der Zweck heiligt bekanntlich die Mittel. »Richte Jawad aus, dass ich ihn nicht nur nicht bezahle, sondern das Doppelte einem anderen gebe, wenn er nicht mitmacht.« Ich habe keine Ahnung, was Razak Jawad sagte, aber ich bin sicher, er verstand, dem Ganzen einen noch niederträchtigeren Dreh zu geben. Er benötigte knapp eine Minute, um Jawad zur Räson zu bringen.

Das Rennen selbst wurde von keinen unangenehmen Vorfällen überschattet. Um zu verhindern, dass es schon auf den ersten Metern zu einer Karambolage kam, fand der Massenstart zu Fuß, fünfzig Meter entfernt von den Ski statt. Gewonnen wurde der »1st Afghan Ski Challenge« in 19 Minuten und 37 Sekunden vom Automechaniker des Dorfes, Jawad wurde Zweiter, der Englischlehrer Dritter. Der Mann des Olympischen Komitees übergab Pokale und Uhren. Eine Ersatz-Tissot prangte an meinem Handgelenk. Ich sah, dass er erwartete, dass ich sie ihm gebe. Aber ich hatte es mir anders überlegt. Afghanistan macht dich nicht zum besseren, aber zum klügeren Menschen.

Der Afghan Ski Challenge wurde auch 2012 wieder durchgeführt. An der zweiten Austragung nahmen erstmals auch internationale Skifahrer teil. Erstmals zählte auch die Strecke bergauf. Nicht der Mann vom Olympischen Komitee, sondern die Gouverneurin der Provinz Bamian, Habiba Sarabi, überreichte die Preise. Die Gouverneurin nannte den »Afghan Ski Challenge« in ihrer Rede ein »Symbol des Friedens«.

Die hier veröffentlichten Reportagen erschienen in den Jahren 2005 bis 2012 in der »NZZ am Sonntag«. Sie wurden für dieses Buch erweitert.

Nebraska

West Virginia

Nevada

Mexiko-Stadt

Brasilien

N

NE

E

SE

S

SW

W

NW